D0790395

新东方 GRE 考试辅导用书

GRE 阅读
必备专业词汇

包凡一 [编著]

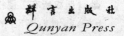

群言出版社
Qunyan Press

图书在版编目(CIP)数据

GRE 阅读必备专业词汇 / 包凡一编著. —北京：
群言出版社，2007.11
ISBN 978-7-80080-786-2

Ⅰ.G… Ⅱ.包… Ⅲ.英语—词汇—研究生—
入学考试—美国—自学参考资料　Ⅳ.H313

中国版本图书馆 CIP 数据核字(2007)第 170893 号

GRE 阅读必备专业词汇

出 版 人	范　芳
责任编辑	杨　默
封面设计	王　琳
出版发行	群言出版社（Qunyan Press）
地　　址	北京东城区东厂胡同北巷 1 号
邮政编码	100006
网　　站	www.qypublish.com
电子信箱	qunyancbs@126.com
总 编 办	010—65265404　65138815
编 辑 部	010—65276609　65262436
发 行 部	010—65263345　65220236

经　　销	新华书店
读者服务	010—65220236　65265404　65263345
法律顾问	中济律师事务所
印　　刷	北京四季青印刷厂

版　　次	2009 年 4 月第 1 版　2009 年 4 月第 1 次印刷
开　　本	787×1092　1/32
印　　张	8.75
字　　数	110 千字
书　　号	ISBN 978-7-80080-786-2
定　　价	15.00 元

新东方 NEW ORIENTAL 图书策划委员会

主任 俞敏洪

委员 （按姓氏笔划为序）

王　强　　王文山

包凡一　　仲晓红

李　杜　　邱政政

沙云龙　　汪海涛

陈向东　　周成刚

徐小平　　窦中川

前　言

　　近几年，国内参加 GRE 考试的人数持续上升。其中取得高分的人数越来越多，他们也因此获得了更好的留学机会。事实上，国外许多大学在录取学生的时候对于 GRE 成绩的要求并不是非常高，且不是硬性的标准。但对于申请出国留学的人来说，谁都希望进入最好的大学深造。在与来自世界各地的其他申请者竞争时，一个较高的 GRE 成绩对于申请者来说还是十分重要的。从新东方这些年的办学经验来看，想在 GRE 考试中取得高分，是没有什么捷径的，所有取得高分的学员都是通过不断努力才最终取得好成绩的。

　　GRE 考试对于每个人都是一项艰巨的任务，都是一次挑战，其中一个重要原因是 GRE 所涉及的词汇量很大。对于我们来说，在短时间内掌握上万英语单词绝对不是一件容易的事情。在与新东方 GRE 考生的交流中，我了解到许多考生将主要精力放在了单词的机械记忆上，每天起早贪黑地背单词。虽然基本上做到了熟记于心，但在做题和考试时并没有很好地掌握单词的意思、用法，比如单词在不同的语境中的具体含义、形近单词的区分等。背诵 GRE 单词确实需要花时间，但在花费大量时间的同时，我们更应该在如何提高背单词的效率和质量上多动些脑筋。当然背单词是没有什么捷径的，但是我们应该在背单词的过程中逐渐找到适合自己的科学的方法，这样才能提高我们的背诵效率和质量，从而提高考试成绩。

首先，我们应该对不同类别的单词给予相应程度的重视。我在与新东方 GRE 考生的交流中还发现，很多同学对于一些涉及专业知识的词汇并不是很重视。他们还反映在做 GRE 阅读的时候，时间很紧，阅读中出现的大量专业词汇对理解造成了很大障碍。其实，像填空、词汇和阅读中的非专业词汇一样，这些单词也需要背得很熟。因为能够认识这些单词，对于提高阅读的效率和解题准确率有很大帮助。试想一下，在做一篇 GRE 阅读时，如果其中提到的大部分术语你都了解，那么，不管是阅读还是做题时，你都会更加得心应手。这样不仅能提高答阅读题的准确率，同时也能为做 Verbal 中的其他问题节省出时间。因此在准备 GRE 考试的过程中，应该对阅读中出现的专业词汇给予足够的重视。

为帮助考生更好地掌握 GRE 考试中的专业词汇，我们于 2000 年出版了《GRE 阅读必备专业词汇》一书。此次再版，我们在第一版的基础上对本书进行了修订。由于 GRE 阅读文章涉及词汇数量众多，整理工作较为繁琐，在编写过程中难免会产生疏忽纰漏，望广大读者多多包涵，并提出您的宝贵意见。我们会不断改进和完善我们的工作，使我们的图书能更好地为大家服务。

编者

目 录

一 生物

（动物、植物、医学、环境科学）

abate	[ə'beit]	vi. 减轻，消除
abdominal	[æb'dɔmin(ə)l]	a. 腹部的，腹的
aberrant	[æ'berənt]	a. 1.【生】异常的，畸变的 2. 离开正路的(deviant)
aberration	[æbə'reiʃ(ə)n]	n. 1.【生】畸变，变形 2.【医】(轻度的)心理失常，精神迷乱 3. 离开正路，脱离常轨
abnormal	[æb'nɔːm(ə)l]	a. 1. 不正常的，反常的 2. 变态的
abnormality	[,æbnɔː'mæləti]	n. 变异，变态
abort	[ə'bɔːt]	vt. 流产
abscisic acid		【生化】脱落酸
abundance	[ə'bʌndəns]	n. 1.【生】个体密度 2. 丰富，充足 3. 富裕
academia	[,ækə'diːmiə]	n. 学术界
accessible	[ək'sesəb(ə)l]	a. 易接近的；容易到达的
account for		解释，说明；对…负责
accumulate	[ə'kjuːmjuleit]	vt. 积聚，积累；堆积
acetone	['æsitəun]	n.【化】丙酮
acetylcholine	[ə,siːtil'kəuliːn]	n.【药】乙酰胆碱
acid	['æsid]	n.【化】酸
acidity	[ə'sidəti]	n. 酸性
acoustic	[ə'kuːstik]	a. 声音的；听觉的

1

acquisition	[ˌækwiˈziʃ(ə)n] *n.* 获得
actin	[ˈæktin] *n.*【生化】肌动蛋白
activate	[ˈæktiveit] *vt.* 1. 使活化，使激活 2. 刺激，使活泼 3. 使活动，使加速
activation	[ˌæktiˈveiʃən] *n.*【化】激活、活化、活化作用
acute	[əˈkju:t] *a.* 1. (疾病)急性的 2. 敏锐的，灵敏的
adaptation	[ˌædæpˈteiʃ(ə)n] *n.* 1. 适应，(生物)顺应环境 2. 改编，改写
adaptive	[əˈdæptiv] *a.* 具有适应环境能力的
additive	[ˈæditiv] *n.* 添加剂
adenine	[ˈædəni:n] *n.*【生化】腺嘌呤
adenosine	[əˈdenəsi:n; -sin] *n.*【生化】腺苷
adenylate cyclase	【生化】腺苷酸环化酶
adipose	[ˈædipəuz] *a.* 脂肪的，多脂肪的 *n.* 动物脂肪
administration	[ədˌminiˈstreiʃ(ə)n] *n.* (药的)配给
adolescence	[ˌædəuˈlesəns] *n.* 青春期；青春
adolescent	[ˌædəuˈlesnt] *a.* 青春期的，青春期之男孩或女孩的 *n.* (尤指16岁以下的)青少年
adrenal cortex	【生化】肾上皮质
adrenal gland	【生化】肾上腺
adrenaline	[əˈdrenəlain] *n.* 1.【生化】肾上腺素 2. (突发性的)一阵兴奋
adrenergic	[ˌædreˈnə:dʒik] *a.* 肾上腺素的，释放肾上腺素的
adulthood	[ˈædʌlthud] *n.* 成年
advent	[ˈædvent] *n.* 来临

adverse ['ædvə:s] a. 不利的

Aedes albopicta 白纹伊蚊

aerobic [ɛə'rəubik] a.【生】需氧生物的,需氧微生物的

Aesculapius [i:skju'leipiəs] n.【罗马神话】医神,医师

aesthetic [i:s'θetik] a. 美学的

aestivation [i:sti'veiʃən] n. 夏眠,夏蛰

affinity [ə'finiti] n. 1. 姻亲或姻亲关系 2. 亲近性,亲和力

afflict [ə'flikt] vt. 使痛苦

affliction [ə'flikʃ(ə)n] n. 折磨,磨难

aftermath ['ɑ:ftəmæθ] n. 后果

agarose ['ɑ:gərəus] n.【生化】琼脂糖

agave [ə'geiv] n. 龙舌兰属

age [eidʒ] vi. 老化

agenda [ə'dʒendə] n. 日程

agent ['eidʒənt] n. 1.【化】剂(drying agent 干燥剂)2.(发生作用或影响的)动因,力量

age-old ['eidʒəuld] a. 古老的

agribusiness ['ægribiznis] n. 农业综合企业

agronomist [ə'grɔnəmist] n. 农艺学家,农学家

ailment ['eilmənt] n. 疾病

akin [ə'kin] a. 1. 相似的 2. 有血缘关系的

akin to 1. 同类的,近似的 2. 同族的,有血缘关系的

alcoholism ['ælkəhɔliz(ə)m] n. 酒精中毒

aldehyde ['ældihaid] n.【化】醛;乙醛

aldosterone [æl'dɔstərəun] n.【生化】醛固酮

3

alfalfa	[æl'fælfə]	n. 苜蓿
alga	['ælgə]	n. 水藻, 海藻 [常用复数algae]
alkaline	['ælkəlain]	a. 碱性的
alkaloid	['ælkəlɔid]	n. 1.【生化】生物碱, 天然有机含氮化合物 2. 呈碱性
allele	[ə'li:l]	n. (遗传学中的)对偶基因, 等位基因
allergic	[ə'lə:dʒik]	a. 过敏的
alleviate	[ə'li:vieit]	vt. 缓和, 减轻(痛苦等)
allowable	[ə'lauəb(ə)l]	a. 可容许的
aloft	[ə'lɔft]	ad. 在上方地, 高高地
alteration	[,ɔ:ltə'reiʃ(ə)n]	n. 改变, 变更
alternative	[ɔ:l'tə:nətiv]	n. 替换物
ameliorate	[ə'mi:liəreit]	vt. 改善
amino	[ə'minəu]	a. 【化】氨基的
amino acid		【生化】氨基酸
ammonia	[ə'məuniə]	n. 氨
ammunition	[,æmju'niʃ(ə)n]	n. 弹药
amnesia	[æm'ni:zjə]	n. 【医】记忆缺失, 健忘症
amphetamine	[æm'fetəmi:n]	n. 【药】安非他明
amphibian	[æm'fibiən]	n. 两栖动物
anaerobe	[æ'nɛərəub]	n. 【微】厌氧微生物
anaerobic	[,ænɛə'rəubik]	a. 1. 厌氧的; 在缺氧的情况下生活(或发生)的 2. 厌氧微生物的, 厌氧生物的
analogous	[ə'næləgəs]	a. 1.【生】同功的 2. 相似的, 类似的
anaphylactic shock		过敏性休克
anaphylaxis	[,ænəfi'læksis]	n. 过敏性, 过敏症

anatomic(al)	[ænə'tɔmik(l)] a. 解剖的，解剖学上的、结构上的
anatomy	[ə'nætəmi] n. 解剖，解剖学
ancestor	['ænsistə(r)] n. 1. 祖先；动物品种的原型 2. 最初效应(现象)；原始粒子
ancestrally	[æn'sestr(ə)li] ad. 祖宗传下地
androgenous	[æn'drɔdʒənəs] a. 雄性的，雄性荷尔蒙的
androgynous	[æn'drɔdʒinəs] a. 雌雄同体的，雌雄同花的
anemia	[ə'ni:miə] n. 贫血症
anemone	[ə'neməni] n. 1.【植】银莲花 2.【动】海葵
☆anesthetic	[ˌænis'θetik] n. 麻醉剂，麻药 a. 麻醉的
angina	[æn'dʒainə] n.【医】咽痛，绞痛
animal exclusion	排除动物的现象
anneal	[ə'ni:l] vt. 1.【生化】使(核酸)退火 2. 使(金属、玻璃)退火 vi.【生化】(核酸经退火)能与互补的核酸相结合
annelid	['ænəlid] n. 环节动物
anopheles	[ə'nɔfili:z] n. (传播疟疾的)按蚊
anteater	['ænti:tə(r)] n. 食蚁动物
☆antelope	['æntiləup] n. 羚羊
anterior	[æn'tiəriə(r)] a. 前面的，先前的，先于的
anthrax	['ænθræks] n.【医】炭疽热
☆antibiotic	[ˌæntibai'ɔtik] n. 抗菌素，抗生素
☆antibody	['ænti,bɔdi] n. 抗体(身体中之抗病物质)

anticipate	[æn'tisipeit]	vt. 预见
antigen	['æntidʒən]	n.【免疫】抗原
antigenic	[ˌænti'dʒenik]	a. 抗原的
antipsychotic	[ˌæntisai'kɔtik]	a. 抑制精神的 n. 安定药
antiseptic	[ˌænti'septik]	a. 防腐的,杀菌的 n. 防腐剂,杀菌剂
antiserum	[ˌænti'siərəm]	n.【医】抗血清(指含有抗体的血清)
apparatus	[ˌæpə'reitəs]	n. 1.【生理】(身体某一功能的全部)器官 2. 仪器,设备
appendix	[ə'pendiks]	n. 阑尾
aquaculture	['ækwəˌkʌltʃə(r)]	n. 水产养殖
aquatic	[ə'kwætik]	a. 水生的,水栖的
arboreal	[ɑː'bɔːriəl]	a. 1. 树栖的 2. 树的,乔木的
arboretum	[ˌɑːbə'riːtəm]	n. 植物园
archaebacteria	[ˌɑːkibæk'tiəriə]	n. [pl.]【微】原始细菌
aroma	[ə'rəumə]	n. 香气,香味
array	[ə'rei]	n. (排列整齐的)一批,大量
arrest	[ə'rest]	n. 抑制,停止
artemisia	[ˌɑːti'miːziə]	n. 蒿属植物
arterial	[ɑː'tiəriəl]	a. 动脉的
arteriosclerotic	[ɑːˌtiəriəuskliə'rɔtik]	a. 动脉硬化的
artery	['ɑːtəri]	n. 动脉
arthritis	[ɑː'θraitis]	n. 关节炎
articulate	[ɑː'tikjuleit]	a. 1. 能清楚表达的 2. 发音清晰的
aspen	['æspən]	n. 白杨 a. 白杨的,类似白杨的

✡ asphyxia	[æs'fiksiə]	n. 窒息
assay	[ə'sei]	n. / v. 化验，测定
assume	[ə'sju:m]	vt. 假定
asymmetry	[æ'simitri]	n. 不对称(现象)
atherosclerosis	[ˌæθərəusklə'rəusis]	n.【医】动脉粥样硬化
atherosclerotic	[ˌæθərəusklə'rɔtik]	a. (动脉)粥样硬化的
attain	[ə'tein]	v. 获得，达到
attribute	['ætribu:t]	n. 特征
✡ augment	[ɔ:g'ment]	vt. 增加，增大
autonomous	[ɔ:'tɔnəməs]	a. 1.【生】独立存在的；自发的 2. 自治的，自主的
autonomy	[ɔ:'tɔnəmi]	n. 自治
auxin	['ɔ:ksin]	n.【生化】植物激素，植物生长素
avenue	['ævənju:]	n. 途径
✡ aversive	[ə'və:siv]	a. 厌恶的，不愿意的
✡ avian	['eiviən]	a. 鸟的
bacillus	[bə'siləs]	n. 杆菌
bacteria	[bæk'tiəriə]	n. [pl.] 细菌
✡ bacteria-resistant	[bæk'tiəriəˌri'zistənt]	a. 抗菌的 n. 抗药性细菌
bacterium	[bæk'tiəriəm]	n. 细菌
Band-Aid	['bændeid]	n. (邦迪)创可贴
✡ barley	['ba:li]	n. 大麦
barnacle	['ba:nək(ə)l]	n. 1. 藤壶(附于水下岩石或船底等的小型甲壳动物) 2. 难以摆脱的人(或物)
beaver	['bi:və(r)]	n. 河狸

beekeeping	['bi:'ki:piŋ]	n. 养蜂（业）
beneficiary	[,beni'fiʃəri]	n. 受益者
benign	[bi'nain]	a. 1.【医】良性的 2. 慈祥的，宽厚的
bilateral symmetry		【动】两侧对称
bill	[bil]	n. （细长或扁平的）鸟嘴
bimodal	[bai'məudəl]	a. 双峰的 （a bimodal distribution 双峰分布）
bind	[baind]	vi. 黏合，结合 vt. 捆，绑；黏结
binder	['baində(r)]	n. 1.【药】结合剂 2.【医】腹带，绷带 3.（汤、酱等的）稠合粉（如淀粉等）
binocular	[bai'nɔkjulə(r)]	a. 用双眼的，双目并用的
bio-accumulate	[,baiəuə'kju:mjuleit]	vi. 生物积聚
bioactive	[,baiəu'æktiv]	a.【生】生物活性的
biocatalyst	[,baiəu'kætəlist]	n. 生物催化剂
biodegradable	[,baiəudi'greidəb(ə)l]	a. 可生物降解的
biological	[,baiə'lɔdʒik(ə)l]	a. 生物的，生物学的
biological clocks		生物钟
biological evolution		生物进化过程
biologist	[bai'ɔlədʒist]	n. 生物学家
bioluminescence	['baiəu,lju:mi'nesəns]	n. 生物发光
biomass	['baiəumæs]	n. 生物团，（单位面积或体积内）生物的数量
biomaterial	[,baiəumə'tiəriəl]	n. 生物材料（指适用于修复活组织的材料）

☆ biosphere	['baiəusfiə(r)] n. 生物圈(地球表面有生物生存的部分;地球表面生物及其生存环境的总称)	
☆ biota	[bai'əutə] n. (某一地域的)生物总称	
biotechnology	[,baiəutek'nɔlədʒi] n. 生物技术	
☆ bipedalism	['bai,pedəlizm] n. 两足行走方式	
birthplace	['bə:θpleis] n. 1. 出生地 2. (事物的)发源地,诞生地	
bison	['bais(ə)n] n. 欧洲野牛,北美野牛	
☆ bizarre	[bi'za:(r)] a. 奇异的,古怪的	
blood-brain(barrier)	['blʌd'brein]【医】血脑屏障,血脑障壁	
blotchy	['blɔtʃi] a. 有斑点的	
☆ blueprint	['blu:print] n. 方案,蓝图	
bobcat	['bɔbkæt] n. 美洲野猫、山猫之类	
☆ bombard	[bɔm'ba:d] vt. 轰击	
bonanza	[bə'nænzə] n. 富源,使人发财之物	
☆ bone marrow	骨髓	
boon	[bu:n] n. 恩惠	
☆ botanist	['bɔtənist] n. 植物学家,专门研究植物者	
bottleneck	['bɔtlnek] n. 狭口,瓶颈	
boulder	['bəuldə(r)] n. 大石头,漂石	
bout	[baut] n. 一回,一次,一番	
bovine	['bəuvain] a. 1. 牛的 2. 似牛的;迟钝的;耐心的	
brachiopod	['brækiəpɔd] n. 腕足动物	
breakdown	['breikdaun] n. 分解	
breed	[bri:d] vt. 1. 孵(卵);繁殖 2. 对…做人工交配,(通过人工交配)育(种)	

	3. 教养；抚养 n. 品种；种类
breeding	['bri:diŋ] n. 教养，血统
brewing	['bru:iŋ] n. 酿造
brink	[briŋk] n. 边缘
bristle	['brisl] n. (动物的)鬃毛，粗而硬的毛
broad-spectrum	['brɔ:d'spektrəm] a. 广谱的
☆ brochure	['brəuʃə(r)；(US)brəu'ʃuər] n. 小册子
bronchial	['brɔŋkiəl] a. 支气管的
bronchiole	['brɔŋkiəul] n. 【解】细支气管
brood	[bru:d] n. 一窝孵出的雏鸡，一次产出的卵，一次孵化的幼虫
brucellosis	[,bru:si'ləusis] n. 【医】布鲁氏菌病
bruise	[bru:z] n. 青肿，擦伤
bryozoan	[,braiə'zəuən] n. 【动】苔藓虫
bubonic	[bju:'bɔnik] a. 【医】腹股沟腺炎的
bubonic plague	腺鼠疫
bud	[bʌd] n. 芽，蓓蕾
☆ Buddhist	['budist] n. 佛教徒 a. 佛教的
budworm	['bʌdwə:m] n. 损害嫩芽的蛾幼虫，芽虫
buffalo	['bʌfələu] n. 【动】(印度、非洲等的)水牛；美洲野牛
buffalo runner	用于捕猎野牛的马匹
bulb	[bʌlb] n. 鳞茎，球形物
bulk	[bʌlk] n. 大批，大量
bull	[bul] n. (未阉割过的)公牛
bumblebee	['bʌmblbi:] n. 野蜂，大黄蜂
bunchgrass	['bʌntʃgrɑ:s] n. (北美洲产的)丛生禾草
☆ bungle	['bʌŋg(ə)l] vt. 拙劣地行事，办糟

burgeon	['bə:dʒ(ə)n] *vi.* 1. 发(芽), 生(蓓蕾) 2. 成长, 发展
by-pass	['baipɑ:s;(*US*) 'baipæs] *vt.* 回避, 规避 *n.* 旁路
by-product	['bai,prɔdʌkt] *n.* 副产品
cactaceous	[kæk'teiʃəs] *a.* 仙人掌的
caffeine	['kæfi:n] *n.* 咖啡因
calorie	['kæləri] *n.* 卡路里
cancer	['kænsə(r)] *n.* 癌, 肿瘤
cancerous	['kænsərəs] *a.* 1. 生癌的, 患癌症的 2. 步步扩散的
cancer-prone	['kænsə'prəun] *a.* 易患癌症的
cane	[kein] *n.* (甘蔗或竹的)细长的茎; 藤条
cannibalize	['kænibəlaiz] *v.* 同类相食; 自相残杀
canopy	['kænəpi] *n.* 1.【植】树冠, 冠层 2. 天篷, 覆盖
capsid	['kæpsid] *n.*【微】(病素粒子外蛋白的)衣壳
carbohydrate	[,kɑ:bəu'haidreit] *n.*【化】碳水化合物, 糖类
carcass	['kɑ:kəs] *n.* (屠宰后)骨架, 畜体
carcinogen	[kɑ:'sinədʒ(ə)n] *n.* 致癌物质
cardiac	['kɑ:diæk] *a.* 1. 心脏的, 心脏病的 2. (胃的)贲门的 *n.* 强心剂, 强胃剂
caries	['kɛəri:z] *n.*【医】龋, 骨疡
carnivore	['kɑ:nivɔ:(r)] *n.* 食肉动物
carnivorous	[kɑ:'nivərəs] *a.* 食肉的
carrier	['kæriə(r)] *n.* 1.【医】带菌者; 媒介物 2. 载体, 运载工具

11

caste	[kɑ:st] n. 1. 等级制度 2. 特权阶级
castor	['kɑ:stə(r);(US)'kæstər] n. 海狸
castor bean	蓖麻
catalyst	['kætəlist] n. 催化剂
catalyze	['kætəlaiz] vt. 1. 催化 2. 刺激，促进
cataract	['kætərækt] n. 1. 白内障 2. 大瀑布，奔流
catbird	['kætbə:d] n. 北美猫鸟
categorize	['kætigəraiz] v. 分类，归类
category	['kætigəri] n. 1. 种类，类别 2. 【逻】范畴
caterpillar	['kætəpilə(r)] n. 毛虫
cavity	['kævəti] n. 1. 【医】(病变所形成)空洞，龋洞 2. 【解】腔，盂，窝 3. 洞穴，凹处
celery	['seləri] n. 芹菜
cell	[sel] n. 【生】细胞
cell wall	细胞壁，蜂巢壁
cell-mediated	['sel,mi:dieitid] n. 【生】细胞(介导)免疫
cellular	['seljulə(r)] a. 1. 细胞的；细胞状的 2. 网眼的 3. 多孔的，蜂窝状的
cellular tissue	蜂窝状结缔组织
cellulase	['seljuleis] n. 【生化】纤维素酶
cellulose	['seljuləus] n. 【生化】纤维素
centriole	['sentriəul] n. 【生】细胞中心粒，中心体
cephalopod	['sefələupɔd] n. 头足纲动物（如鱿鱼等）
ceramic	[si'ræmik] n. 陶瓷器 a. 陶器的

cereal [ˈsiəriəl] *n.* 谷类

cerebral [səˈriːbrəl] *a.* 1. 大脑的，脑的 2. 智力的，理智的

cessation [seˈseiʃ(ə)n] *n.* 停止，中止，中断

☆ cetacean [siˈteiʃjən] *n.* 鲸类，鲸

chameleon [kəˈmiːljən] *n.* 1.【动】美洲变色蜥蜴，变色龙 2. 反复无常的人

champagne [ʃæmˈpein] *n.* 1. 香槟酒 2. 香槟色

chart [tʃɑːt] *vt.* 作图 *n.* 海图，图表

chelate [ˈkiːleit] *n.*【化】螯合物 *a.* 有螯的，螯合的

chemotherapy [ˌkeməuˈθerəpi] *n.* 化学疗法

cherish [ˈtʃeriʃ] *vt.* 珍爱

cherry [ˈtʃeri] *n.* 樱桃

chicken pox 【医】水痘

chimaeric [kaiˈmiərik] *a.*【生】嵌合体的

chimera [kaiˈmiərə] *n.* 嵌合体

chimpanzee [ˌtʃimpənˈziː] *n.* 黑猩猩

chlamydia [kləˈmidiə] *n.*【微】衣原体属

chlordane [ˈklɔːdein] *n.* 一种强力杀虫剂

chlorophyll [ˈklɔrəfil] *n.*【生化】叶绿素

chloroplast [ˈklɔːrəuplæst] *n.* 叶绿体

cholesterol [kəˈlestərɔl] *n.*【生化】胆固醇

chorea [kɔˈriə] *n.*【医】舞蹈病

chromosomal [ˌkrəuməˈsəuməl] *a.* 染色体的

chromosome [ˈkrəuməsəum] *n.* 染色体

chronic [ˈkrɔnik] *a.* 长期的；慢性的

cider [ˈsaidə(r)] *n.* 苹果汁(酒)

cinnamon [ˈsinəmən] *n.*【植】肉桂，桂皮

circulate [ˈsəːkjuleit] *vi.* (血清等)循环，环流

13

cladoceran	[klə'dɔsərən] *n.* 水蚤（枝角类甲壳动物）	
classical conditioning	【心】经典性条件反射	
classification	[ˌklæsifi'keiʃ(ə)n] *n.* 分类，类别	
claw	[klɔ:] *n.* （鸟、兽、昆虫等的）爪；（蟹、虾、蝎等的）螯	
clearance	['kliərəns] *n.* 消除	
cline	[klain] *n.* 【生】地域变异；渐变群，生态群	
clinical	['klinik(ə)l] *a.* 临床的	
clinician	[kli'niʃən] *n.* 临床医师	
clone	[kləun] *n.* 克隆，复制 *v.* 无性繁殖	
clover	['kləuvə(r)] *n.* 三叶草	
clump	[klʌmp] *vt.* 1. 丛生 2. 使成群；使结块	
cluster	['klʌstə(r)] *n.* 串，束	
code	[kəud] *vt.* 把…编成密码；为…编码	
☆ coelenterate	[si'lentəreit] *n.* 腔肠动物	
cognitive	['kɔgnitiv] *a.* 认知的	
cohesive	[kəu'hi:siv] *a.* 黏合在一起的；有黏合性的	
coin	[kɔin] *vt.* 创造（新词、新语等）	
coincidental	[kəuˌinsi'dent(ə)l] *a.* 巧合的	
☆ collagen	['kɔlədʒ(ə)n] *n.* 胶原蛋白	
collate	[kɔ'leit] *vt.* 校对，校勘	
collision	[kə'liʒən] *n.* 碰撞	
colon	['kəulən] *n.* 结肠	
colonization	[ˌkɔlənai'zeiʃən] *n.* 移植，移生	
colonoscopy	[ˌkəulə'nɔskəpi] *n.* 【医】结肠镜检测法	
colony	['kɔləni] *n.* 1.【生】集群，群体；菌落	

2. 殖民地 3.(住在外国大都市区的)侨民，侨民地

commonwealth ['kɔmənwelθ] *n.* 1. 全体国民 2. 共和国，联邦

community [kə'mju:nəti] *n.* 1.【生】群落 2.(由同住一地区或一国人所构成的)社会，社区；团体

compartment [kəm'pɑ:tmənt] *n.* 隔间，(铁路客车等的)间隔间，车厢

compatible [kəm'pætib(ə)l] *a.* 1. 可和谐共存的 2. 兼容的

complement ['kɔmplimənt] *n.*【医】(血清中的)补体，防御素

['kɔmpliment] *vt.* 补助，补足

complementary [,kɔmpli'mentəri] *a.* 补充的，互补的

complex ['kɔmpleks] *n.* 1.【生】染色体组 2. 联合企业

complexion [kəm'plekʃ(ə)n] *n.* 1. 肤色，面色 2. 情况，局面

complication [,kɔmpli'keiʃ(ə)n] *n.* 1.【医】并发症 2. 复杂化，节外生枝；(使复杂的)因素

component [kəm'pəuntnent] *n.* 成分

compost ['kɔmpɔst] *n.* 混合肥料

compound ['kɔmpaund] *n.* 化合物；复合物

conceivable [kən'si:vəb(ə)l] *a.* 可想象的

conceive [kən'si:v] *v.* 1. 受孕，怀孕 2. 构思，考虑，设想

concentration [,kɔnsən'treiʃ(ə)n] *n.* 1. 浓缩，浓度 2. 集中；集合；专心

conception	[kən'sepʃ(ə)n]	n. 怀孕；胚胎，胎儿
concerted	[kən'sə:tid]	a. 一致的
condensation	[ˌkɔnden'seiʃən]	n. 冷凝，浓缩
conduction	[kən'dʌkʃ(ə)n]	n. 1.【生】(感觉的)传导；液体的引流 2.【物】传导
cone	[kəun]	n. 1. (松树的)球果，球花 2. 圆锥体
confection	[kən'fekʃən]	n. 糖果，蜜饯
confer	[kən'fə:(r)]	vt. 给予，使…具有
☆ confidentiality	[ˌkɔnfiˌdenʃi'æləti]	n. 机密性
conformational	[ˌkɔnfɔ:'meiʃənəl]	a. 构造的，形态的
congestive	[kən'dʒestiv]	a. 充血的
coniferous	[kəu'nifərəs]	a. 针叶树的
conjugation	[ˌkɔndʒu'geiʃ(ə)n]	n. 1.【生】接合(作用) 2.【化】共轭效应 3. 结合；成对
☆ consanguinity	[ˌkɔnsæn'gwinəti]	n. 1. 同宗，同血缘 2. 亲族关系；亲密关系
conscience	['kɔnʃəns]	n. 良心，道德心
consciousness	['kɔnʃəsnis]	n. 意识，知觉
consensus	[kən'sensəs]	n. 一致同意；多数人的意见，舆论
conservation	[ˌkɔnsə'veiʃ(ə)n]	n. 1. 保存，保护 2. 资源保护区
conservationist	[ˌkɔnsə'veiʃənist]	n. (天然资源的)保护管理论者
consultant	[kən'sʌltənt]	n. 顾问
☆ contagious	[kən'teidʒəs]	a. 传染性的，会感染的
contaminant	[kən'tæminənt]	n. 污染物，杂质
contaminate	[kən'tæmineit]	vt. 污染

contamination	[kən,tæmi'neiʃ(ə)n]	n. 污染
☆ contemplate	['kɔntempleit]	vt. 1. 凝视 2. 沉思
continuum	[kən'tinjuəm]	n. 连续统一体
contour	['kɔntuə(r)]	n. (动物身体)轮廓，周线
contract	[kən'trækt]	vt. 1. 感染（疾病）2. 使皱缩，使缩小
☆ contraindication	['kɔntrə,indi'keiʃən]	n.【医】(用药的)禁忌症
converge	[kən'və:dʒ]	vi. 会聚
convergence	[kən'və:dʒəns]	n. 1.【生】(不同组群的)趋同 2. 汇合倾向，汇聚
convert	[kən'və:t]	v. 转换
☆ convulse	[kən'vʌls]	v. 1. 使猛列震动，震撼 2. 使惊厥，使抽搐
copepod	['kəupəpɔd]	n.【动】桡足动物
☆ copious	['kəupiəs]	a. 丰富的
coral	['kɔr(ə)l;(US)'kɔ:rəl]	n. 珊瑚
coral reef	珊瑚礁	
cord	[kɔ:d]	n.【解】索状组织，神经
cormorant	['kɔ:mərənt]	n. 鸬鹚(俗称鱼鹰)
cornea	['kɔ:niə]	n. 角膜
☆ coronary	['kɔrənəri]	a. 冠状的；花冠的
correlation	[,kɔrə'leiʃən]	n. 相互关系
corresponding	[,kɔri'spɔndiŋ]	a. 1. 相应的 2. 符合的 3. 通讯的
☆ cortex	['kɔ:teks]	a. 1.【植】皮层，树皮 2. (脑或肾的)皮层，皮质
cotyledon	[,kɔti'li:d(ə)n]	n.【植】子叶
☆ counteract	[,kauntə'rækt]	vt. 抵消，中和

counterpart	['kauntəpɑːt] n. 1. 极相似的人或物, 配对物 2. 副本
counterterrorism	[ˌkauntə'terərizm] n. 反恐怖主义, 反暴行
couple	['kʌp(ə)l] vt. 1. 连接 2.【化】偶联
crab	[kræb] n. 1. 蟹, 蟹肉 2.【机】起重机, 绞车
cracker	['krækə(r)] n. 1. 胡桃夹 2. 饼干 3. 爆竹
crater	['kreitə(r)] n. 陨石坑; 弹坑
creeping	['kriːpiŋ] a. 1. 爬行的, 蠕动的 2.【植】匍匐生根的, 蔓生的 n. 爬行, 蠕动
creosote bush	【植】石炭酸灌木
crest	[krest] n. 1. (鸟、禽的)冠 2. 脊突; 山脊; 浪峰
cricket	['krikit] n. 1. 蟋蟀 2. 板球
crisscross	['kriskrɔs; (US)-krɔːs] v. 交叉而行 n. 十字形 a. 十字形的
critical	['kritik(ə)l] a. 1. 关键的, 重要的 2. 评论的; 鉴定的; 批评的 3. 危急的 4. 临界的
cross	[krɔs] vt. 杂交 n. 十字, 交叉, 十字架
cross-breeding	['krɔsbriːdiŋ] n. 杂交
cross-pollination	['krɔsˌpɔli'neiʃən] n. 异花授粉
cross-section	[ˌkrɔs'sekʃən] n. 剖面
crude	[kruːd] a. 1. 粗糙的 2. 简单的 n. 天然的物质
crustacean	[krʌ'steiʃ(ə)n] n. 甲壳纲的动物
crystalize	['kristəlaiz] v. 结晶, 晶化
culprit	['kʌlprit] n. 罪犯

culture	['kʌltʃə(r)] *n.* 1. 耕作，种植，栽培 2. (微生物、细胞组织的)培养，培养基
curative	['kjuərətiv] *a.* 治疗的，有药效的
cure-all	['kjuərɔːl] *n.* 万灵药
custody	['kʌstədi] *n.* 照看，照管；监护，保管
cutaneous	[kju:'teiniəs] *a.* 皮肤的，影响(或感染)皮肤的
cuticle	['kju:tik(ə)l] *n.* 表皮，角质层
cuttlefish	['kʌt(ə)lfiʃ] *n.* 乌贼，墨鱼
Cuvier	居维叶(1769~1832)，法国博物学家
cyanobacterium	[ˌsaiənəubæk'tiəriəm] *n.* 【微】蓝藻细菌
cycad	['saikæd] *n.* 铁树目裸子植物，一种棕榈树
cycas	['saikəs] *n.* 【植】铁树，凤尾松
cyclical	['saiklik(ə)l] *a.* 循环的，轮转的
cyst	[sist] *n.* 1. 【生】(动、植物的)胞，包囊；囊肿 2. 膀胱
cystic	['sistik] *a.* 1. 胞囊的 2. 【医】膀胱的，胆囊的
cytokinin	[ˌsaitəu'kainin] *n.* 【生化】细胞分裂素
cytoplasm	['saitəplæz(ə)m] *n.* 【生】细胞质
cytosine	['saitəsi:n] *n.* 【生化】胞核嘧啶，氧氨嘧啶
daphnia	['dæfniə] *n.* 水蚤
Darwinian	[dɑ:'winiən] *a.* (英国博物学家)达尔文的，达尔文主义的
Darwinian fitness	达尔文的适者生存
Darwinian theory	达尔文理论

dealated	['di:eileitid] *n.* (翅膀被咬掉的)脱翅昆虫 *a.* (指昆虫)脱翅的
debris	['debri:; (*US*)də'bri:] *n.* 1. 枯枝落叶 2. 有机废物
deciduous	[di'sidjuəs] *a.* 每年落叶的
decipher	[di'saifə(r)] *v.* 解开(疑团),译解密码
decode	[di:'kəud] *vt.* 译(码);译(电报等)
decompose	[,di:kəm'pəuz] *v.* 【化】分解;(使)腐败,(使)腐烂
decomposition	[,di:kɔmpə'ziʃən] *n.* 腐烂
defect	[di'fekt] *n.* 缺陷
defective	[di'fektiv] *a.* 有缺陷的
deficit	['defisit] *n.* 不足,缺乏
definitive	[di'finitiv] *a.* 权威性的
defoliation	[,di:fəuli'eiʃən] *n.* 落叶
☆ deforestation	[di,fɔri'steiʃən] *n.* 森林采伐
degenerative	[di'dʒenərətiv] *a.* 1. 退步的;退化的 2. 变质的
degradation	[,degrə'deiʃən] *n.* 1.【生】退化 2.【化】降解 3.【物】(能量的)衰变
degrade	[di'greid] *vt.* 1.【生】使退化 2.【化】使降解
dehydration	[,di:hai'dreiʃən] *n.* 脱水
deleterious	[,deli'tiəriəs] *a.* (对身心)有害的,有毒的
delusion	[di'lu:ʒ(ə)n] *n.* 1.【心】妄想 2. 错觉 3. 欺骗
dementia	[di'menʃə] *n.*【医】痴呆
demise	[di'maiz] *n.* 1. (人或动物)死亡 2. (国家)消亡

demonstration	[ˌdemən'streiʃ(ə)n]	n. 示范,试点
dengue	['deŋgi]	n. 【医】登革热(一种热带传染病,骨关节及肌肉奇痛)
dental	['dent(ə)l]	a. 牙齿的,牙科的
dentition	[den'tiʃən]	n. (动物的)牙
deposition	[ˌdepə'ziʃ(ə)n]	n. 沉积物;沉积作用
depress	[di'pres]	vt. 1. 抑制 2. 使沮丧,使消沉
depression	[di'preʃ(ə)n]	n. 精神错乱;沮丧
derivative	[di'rivətiv]	n. 衍生物
derma	['də:mə]	n. 1. 【解】【动】真皮 2. (一般的)皮肤
desertification	[ˌdezətifi'keiʃən]	n. 沙漠化
destine	['destin]	vt. 注定
deter	[di'tə:(r)]	v. 阻止
detergent	[di'tə:dʒənt]	n. 清洁剂,去污剂
determinant	[di'tə:minənt]	n. 【生】定子,因子
determinate	[di'tə:minət]	a. 1. 【植】(花序)有限的 2. 【动】定型的 3. 【数】确定的
deterrent	[di'terənt; (US)di'tə:rənt]	n. 制止物;威慑因素
detoxify	[di:'tɔksifai]	vt. 使解毒
detrimental	[ˌdetri'mentəl]	a. 有害的
devastate	['devəsteit]	vt. 毁坏
diabetes	[ˌdaiə'bi:ti:z]	n. 糖尿病
diabetic	[ˌdaiə'betik]	n. 糖尿病患者 a. 糖尿病的
diagnosis	[ˌdaiəg'nəusis]	n. 【医】诊断;诊断结论
diagnostic	[ˌdaiəg'nɔstik]	a. 1. 诊断的 2. 有助判断的
diaphanous	[dai'æfənəs]	a. 1. 透明的 2. 精致的

diaphragm	['daiəfræm] *n.* 1.【解】横膈膜 2. 照相机镜头上的光圈 3. (电话等)振动膜
diarrhea	[,daiə'riə] *n.* 腹泻，痢疾
diastase	['daiəsteis] *n.*【生化】淀粉酵素，淀粉糖化酵素
diastolic	[,daiə'stɔlik] *a.*【医】心脏舒张的
dicot	['daikɔt] =dicotyledon *n.* 双子叶植物
dicotyledon	[,daikɔti'li:d(ə)n] *n.* 双子叶植物
dieldrin	['di:ldrin] *n.* 狄氏剂(一种杀虫剂)
dietary	['daiətəri] *a.* 饮食的
differentiation	[,difərenʃi'eiʃən] *n.* 1. 分化 2. 变异，演变
digest	[di'dʒest; dai'dʒest] *v.* 消化(食物)
digestion	[di'dʒestʃ(ə)n] *n.* 分解，消化
dilemma	[di'lemə] *n.* 困境
diminutive	[di'minjutiv] *a.* 较小的
dinosaur	['dainəsɔ:(r)] *n.* 恐龙
dioxin	[dai'ɔksin] *n.*【化】二氧(杂)芑(除草剂中的一种剧毒杂质)
disc	[disk] *n.* 片
discipline	['disiplin] *n.* 学科
discolor	[dis'kʌlə(r)] *v.* (使)变色，(使)退色
discrete gene	分离的基因
disentangle	[,disin'tæg(ə)l] *vt.* 解开，松开
disfiguring	[dis'figəriŋ] *a.* 损伤外貌的
disorder	[dis'ɔ:də(r)] *n.* 失调，紊乱
disparity	[dis'pærəti] *n.* 悬殊，不同
dispersal	[dis'pə:səl] *n.* 分散，消散，驱散
disperse	[dis'pə:s] *v.* 1. (使)分散 2. (使)散开，疏散

22

disposable	[dis'pəuzəb(ə)l] *a.* 可任意处理的
disposal	[dis'pəuz(ə)l] *n.* 处理
disrupt	[dis'rʌpt] *vt.* 使分裂
disrupter	[dis'rʌptə] *n.* 破坏者
disruption	[dis'rʌpʃən] *n.* 1. 分裂，瓦解 2. 混乱，破坏
dissection	[di'sekʃən] *n.* 1. 解剖 2. 分离
dissemination	[di,semi'neiʃ(ə)n] *n.* 散布，传播
distillation	[,disti'leiʃ(ə)n] *n.* 蒸馏
distilling	[di'stiliŋ] *n.* 蒸馏
distribute	[di'stribju:t] *vt.* 散布，分发
divergence	[dai'və:dʒəns;di-] *n.* 1.【生】变异，演变 2. 分歧
diversify	[dai'və:sifai] *vt.* 使多样化
diversity	[dai'və:səti] *n.* 变化万千，多样性
DNA	【生化】脱氧核糖核酸
document	['dɔkjument] *vt.* 用文件(或文献等)证明；为…提供文件(或证据等) ['dɔkjumənt] *n.* 档案，文献
dogma	['dɔgmə;(*US*)dɔ:gmə] *n.* 法则
dogwood	['dɔgwud;(*US*)'dɔ:gwud] *n.* 山茱萸科本属植物
dolphin	['dɔlfin] *n.* 海豚
dominant	['dɔminənt] *a.* 1.【生】显性的 2. 有统治权的，支配的 3. 占优势的
donate	[dəu'neit;(*US*)'dəuneit] *vt.* 捐赠
donor	['dəunə(r)] *n.* 1. 供血者，献血者，(组织、器官等的)供体、供者 2. (人工授精的)精液提供者 3.【律】赠与人，遗赠者

23

dopamine	['dəupəmi:n] *n.* 多巴胺(一种治脑神经病的药物)
dormant	['dɔ:mənt] *a.* 1. 睡眠状态的, 静止的 2. 潜伏的, 蛰伏的
dormouse	['dɔ:maus] *n.* 冬眠鼠
dosage	['dəusidʒ] *n.* (配药)剂量, 用量
dot	[dɔt] *v.* 1. 在…上打点 2. 星罗棋布于, 散布于; 布满, 点缀 *n.* 点, 圆点
dough	[dəu] *n.* 生面团
down	[daun] *n.* 绒毛, 软毛
downright	['daunrait] *a.* 十足的, 彻底的
downwind	['daunwind] *a./ad.* 顺风的(地)
drone	[drəun] *n.* 1. 雄蜂 2. 寄生虫 3. 懒汉
droughtprone	['draut'prəun] *a.* 易干旱的
duct	[dʌkt] *n.* 导管, 管
dugong	['du:gɔŋ] *n.* 【动】儒艮(海生哺乳动物, 一种状似鲸的海兽)
dummy	['dʌmi] *n.* 1. 模型, 仿制品 2. 哑巴 3. 傀儡
duplicate	['dju:plikeit; (*US*)'du:plikeit] *vt.* 1. 复制; 复印 2. 使加倍, 使成双
duplication	[,dju:pli'keiʃən] *n.* 复制品, 重复
durability	[,djuərə'biləti] *n.* 耐用性
dwindle	['dwind(ə)l] *v.* 逐渐变少或减小
dyskinesia	[,diskai'ni:ziə] *n.* 运动障碍
dystrophy	['distrəfi] *n.* 营养失调
earthling	['ə:θliŋ] *n.* 1. 居住在地球上的人(凡人) 2. 俗人; 市侩的人
Ebola	[i'bəulə] *n.* 【微】伊波拉病毒
ecocide	['ekəusaid] *n.* 生态灭绝

ecological	[ˌikə'lɔdʒikəl] a. 生态学的；生态的
ecology	[i'kɔlədʒi] n. 生态学
ecosystem	[ˈi:kəuˌsistəm] n.【生】生态系统
ectoderm	[ˈektədə:m] n.【生】外胚层，外层
edible	[ˈedəb(ə)l] a. 可食用的
effluent	[ˈefluənt] n. 污水，废水(气)
egg	[eg] n. 卵，卵子
elastin	[i'læstin] n.【生化】弹性蛋白
electrophoresis	[iˌlektrəfə'ri:sis] n.【化】电泳
elicit	[i'lisit] vt. 引发，引出
elm	[elm] n. 榆树
elongate	[ˈi:lɔŋgeit] vt. 拉长，使伸长
emanate	[ˈeməneit] vi. 1. 散发 2. 发出
embark	[im'bɑ:k] v. 从事
embed	[im'bed] v. 嵌入(周围物体中)
embryo	[ˈembriəu] n. 胚胎(尤指受孕后八周内的胎儿)
embryonic	[ˌembri'ɔnik] a. 1. 胚胎的 2. 初期的
emergence	[i'mə:dʒəns] n. 1.【动】羽化(昆虫由蛹变成成虫) 2. (植物)突出体 3. 浮现，出现
emission	[i'miʃ(ə)n] n. (光、热等的)散发；喷射
encapsulate	[in'kæpsjuleit] vt. 1. 装入胶囊 2. 压缩 vi. 形成胶囊，囊状化
encode	[in'kəud] vt. 编码；把(电文、情报等)译成电码(或密码)
encroach	[in'krəutʃ] vt. 侵入，侵害
end(-and)-all	[ˈendɔ:l] n. 终结
endemic	[en'demik] a. 1. 疾病等地方性的；某地流行的 2. (动、植物)某地特有的

25

endocrine	['endəukrain] *n.* 1.【生理】内分泌(腺) 2.【生化】激素
endocrinology	[,endəukri'nɔlədʒi] *n.* 内分泌学
endodermic	[,endəu'də:mik] *a.*【生】内胚层的, 内层的
endogamy	[en'dɔgəmi] *n.* 1.【生】同系交配 2.(在同一部族或某一特定团体中的)内部通婚, 同族结婚
endogenous	[en'dɔdʒinəs] *a.*【生】内长的, 内生的
endophyte	['endəufait] *n.* 内部寄生植物, 内生植物
endorphin	[en'dɔ:fin] *n.*【生化】内啡肽
endothelium	[,endəu'θi:liəm] *n.*【解】内皮
endrin	['endrin] *n.* 异狄氏剂(一种杀虫剂)
enforce	[in'fɔ:s] *vt.* 实施; 强制执行
engorgement	[in'gɔ:dʒmənt] *n.* 1.【医】充血 2. 暴饮暴食
engulf	[in'gʌlf] *vt.* 1. 吞食, 吞没; 狼吞虎咽 2. 席卷
entomologist	[,entə'mɔlədʒist] *n.* 昆虫学家
entomology	[,entə'mɔlədʒi] *n.* 昆虫学
entrench	[in'trentʃ] *vt.* 以壕沟防护
envelope	['envələup] *n.*【生】膜, 包袋
environmental	[in,vaiərə'ment(ə)l] *a.* 环境的; 有关环境保护的
environs	[in'vaiərənz] *n.* [*pl.*]郊外, 市郊
envision	[in'viʒən] *vt.* 1. 想象 2. 预见
enzymatic	[,enzai'mætik] *a.* 酶的
enzyme	['enzaim] *n.*【生化】酶
enzymology	[,enzai'mɔlədʒi] *n.* 酶学

epidemic	[ˌepiˈdemik] *a.* 流行病的 *n.* 1. 流行病 2. (风尚等的)流行，传播
epidemiological	[ˈepiˌdiːmiəˈlɔdʒikəl] *a.* 流行病学的
epidermis	[ˌepiˈdəːmis] *n.* 【生】表皮，上皮
epilepsy	[ˈepilepsi] *n.* 【医】癫痫症
epitomize	[iˈpitəmaiz] *vt.* 1. 摘要，概括 2. 成为…缩影
epitope	[ˈepitəup] *n.* 【生化】抗原决定部位，抗原决定基
equation	[iˈkweiʃ(ə)n] *n.* 1. 等式 2. 相等，平衡
equilibrium	[ˌiːkwiˈlibriəm] *n.* 平衡，均衡
eradicate	[iˈrædikeit] *v.* 根除
erector	[iˈrektə(r)] *n.* 勃起肌，立肌
erythropoietin	[iˌriθrəuˈpɔiətin] *n.* 【生化】促红细胞生成素
esoteric	[ˌiːsəuˈterik] *a.* 深奥的
esterase	[ˈestəreis] *n.* 【生化】酯酶
ethanol	[ˈeθənɔl] *n.* 乙醇，酒精
ethical	[ˈeθikəl] *a.* 与伦理有关的
ethylene	[ˈeθiliːn] *n.* 【化】乙烯
euphoria	[juːˈfɔriə] *n.* 【心】异常欢欣，欣快症
evaporate	[iˈvæpəreit] *v.* 蒸发；消失
evolution	[ˌiːvəˈluːʃ(ə)n] *n.* 1. 演变，演化 2. 成长，发展
evolutionary	[ˌiːvəˈluːʃənəri] *a.* 演变的，演化的
evolve	[iˈvɔlv] *vi.* 【生】进化，成长，发育
excitation	[ˌeksiˈteiʃ(ə)n] *n.* 1. 【植】激感(现象) 2. 【物】激发 3. 刺激，激励
excrete	[ekˈskriːt] *v.* 排泄；分泌
excretion	[ekˈskriːʃ(ə)n] *n.* (动、植物的)排泄；排泄物

exert	[ig'zə:t] vt. 施加(压力等)
exogamy	[ek'sɔgəmi] n. 1.【生】异系交配 2. 异族结婚
exogenous	[ek'sɔdʒenəs] a. 1.【生】外生的 2.【医】外用的 3.【地】外成的
exoskeleton	[,eksəu'skelit(ə)n] n.【动】外骨骼, 外甲
exotic	[ig'zɔtik] a. 由外国引进的, 非本地的
explicit	[ik'splisit] a. 明晰的, 显然可见的
exposure	[ik'spəuʒə(r)] n. 1. 暴露, 显露 2. 揭露, 揭发
express	[ik'spres] vt. 表达
exterminate	[ik'stə:mineit] v. 灭绝
external	[ik'stə:n(ə)l] a. 1.【医】外用的 2. 外国的 3. 表面的
extinct	[ik'stiŋkt] a. 绝种的, 灭绝的
extinction	[ik'stiŋkʃən] n. 绝种
extinguish	[ik'stiŋgwiʃ] vt. 灭绝
extrachromosomal	['ekstrə,krəumə'səuməl] a.【生】(位于或发生在)染色体外的
extract	[ik'strækt] vt. 提取
	['ekstrækt] n. 精, 汁; 榨出物
extraction	[ik'strækʃ(ə)n] n. 提取
eyeball	['aibɔːl] n. 眼球
facilitate	[fə'siliteit] vt. 促进
fagus sylvatica	欧洲山毛榉
familial	[fə'miljəl] a. 1. 家庭的, 家族的 2. 家庭(或家族)成员特有的
fathom	['fæð(ə)m] v. 测…的深度
fatigue	[fə'tiːg] a. 疲惫的 n. 疲乏, 疲劳

fat-soluble	[ˈfætˌsɔljub(ə)l] *a.* 脂溶的
fauna	[ˈfɔːnə] *n.* (某一地区或时期的)动物群
fecundity	[fiˈkʌndəti] *n.* 1.【植】结实性 2.【动】产卵力,生育力 3.多产,肥沃
feedback	[ˈfiːdbæk] *n.* 1.【电子】【生】反馈 2.反应;反馈的信息
feeding chamber	饲养室
feeding rate	喂食的速度
feedlot	[ˈfiːdlɔt] *n.* 饲养场
femininity	[ˌfemiˈninəti] *n.* 1.女子气质 2.柔弱,温柔
ferment	[fəˈment] *vt.* 发酵
fermentation	[ˌfəːmenˈteiʃ(ə)n] *n.* 发酵
fern	[fəːn] *n.*【植】蕨类植物
fertile	[ˈfəːtail; (US)ˈfəːtil] *a.* 1.可繁殖的,生育的 2.肥沃的;富饶的
fertilization	[ˌfəːtilaiˈzeiʃən; -liˈz-] *n.* 1.受精 2.施肥
fertilize	[ˈfəːtilaiz] *vt.* 使受精
fescue	[ˈfeskjuː] *n.* 1.【植】牛毛草,酥油草 2.教鞭
fetal	[ˈfiːt(ə)l] *a.* 胎儿的,胎的
fever	[ˈfiːvə(r)] *n.* 1.发热,发烧 2.热病
fibrosis	[faiˈbrəusis] *n.*【生】纤维变性,纤维化
fibrous	[ˈfaibrəs] *a.* 纤维状的,似纤维的
filament	[ˈfiləmənt] *n.* 细丝
filtration	[filˈtreiʃən] *n.* 过滤
fin	[fin] *n.* 鳍
fingerprinting	[ˈfiŋgəprintiŋ] *n.* 指纹分析

flag	[flæg] *n.* 旗；标记 *v.* 标记
flank	[flæŋk] *vt.* 侧面与…相接
flapping	['flæpiŋ] *a.* 拍击的；扑翼的
flatfish	['flætfiʃ] *n.* 比目鱼
flavor-enhancer	['fleivə,in'hɑ:nsə] *n.* 调味品
flaw	[flɔ:] *n.* / *vt.* (有)瑕疵, (有)缺点
fleck	[flek] *n.* 斑点, 小点
fledgling	['fledʒliŋ] *n.* 1. 羽毛初长的雏鸟, 刚会飞的幼鸟 2. 无经验的人, 初出茅庐的人
fleece	[fli:s] *n.* 羊毛
flipper	['flipə(r)] *n.* 1. 鳍状肢 2. 潜水用橡皮制鳍状肢
flora	['flɔ:rə] *n.* (某地区或某时代的)植物群
floral	['flɔ:rəl] *a.* 花的
flounder	['flaundə(r)] *n.* 鲽形比目鱼
fluoridation	[,fluəri'deiʃən] *n.* 加氟化物(于水中)
fluorosis	[fluə'rəusis] *n.* 【医】(慢性)氟中毒
foal	[fəul] *n.* 驹(尤指不到一岁的马、驴、骡)
foliage	['fəuliidʒ] *n.* [总称] 叶, 叶子(尤指生长中的绿叶)
follicle	['fɔlik(ə)l] *n.* 小囊
foothill	['futhil] *n.* 山麓, 小丘
forage	['fɔridʒ] *n.* 草料, 饲料 *v.* 搜寻粮秣, 搜寻食物
foray	['fɔrei] *v.* 侵入
foreign	['fɔrən] *a.* 1. 【医】异质的, 不相关的 2. 外国的, 外交的

formula	['fɔːmjulə] *n.* 1. 模式 2. 公式
fossil	['fɔs(ə)l] *n.* 1. 化石 2. 老顽固 *a.* 化石的
fossil fuel	矿物燃料
fossorial	[fɔ'sɔːriəl] *a.* 掘土的, 适于掘土的
foster	['fɔstə(r)] *vt.* 1. 培养, 促进 2. 养育, 收养
foul	[faul] *v.* 污染
fractionation	[,frækʃə'neiʃən] *n.* 分极分离, 分馏法
fragment	['frægmənt] *n.* 碎片, 碎块; 残存部分
fragmented	[fræg'mentid; 'frægməntid] *a.* 1. 分裂的, 分散的 2. 片断的
frantic	['fræntik] *a.* 发狂般的
fridge	[fridʒ] *n.* 电冰箱
front	[frʌnt] *n.* 前沿
frontier	['frʌntjə(r); (*US*)frʌn'tiər] *n.* 边疆
froth	[frɔθ; (*US*)frɔ:θ] *n.* 泡沫
fungus	['fʌngəs] *n.* 真菌
funnel	['fʌn(ə)l] *n.* 漏斗
furrow	['fʌrəu] *n.* 皱纹
furry	['fəːri] *a.* 毛皮的
furtherance	['fəːðərəns] *n.* 促进
gall	[gɔːl] *n.* 胆汁
game	[geim] *n.* 猎物
gamete	['gæmiːt] *n.* 【生】配子
gasohol	['gæsəhɔl] *n.* 汽油－酒精混合燃料
gastrointestinal	[,gæstrəuin'testin(ə)l] *a.* 肠胃的
gel	[dʒel] *n.* 凝胶
gelatinous	[dʒi'lætinəs] *a.* 凝胶状的
gender	['dʒendə(r)] *n.* (生理上的)性

gene	[dʒiːn] *n.* 【生】基因
genetic	[dʒi'netik] *a.* 1.【生】基因的，遗传的 2. 创始的，起源的
genetic engineering	遗传工程
geneticist	[dʒi'netisist] *n.* 遗传学家
genome	['dʒiːnəum] *n.* 基因组，染色体组
genus	['dʒiːnəs] *n.* 1.【生】属 2. 类，种类 (*pl.* genera)
germ	[dʒəːm] *n.* 细菌
germ cell	生殖细胞，受精卵
germinate	['dʒəːmineit] *v.* 1. 发芽，萌芽 2. 形成，产生
geyser	['giːzə(r); (*US*)'gaizə] *n.* 1. 喷泉，间歇泉 2. 烧水锅炉
gibberellin	[ˌdʒibə'relin] *n.* 【生化】赤霉素
girdle	['gəːdl] *n.* 支持四肢的带，肢带骨
give rise to	引起，导致；产生
glacier	['glæsjə; 'gleiʃə] *n.* 冰川
gladiola	[ˌglædi'əulə] *n.* 【植】剑兰
gland	[glænd] *n.* 1.【解】腺，腺状组织 2.【机械】密封管
glucose	['gluːkəus; 'gluːkəuz] *n.* 葡萄糖
glycerol	['glisərɔl] *n.* 【化】丙三醇，甘油
glycogen	['glaikəudʒən] *n.* 【生化】肝糖，糖原质
glycolysis	[glai'kɔlisis] *n.* 【生化】酵解作用
glycosylation	[ˌglaikəsi'leiʃ(ə)n] *n.* 【生化】糖基化
gobble	['gɔbl] *v.* 吞没
goggle	['gɔgl] *v.* 1.（由于惊奇、惊恐等）瞪大眼睛看；转动眼珠 2.（眼睛）瞪视 3. 用鱼叉捕鱼

gopher	['gəufə(r)] *n.* 衣囊鼠(北美产的一种地鼠)
gosling	['gɔzliŋ] *n.* 1. 小鹅, 幼鹅 2. 愚蠢而无经验的人
graft	[grɑːft;(*US*)græft] *v.* 1. 嫁接, 接枝 2. 移植(皮肤等) 3. 使连接, 使结合
grazing	['greiziŋ] *n.* 放牧
grazing rate	吃草的速度
green turtle	【动】绿甲海龟
gregarious	[gre'gεəriəs] *a.* 1. (动物)群居的 2.【植】群生的 3. 合群的; 爱交友的
grid	[grid] *n.* 坐标方格
grim	[grim] *a.* 严酷的
grizzly	['grizli] *n.* 灰熊 *a.* 略灰色的, 呈灰色的
growth regulator	生长调节剂(器)
growth stimulant	助长剂, 催长素
guanine	['gwɑːniːn;- nin] *n.*【生化】鸟嘌呤
gull	[gʌl] *n.* 1. 鸥 2. 傻子, 呆子
gymnosperm	['dʒimnəuspəːm] *n.* 裸子植物
habitable	['hæbitəb(ə)l] *a.* 可居住的
habitat	['hæbitæt] *n.* (动植物的)产地, 栖息地, 居留地
haemorrhage	['heməridʒ] *n.* 出血(尤指大出血), 溢血
hallucination	[həˌluːsi'neiʃ(ə)n] *n.* 幻觉
hamster	['hæmstə(r)] *n.* 仓鼠(东欧或亚洲产的大颊的鼠类)
handedness	['hændidnis] *n.* 1. 偏手, 用右手或左手的习惯 2.【物】旋向性

33

handicapped	['hændikæpt] *a.* 残废的，身体有缺陷的 *n.* 残疾人，身体有缺陷的人
harness	['hɑːnis] *n.* (全套)马具，系在身上的绳；甲胄 *vt.* 1. 上马具，披上甲胄 2. 利用(河流、瀑布等)产生动力(尤指电力)
hatch	[hætʃ] *vt.* 1. 孵出，孵 2. 筹划，图谋
hatchling	['hætʃliŋ] *n.* (鸡雏等)孵出的一窝
hazardous	['hæzədəs] *a.* 危险的；有害的
head	[hed] *n.* 1. (啤酒等倒出后所产生的)泡沫 2. (浮在牛奶表面的)奶脂层
healer	['hiːlə(r)] *n.* 医治者(尤指用宗教方式给人治病的人)
hefty	['hefti] *a.* 粗壮的，肌肉发达的
heir	[εə(r)] *n.* 嗣子，继承人
helix	['hiːliks] *n.* 1. 蜗牛 2. 螺旋结构
hemoglobin	[ˌhiːmə'gləubin] *n.* 【生化】血红蛋白
hemolymph	['hiːməlimf; 'hem-] *n.* (无脊椎动物的)血淋巴
hemophilia	[ˌhiːmə'filiə] *n.* 血友病
hemophiliac	[ˌhiːmə'filiæk] *n.* 血友病患者
herbaceous	[həː'beiʃəs;(*US*)əː-] *a.* 草本的
herbicide	['həːbisaid;(*US*)əː-] *n.* 除草剂
herbivore	['həːbivɔː;(*US*)əː-] *n.* 食草动物
hereditary	[hi'reditəri;(*US*)-teri] *a.* 1. 遗传的 2. 世袭的
heredity	[hi'redəti] *n.* 1. 传宗接代 2. 遗传 3. 遗传(而得的)特征
heritage	['heritidʒ] *n.* 1. 遗产 2. 传统

hermaphroditism	[hə:'mæfrə,daitizəm] n. 1. 两性畸形,半阴阳 2. 雌雄同体(现象)
heron	['herən] n.【鸟】鹭(水鸟名)
herpes	['hə:pi:z] n. 疱疹
herpes-virus	['hə:pi:z'vaiərəs] n. 疱疹病毒
herring	['heriŋ] n. 青鱼,鲱(产于北大西洋和太平洋,供鲜食或制罐头)
heterozygote	[,hetərəu'zaigəut] n.【生】杂合体
heterozygous	[,hetərəu'zaigəs] a.【生】杂合的
hickory	['hikəri] n. 山核桃树
hierarchy	['haiərɑ:ki] n. 1. 体系 2. 层次,层级
hind	[haind] a. 后面的,往后的,后部的
hippopotamus	[,hipə'potəməs] n. 河马
histidine	['histidi:n;-din] n.【生化】组氨酸
histocompatibility	['histəukəm,pætə'biləti] n.【生】组织相容性,组织适合性
histone	['histəun] n.【生化】组蛋白
hive	[haiv] n. 蜂房,蜂箱;蜂群
hog	[hog;(US)hɔ:g] n. 猪
hollow	['hɔləu] n. 洞穴
homeostatic	[,həumiəu 'stætik] a. 1.【生】体内平衡的 2. (社会)自动平衡的
homogeneous	[,hɔməu'dʒi:niəs] a. 1.【生】同种类的,同质的 2. 均匀的
homozygote	[,hɔməu'zaigəut] n.【生】纯合体,纯合子
honeycomb	['hʌnikəum] n. 蜂房;蜂巢
hormonal	[hɔ:'məunəl] a. 荷尔蒙的,激素的
hormone	['hɔ:məun] n.【生化】激素,荷尔蒙
horny	['hɔ:ni] a. 角的,角状的

hose	[həuz] *n.* 1. 软管，水龙带 2. 长筒袜
house	[hauz] *vt.* 1. 收容 2. 覆盖
human-free	['hju:mən'fri:] *a.* 没有人生活或干预的
humility	[hju(:)'miləti] *n.* 谦卑
hummingbird	['hʌmiŋbə:d] *n.* 蜂鸟
humpback	['hʌmpbæk] *n.* 驼背鲸
humus	['hju:məs] *n.* 腐殖质
hurdle	['hə:d(ə)l] *n.* 1. 障碍 2. 篱笆，栏
hybrid	['haibrid] *n.* 【生】杂交种；混血儿 *a.* 混合的，杂种的
hybridization	[,haibridai'zeiʃən;-di'z-] *n.* 杂交，配种
hybridize	['haibridaiz] *vt.* 使…杂交
hybridoma	[,haibri'dəumə] 【生】(细胞融合后形成的)杂种细胞，杂种瘤
hydrogenase	['haidrədʒineis;hai'drɔ-] *n.* 【生化】氢化酶
hydrolyze	['haidrɔlaiz] *vt.* 水解
hydrophyte	['haidrəufait] *n.* 水生植物
hygiene	['haidʒi:n] *n.* 1. 卫生 2. 卫生学，保健学
hygienist	['haidʒi:nist] *n.* 卫生学家
hypertension	[,haipə'tenʃ(ə)n] *n.* 高血压
hypertensive	[,haipə'tensiv] *a.* 高血压的 *n.* 高血压患者
hypoblast	['haipəublæst] *n.* 【生】下胚层，内胚层
hypocrisy	[hi'pɔkrəsi] *n.* 虚伪，伪善
hypothalamus	[,haipəu'θæləməs] *n.* 【解】下丘脑，丘脑下部
hypothesis	[hai'pɔθisis] *n.* (逻辑)假设
hypothesize	[hai'pɔθəsaiz] *v.* 假设，假定

ichthyosaur	[ˈikθiəsɔː(r)] n. 鱼龙（一种恐龙）
iconoclast	[aiˈkɔnəklæst] n. 攻击传统观念或风俗的人
iguana	[iɡˈwɑːnə] n. 鬣蜥（产于美洲和西印度群岛的一种大蜥蜴）
immortality	[ˌiməːˈtæləti] n. 永生，不朽
immortalize	[iˈmɔːtəlaiz] vt. 使永生，使名垂千古
immune	[iˈmjuːn] a. 免疫的
immunity	[iˈmjuːnəti] n. 免疫(力)，免疫性
immunize	[ˈimjunaiz] vt. 使免疫
immunoassay	[ˌimjunəuˈæsei] n.【医】免疫测定法
impact	[ˈimpækt] n. 影响
	[imˈpækt] vt. 对…产生影响
impair	[imˈpɛə] vt. 削弱
imperative	[imˈperətiv] a. 1. 急需的 2. 必要的
implant	[ˈimplɑːnt; (US)ˈimplænt] n.【医】植入物，植入片
	[imˈplɑːnt; (US)imˈplænt] v. 1. 把…嵌入，埋植 2. 灌输，注入
implement	[ˈimpliment] vt. 实施，执行
	[ˈimplimənt] n. 工具
imprint	[ˈimprint] n. 痕迹，印记
impulse	[ˈimpʌls] n. 冲动，刺激
in situ	[拉] 在原位的(地)
in vitro	在试管内；在生物体外
inactivate	[inˈæktiveit] vt. 1. 使不活泼 2. 阻止活动
inadequacy	[inˈædikwəsi] n. 1.【医】官能不足，机能不全 2. 不充足；不适当
inbreeding	[inˈbriːdiŋ] n. 同系繁殖，近亲交配

incentive	[in'sentiv] *n.* 刺激
incineration	[in,sinə'reiʃ(ə)n] *n.* 焚化，火葬
incinerator	[in'sinəreitə(r)] *n.* 焚化炉
incompatibility	['inkəm,pætə'biləti] *n.* 【生】不亲和性
incompatible	[,inkəm'pætəb(ə)l] *a.* 1.【医】配伍禁忌的 2. 不能融合成一体的；不能共存的
incorporate	[in'kɔ:pəreit] *vt.* 结合
incubate	['inkjubeit] *v.* (鸟)孵卵
indication	[,indi'keiʃ(ə)n] *n.* 1. 标示，指示 2. 迹象，暗示，象征
indigenous	[in'didʒinəs] *a.* 土生土长的；生来的，固有的
indigo bunting	(北美产)雀科小鸣鸟
individual	[,indi'vidjuəl] *a.* 1. 个人的，个体的 2. 独特的，个性的
individualize	[,indi'vidjuəlaiz] *v.* 使有个性，使适应个人需求
induction	[in'dʌkʃ(ə)n] *n.* 1. (电)感应 2. 归纳
ineptitude	[i'neptitju:d] *n.* 失职，不称职
inexorable	[in'eksərəb(ə)l] *a.* 无情的
infancy	['infənsi] *n.* 1. 婴儿期，幼年 2. 初期，幼稚阶段
infarction	[in'fɑ:kʃ(ə)n] *n.* 梗塞形成
infection	[in'fekʃ(ə)n] *n.* 1.【医】传染，感染 2. 传染病，传染物
infectious	[in'fekʃəs] *a.* 传染疾病的
infective	[in'fektiv] *a.* 易传染的，传染性的
infest	[in'fest] *vt.* 昆虫泛滥
infirmary	[in'fə:məri] *n.* 医务室

inflammation	[,inflə'meiʃ(ə)n] *n.* 1.【医】炎症，发炎 2. 怒火；燃烧
inflammatory	[in'flæmətəri] *a.* 1. 炎症的，发炎的 2. 煽动性的
infusion	[in'fju:ʒ(ə)n] *n.* 1.【医】输液；输液用溶液 2.【生】(做培养基用的)(水)浸液
ingenuity	[,indʒi'nju:əti] *n.* 巧妙；精巧
ingest	[in'dʒest] *vt.* 1. 咽下 2. 摄取，吸收
ingredient	[in'gri:diənt] *n.* 成分
inhabit	[in'hæbit] *vt.* 居住于，栖居于
inhalant	[in'heilənt] *a.* 吸入的 *n.* 吸入剂，吸入器
inheritance	[in'herit(ə)ns] *n.* 继承，遗传
inhibit	[in'hibit] *v.* 抑制，约束
initiative	[i'niʃiətiv] *n.* 主动性
inject	[in'dʒekt] *vt.* 注射
injection	[in'dʒekʃ(ə)n] *n.* 1. 注射；注射剂 2. (毛细血管等的)充血 3. (人造卫星、宇宙飞船等的)射入轨道
innate	[i'neit] *a.* 1.【生】先天的，遗传的 2. 天生的，生来的，固有的
innumerable	[i'nju:mərəb(ə)l] *a.* 无数的，数不清的
inoculation	[i,nɔkju'leiʃən] *n.* 1.【医】接种；预防注射 2. (细菌等的)移植；(植物的)嫁接 3. (思想等的)灌输
insecticidal	[in,sekti'saidəl] *a.* 杀虫的，杀虫剂的
insecticide	[in'sektisaid] *n.* 杀虫剂
insulin	['insjulin;(*US*)'insəlin] *n.*【生化】胰岛素

insurmountable	[ˌinsəˈmauntəb(ə)l] *a.* 不可克服的
intake	[ˈinteik] *n.* 1. 吸入，纳入(数)量 2.【物】输入能量；摄入量
integration	[ˌintiˈɡreiʃən] *n.* 一体化
integrity	[inˈteɡrəti] *n.* 1. 完整性 2. 正直，诚实
integument	[inˈteɡjumənt] *n.* 1.（动植物的）覆盖物（例如皮肤、皮膜、壳、夹、果皮）2.（一般的）覆盖物
intensify	[inˈtensifai] *vt.* 1. 使尖锐 2. 加强，增强
interbreed	[ˌintəˈbriːd] *vt.*【生】使品种间杂交；（使）变种间杂交
intercellular communication	细胞间的信息交流
interface	[ˈintəfeis] *n.* 1. 分界面 2.（两个独立体系的）相交处，接合部位 3.【计】接口
interferon	[ˌintəˈfiərɔn] *n.*【生化】干扰素的总称（它的作用是干扰病毒在体内生长）
interim	[ˈintərim] *n.* 中间时期，过渡时期
internal anatomy	内部器官解剖学
interplay	[ˈintəplei] *n.* 相互作用
interweave	[ˌintəˈwiːv] *vt.* 使交织
intoxication	[inˌtɔksiˈkeiʃ(ə)n] *n.* 1. 酒精中毒，酒醉 2. 陶醉
intracellular	[ˌintrəˈseljulə(r)] *a.* 细胞内的
intractable	[inˈtræktəb(ə)l] *a.* 1. 难治疗的 2. 难对付的，难处理的
intraspecies	[ˌintrəˈspiːʃiːz] *a.*【生】种内的；种类之间的

intricate	['intrikit] *a.* 1. 复杂的 2. 使人迷惑的
intriguing	[in'tri:giŋ] *a.* 令人感兴趣的
intrusion	[in'tru:ʒ(ə)n] *n.* 侵入
invertase	[in'və:teis] *n.* 【生化】转化酶, 蔗糖酶
invertebrate	[in'və:tibrət; -breit] *n.* 【动】无脊椎动物
involuntary	[in'vɔləntəri; (*US*)-teri] *a.* 1. 非故意的; 无意识的 2. 随意的
iris	['aiəris] *n.* 【解】虹膜
isogenic	[ˌaisəu'dʒenik] *a.* 【生】同基因的, 同系的
isolated	['aisəleitid] *a.* 1. 【遗】隔离种群的 2. 隔离的, 孤立的
jellyfish	['dʒelifiʃ] *n.* 水母, 海蜇
juvenile	['dʒu:vinail] *a.* 1. 【生】幼态的 2. 【地】初生的 3. 少年的; 幼稚的 *n.* 雏鸟; 两岁的赛马
keratin	['kerətin] *n.* 【生化】角蛋白
keratoplasty	['kerətəuˌplæsti] *n.* 【医】角膜移植术
kidney	['kidni] *n.* (人及动物的)肾脏
kinship	['kinʃip] *n.* 1. 家属关系, 亲属关系 2. 类似, 近似
labyrinth	['læbərinθ] *n.* 迷宫
lacrimation	[ˌlækri'meiʃən] *n.* 流泪
lactic	['læktik] *a.* 乳的; 从酸乳中取得的
lactic acid	【生化】乳酸
Lamarck	拉马克(1744~1829), 法国生物学家
lamina	['læminə] *n.* 叶片; 层状体
landfill	['lændfil] *n.* 垃圾掩埋地
lapse	[læps] *n.* 陷入, 堕入 *v.* 流逝

41

larva	[ˈlɑːvə] n.【动】幼虫
larynx	[ˈlærɪŋks] n. 喉
latent	[ˈleitənt] a. 隐藏的，潜伏的
lateral	[ˈlætər(ə)l] a. 1. 侧面的 2. 横的，横向的
latitude	[ˈlætitjuːd;(US)-tuːd] n. 纬线；宽度
laureate	[ˈlɔːriit;(US)ˈlɔːriət] n. 获得荣誉者
lazuli bunting	【鸟】天青石鸟
leach	[liːtʃ] vt. 沥滤，滤取
leap	[liːp] v. 跳，跃
leap to a conclusion	草率/过快地得出结论
legacy	[ˈlegəsi] n. 遗产
legume	[ˈlegjuːm] n. 豆类，豆荚
leguminous	[leˈgjuːminəs] a. 豆科的
lens	[lenz] n. 1. 眼中之晶状体 2. 透镜，镜头
lesion	[ˈliːʒ(ə)n] n. 伤，伤口
leucine	[ˈluːsiːn] n.【生化】亮氨酸，白氨酸
level	[ˈlev(ə)l] n. (血等体液中的)物质浓度，含量
libertarian	[ˌlibəˈtɛəriən] n. 自由意志论者
license	[ˈlaisəns] vt. 批准
lichen	[ˈlaikən] n.【植】地衣
life cycle	【生】生活周期，生活史；盛衰周期，盛衰史
ligament	[ˈligəmənt] n.【解】韧带
lignin	[ˈlignin] n.【生化】木质素
limbic	[ˈlimbik] a. 边的，缘的
line	[lain] n. 行业，行当
lineage	[ˈliniidʒ] n. 血统，世系

linear	[ˈliniə] *a.* 线状的
Linnaeus	林奈(1707~1778)瑞典博物学家
lipase	[ˈlipeis;ˈlai-] *n.*【生化】脂肪酶
lipid	[ˈlipid] *n.*【生化】脂质，油脂(脂肪、乳酪)
liquefied	[ˈlikwifaid] *a.* 溶解的; 液化的
liqueur	[liˈkjuə] *n.* 液，汁
literally	[ˈlitərəli] *ad.* 照字面意义地; 逐字地
livestock	[ˈlaivstɔk] *n.* 家畜，牲畜
living tissue	【生】活组织
lizard	[ˈlizəd] *n.* 蜥蜴
lobe	[ləub] *n.* 1.【植】裂片 2.【解】(脑、肺、肝的)叶
lobster	[ˈlɔbstə] *n.* 龙虾
logging	[ˈlɔgiŋ;ˈlɔːg-] *n.* 采伐
low calorie	低热能
low carbohydrate	低碳水化合物
lowland	[ˈləulənd] *n.* 低地，苏格兰低地
lung cancer	肺癌
lust	[lʌst] *n.* 1. 贪色，贪欲 2. 渴望，热烈追求
Lyme	[laim] 莱姆关节炎 (伴有发热、疼痛与皮肤红斑)
lymph	[limf] *n.* 淋巴，淋巴液
lymphatic	[limˈfætik] *a.* 淋巴的
lymphocyte	[ˈlimfəsait] *n.*【解】淋巴细胞，淋巴球
lysate	[ˈlaiseit] *n.*【生化】溶解产物(尤指溶菌液)
lysine	[ˈlaisiːn] *n.*【生化】赖氨酸
lysis	[ˈlaisis] *n.* 1.【生化】细胞溶解，溶胞(作用) 2.【医】渐退，消散

macaque	[mə'kɑːk] *n.* 猕猴
macrophage	['mækrəfeidʒ] *n.* 【生】巨噬细胞
magnitude	['mægnitjuːd; (*US*)-tuːd] *n.* 1. 规模 2. 重要性
magpie	['mægpai] *n.* 1. 鹊, 喜鹊 2. 〈喻〉爱说话的人, 叽叽喳喳的人
maize	[meiz] *n.* 玉蜀黍, 玉米
malady	['mælədi] *n.* 疾病
malaria	[mə'lɛəriə] *n.* 【医】疟疾
malarial	[mə'lɛəriəl] *a.* 患疟疾的
malfunction	[mæl'fʌŋkʃ(ə)n] *n.* 失常, 故障
malignant	[mə'lignənt] *a.* 恶性的
malt	[mɔːlt] *n.* 麦芽
Malthusian	[mæl'θjuːzjən] *a.* 马尔萨斯 (人口论) 的
mammalian	[mæ'meiliən] *a.* 哺乳动物的 *n.* 哺乳动物
mammoth	['mæməθ] *n.* (古生物) 猛犸象
man-day	['mæn'dei] *n.* 人日 (即一个人一天完成的工作量)
mandible	['mændib(ə)l] *n.* 下颚
manifestation	[ˌmænife'steiʃ(ə)n] *n.* 显示, 表现
manipulate	[mə'nipjuleit] *vt.* 操纵; 利用
manure	[mə'njuə(r)] *n.* 肥料 (如粪便) *v.* 施肥于
map	[mæp] *n./vt.* (作) 图
maple	['meip(ə)l] *n.* 枫树
mare	[mɛə(r)] *n.* 1. 母马; 母驴 2. 月球或火星等表面阴暗区
marine	[mə'riːn] *a.* 1. 海洋的, 海产的 2. 航海的, 海运的 3. 海军的; 海员的

marker	[ˈmɑːkə(r)] *n.* 标号；标记物；参照物
marlin	[ˈmɑːlin] *n.* 枪鱼
marrow	[ˈmærəu] *n.* 1. 骨髓 2. 精华
marvel	[ˈmɑːv(ə)l] *v.* 惊奇，感到惊异 *n.* 奇迹
mass-rear	[mæsˈriə] *v.* 大量培养
mastodon	[ˈmæstədɒn] *n.* 1. 乳齿象(古哺乳动物) 2. 庞然大物；巨人
mate	[meit] *vt.* 使(鸟等)交配
materialize	[məˈtiəriəlaiz] *v.* 1. 实现 2. 物化
maternal	[məˈtəːn(ə)l] *a.* 母亲的；母性的；母系的
mating	[ˈmeitiŋ] *n.* 1. (鸟兽等的)交配，交尾 2. 相配，匹配
matrix	[ˈmeitriks] *n.* 【地】基岩，杂矿石
measles	[ˈmiːz(ə)lz] *n.* 麻疹
machanism	[ˈmekəniz(ə)m] *n.* 【生】机制；机构；结构
medfly	[ˈmedflai] *n.* 地中海果蝇
mediate	[ˈmiːdieit] *v.* 1. 作…媒介 2. 调停，仲裁
medicate	[ˈmedikeit] *vt.* 用药治疗
medication	[ˌmediˈkeiʃ(ə)n] *n.* 药物疗法；药物，药剂
Mediterranean	[ˌmeditəˈreiniən] *n.* 地中海
medium	[ˈmiːdjəm] *n.* 媒介，媒介物
meiosis	[maiˈəusis] *n.* 【生】减数分裂
melanoma	[ˌmeləˈnəumə] *n.* 【医】(恶性)黑色素瘤
membrane	[ˈmembrein] *n.* 细胞膜
Mendel	孟德尔(1822~1884)，奥地利遗传学家
menopause	[ˈmenəpɔːz] *n.* 【生理】(女人之)更年期；停经期(常在中年)

menstrual	['menstruəl] *a.* 月经的
mercury	['mə:kjuri] *n.* 汞，水银
merit	['merit] *n.* 优点，功绩
mesothelioma	['mesəu،θi:li'əumə;'mez-] *n.* 【医】间皮瘤
messenger	['mesindʒə(r)] *n.* 【生】(传递遗传信息的)信使
metabolic	[،metə'bɔlik] *a.* 【生理】(新陈)代谢的
metabolise	[mi'tæbəlaiz;me-] *vt.* (新陈)代谢
metabolism	[mi'tæbəliz(ə)m; me-] *n.* 【生理】代谢(作用)，新陈代谢(作用)
meteor	['mi:tiə(r)] *n.* 流星
meteorite	['mi:tiərait] *n.* 陨星，陨石
methodology	[،meθə'dɔlədʒi] *n.* 方法论，一套方法
methylene	['meθili:n; -lin] *n.* 【化】亚甲基
methylmercury	[،meθil'mə:kjuri] *n.* 【化】甲基水银
metropolitan	[،metrə'pɔlit(ə)n] *a.* 主要城市的，大城市的
microbe	['maikrəub] *n.* 微生物，细菌
microbial	[mai'krəubiəl] *a.* 微生物的
microinjection	[،maikrəuin'dʒekʃ(ə)n] *n.* (在显微镜下进行的)显微注射
microorganism	[،maikrəu'ɔ:gəniz(ə)m] *n.* 微生物
microscope	['maikrəskəup] *n.* 显微镜
microscopic	[،maikrə'skɔpik] *a.* 显微的，微观的
microstructure	['maikrə،strʌktʃə] *n.* 微观结构，显微结构 (要用放大倍数超过10的显微镜才能展现出来的物体、组织或物质的结构)
midrib	['midrib] *n.* 【植】(指叶子的)中脉

migration	[mai'greiʃ(ə)n] n. 1. (候鸟等的)定期迁徙 2. (鱼群的)回游 3. (人)移民
milieu	['mi:ljə:] n. 周围环境(尤指个人身处之社会环境)
mill	[mil] vt. 碾磨(成) n. 1. 压榨机,磨粉机 2. 磨坊,工厂
millennium	[mi'leniəm] n. 千年([pl.] millennia)
mimic	['mimik] vt. 模拟,模仿
mindful	['maindful] a. 留心的,注意的
miniature	['minjətʃə(r);(US)'miniətʃuər] a. 极小的 n. 缩小的模型,缩图,缩影
mirage	['mirɑ:ʒ] n. 海市蜃楼,幻景
mirror image	镜像
misconception	[ˌmiskən'sepʃ(ə)n] n. 错误观念;误解
mission	['miʃ(ə)n] n. 1. 使命,任务 2. 使团,代表团
mite	[mait] n. 螨(蛛形纲蜱螨目节肢动物)
mitochondrial	[ˌmaitəu'kɔndriəl;ˌmi-] a.【生】线粒体的
mitochondrion	[ˌmaitəu'kɔndriən;ˌmi-] n.【生】线粒体
mitosis	[mai'təusis;ˌmi-] n.【生】有丝分裂
modification	[ˌmɔdifi'keiʃ(ə)n] n. 改变
modify	['mɔdifai] vt. 改变,修正
mole	[məul] n. 鼹鼠
molecular	[mə'lekjulə(r)] a. 1.【生】分子构成的 2.【化】分子的
molecular biology	分子生物学
molecular probe	分子探针
molecule	['mɔlikju:l] n.【化】【物】分子,摩尔

47

mollusc	['mɔləsk] *n.* 软体动物	
monoclonal	[,mɔnə'kləun(ə)l] *a.*【生】单克隆的，单细胞系的	
monogamous	[mɔ'nɔgəməs] *a.* 1.【动】单配的，一雌一雄的 2. 一夫一妻制的	
mononucleosis	['mɔnəu,nju:kli:'əusis] *n.*【医】单细胞增多症	
morphological	[,mɔ:fə'lɔdʒikəl] *a.* 形态学的，形态的	
morphologist	[mɔ:'fɔlədʒist] *n.* 形态学家	
mortality	[mɔ:'tæləti] *n.* 1. 致命，必死性 2. 死亡率；杀伤力	
mosquito	[mə'ski:təu] *n.* 蚊	
moth	[mɔθ;(*US*)mɔ:θ] *n.* 1. 蛾，飞蛾 2. 蛀虫	
mucus	['mju:kəs] *n.*【生】(由黏膜分泌的)黏液；胶	
multidisciplinary	[,mʌlti'disiplinəri] *a.* 多学科的	
multiply	['mʌltiplai] *vi.* 繁殖	
municipality	[mju:,nisi'pæləti] *n.* 市政当局；自治市	
muskrat	['mʌskræt] *n.* 麝鼠	
mutant	['mju:tənt] *n.* 突变体，突变异种	
mutated	[mju:'teitid] *a.* 突变的	
mutation	[mju:'teiʃ(ə)n] *n.* (生物)突变，变异	
mycorrhizal fungi	菌根真菌	
myeloma	[,maiə'ləumə] *n.*【医】骨髓瘤	
myocardium	[,maiəu'kɑ:diəm] *n.*【解】心肌(层)	
myriad	['miriəd] *n.* 大量	
naught	[nɔ:t] *n.* 零，无	
nausea	['nɔ:siə;(*US*)'nɔ:ʒə] *n.* 恶心，作呕	
negative correlation	相反的相互关系	
nervous activity	神经活动	

nesting chamber	(动物)巢穴
net phytoplankton	能用网捞起来的浮游植物
neural	['njuər(ə)l] *a.*【解】神经的，神经系统的，神经中枢的
neurochemical	[ˌnjuərəu'kemikəl] *a.* 神经化学的
neuroleptic	[ˌnjuərə'leptik] *n.* 精神抑制药，安定药
neurological	[ˌnjuərəu'lɔdʒikəl] *a.* 神经学上的
neurology	[ˌnjuə'rɔlədʒi] *n.* 神经病学（尤指对神经系统的各种疾病及治疗方法的研究）
neuron	['njuərɔn] *n.* 神经元，神经细胞
neurosis	[ˌnjuə'rəusis] *n.* 神经症，神经衰弱症
neurotransmitter	[ˌnjuərəutrænz'mitə(r)] *n.*【生化】神经传递素
nightmare	['naitmɛə(r)] *n.* 噩梦
nihilistic	[ˌnaii'listik; ˌni:-] *a.* 1. 虚无主义的 2. 无政府主义的
nitrogen	['naitrədʒ(ə)n] *n.*【化】氮
nitrogen fixation	固氮法
nitrogenase	['naitrədʒəneis; nai'trɔdʒə-] *n.*【生化】固氮酶
nitrogen fixer	固氮菌
nonlethal	[nɔn'li:θəl] *a.* 不致命的，非杀伤性的
non-melanoma	[nɔnˌmelə'nəumə] *n.*【医】非黑瘤
non-pathogenic	[nɔnˌpæθə'dʒenik] *a.* 非病源的
norepinephrine	[ˌnɔ:repi'nefrin; -ri:n] *n.*【药】降肾上腺素
nostril	['nɔstril] *n.* 鼻孔
notably	['nəutbəli] *ad.* 显著地，特别地

novel	[ˈnɔv(ə)l] *a.* 新奇的，新颖的
nucleic	[njuːˈkliik] *a.* 【生化】核素的
nucleotide	[ˈnjuːkliətaid; -tid] *n.* 【生化】核苷酸
nutrient	[ˈnjuːtriənt;(*US*)ˈnuː-] *a.* 营养的，有营养的 *n.* 营养品，滋养物
nutritional	[njuːˈtriʃənəl] *a.* 营养的，滋养的
nylon	[ˈnailɔn] *n.* 尼龙
oak	[əuk] *n.* 【植】橡树，橡木 *a.* 橡木制的
obese	[əuˈbiːs] *a.* 极肥胖的
obesity	[əuˈbiːsəti] *n.* 肥胖症
obstacle	[ˈɔbstək(ə)l] *n.* 障碍
occlusive	[əˈkluːsiv] *a.* 1. 闭塞的 2. 咬合的
occupational	[ɔkjuˈpeiʃən(ə)l] *a.* 职业的
oceanic	[ˌəuʃiˈænik] *a.* 生于海洋的
odor	[ˈəudə(r)] *n.* 气味
off-limits	[ˈɔfˈlimits] *a.* 禁止入内的
offset	[ˈɔːfset] *v.* 抵消，补偿
offspring	[ˈɔfspriŋ;(*US*)ˈɔːf-] *n.* 1. 后代，子孙 2. 幼兽
ooze	[uːz] *vt.* 渗出，分泌出 *n.* 【地】软泥
optic	[ˈɔptik] *a.* 眼的，视觉的；光学的
optic nerve	视觉神经
optimum	[ˈɔptiməm] *a.* 最有利的，最适宜的
orchid	[ˈɔːkid] *n.* 兰花
order	[ˈɔːdə(r)] *n.* 排序
organelle	[ˌɔːgəˈnel] *n.* 【生】细胞器
organism	[ˈɔːgəniz(ə)m] *n.* 1. 生物，有机体 2. 微生物
organochlorine	[ˌɔːgənəuˈklɔːriːn] *n./a.* 有机氯(的)；有机氯杀虫剂(的)

50

ornamental	[ˌɔːnəˈment(ə)l] n. 1. 观赏植物 2. 装饰物
ornithology	[ˌɔːniˈθɔlədʒi] n. 鸟类学
osmotic	[ɔzˈmɔtik] a.【化】渗透的, 渗透性的
otter	[ˈɔtə(r)] n. 水獭
outbreak	[ˈautbreik] n. 1. (疾病、虫害)突然发生 2. (战争、火山)爆发
outpatient	[ˈautˌpeiʃ(ə)nt] n. (医院的)门诊病人
ovarian	[əuˈvɛəriən] a. 1.【植】子房的 2.【解】卵巢的
ovarian follicle	【解】卵泡
over-grazing	[ˌəuvəˈgreiziŋ] n. 过度放牧
overhaul	[ˌəuvəˈhɔːl] vt. 彻底检查
overpowering	[ˌəuvəˈpauəriŋ] a. 强烈得使人受不了的
overrun	[ˌəuvəˈrʌn] vt. 超出
overstory	[ˈəuvəˌstɔːri] n.【农】上层林冠, 上层林
over-water migrant	水上飞行的候鸟
overweening	[ˌəuvəˈwiːniŋ] a. 过于自信的, 傲慢的
oviduct	[ˈəuvidʌkt] n.【解】输卵管
ovule	[ˈəuvjuːl] n. 1.【植】胚珠 2.【动】卵子
ovum	[ˈəuvəm] n. 卵, 卵细胞
owl	[aul] n. 猫头鹰
oxidase	[ˈɔksideis; -deiz] n.【生化】氧化酶
oxidative	[ˈɔksideitiv] a. 氧化的; 具有氧化特性的
oyster	[ˈɔistə(r)] n. 1. 牡蛎 2.〈口〉沉默寡言的人

package	['pækidʒ] n. (由旅行社代办且费用固定的)旅游
packet	['pækit] n. 簇
paleontologist	[,pæliɔn'tɔlədʒist] n. 古生物学者
paleontology	[,pæliɔn'tɔlədʒi] n. 古生物学, 化石学
palliate	['pælieit] v. 减轻(痛苦)
pancreas	['pæŋkriəs] n. 【解】胰腺
panic	['pænik] n. 惊恐
papillary	[pə'piləri] a. 乳头状的, 乳突状的
paralysis	[pə'rælisis] n. 【医】瘫痪症, 麻痹症
parasite	['pærəsait] n. 寄生虫
parasitic	[,pærə'sitik] a. 寄生的
parasitize	['pærəsaitaiz] vt. 寄生于
parent cell	母细胞
paroxysm	['pærəksiz(ə)m] n. 发作; 激发
particle	['pɑ:tik (ə)l] n. 1. 粒子, 微粒 2. 极小量
pasture	['pɑ:stʃə(r); (US)'pæs-] n. 牧草地, 牧场
paternal	[pə'tə:n(ə)l] a. 父亲的, 父系的
paternity	[pə'tə:nəti] n. 生父身份
pathogen	['pæθədʒ(ə)n] n. 【医】病原体
pathogenic	[,pæθə'dʒenik] a. 【医】病原体的, 致病的
pathological	[,pæθə'lɔdʒik(ə)l] a. 病理的, 病态的
pathology	[pə'θɔlədʒi] n. 病变, 病状, 病理学
pathophysiology	['pæθəu,fizi'ɔlədʒi] n. 病理生理学
pea	[pi:] n. 豌豆
pectin	['pektin] n. 胶质, 果胶
pelecypod	[pi'lesipɔd;-pə-] n. (软体动物)双壳类; 斧足类; 瓣鳃类

pellet	['pelit] *n.* 片，粒，丸
pelvic	['pelvik] *a.* 骨盆的
peptide	['peptaid] *n.*【生化】肽(缩氨酸)
percolate	['pə:kəleit] *vi.* 透过；过滤
perennial	[pə'renjəl] *n.* 终年生植物 *a.* (植物)多年生的
peril	['peril] *n.* 危险
peripheral	[pə'rifər(ə)l] *a.*【解】边缘神经的
permeate	['pə:mieit] *v.* 扩散；渗透
persistent	[pə'sist(ə)nt] *a.* 持久性的
perspiration	[ˌpə:spə'reiʃ(ə)n] *n.* 出汗
perturb	[pə'tə:b] *vt.* 扰乱
Peru	[pə'ru:] *n.* 秘鲁(国名)
Peruvian	[pə'ru:viən] *n.* 秘鲁人
pervade	[pə'veid] *vt.* 弥漫；渗透
pest	[pest] *n.* 有害动物，害虫；有害植物
pesticide	['pestisaid] *n.* 杀虫剂，农药
petal	['pet(ə)l] *n.* 花瓣
petunia	[pi'tju:njə] *n.*【植】矮牵牛花
phagocytic	[ˌfægəu'sitik] *a.*【生】吞噬细胞的，吞噬作用的
phagocytosis	[ˌfægəusai'təusis] *n.*【生】吞噬作用，噬菌作用
phenol	['fi:nɔl] *n.*【化】苯酚
phenylalanine	[ˌfenəl'æləni:n] *n.*【生化】苯基丙氨酸
phenylephrine	[ˌfi:nil'efri:n] *n.*【药】苯肾上腺素(一种血管收缩剂)
phobia	['fəubiə] *n.* (病态的)恐惧，恐怖症
phonation	[fəu'neiʃ(ə)n] *n.* 发声
phosphate uptake	吸收磷酸盐(的能力)

phosphodiesterase	[ˌfɔsfəudaiˈestəreis;-reiz] n.【生化】磷酸二酯酶
phosphorous	[ˈfɔsfərəs] a. 磷的
photosynthesis	[ˌfəutəuˈsinθəsis] n. 光合作用
photosynthetic	[ˌfəutəusinˈθetik] a. 光合作用的
phthalate	[ˈfθælət;-leit] n.【化】酞酸盐
phyla	[ˈfailə] n. [pl.]（动植物分类的）门（单数为 phylum）
phylum	[ˈfailəm] n.（动植物分类的）门
physiological	[ˌfiziəˈlɔdʒikəl] a. 生理学的
physiology	[ˌfiziˈɔlədʒi] n. 1. 生理学 2. 生理，生理机能
phytoplankton	[ˌfaitəuˈplæŋktən;-tɔn] n. 浮游植物群落
piglet	[ˈpiglit] n. 猪崽
pigment	[ˈpigmənt] n. 1.【生】色素 2. 颜料
pigmentation	[ˌpigmənˈteiʃ(ə)n] n.【生】色素沉着
pituitary	[piˈtjuːitəri;(US)-tuːəteri] a.【解】脑垂体的 n. 垂体
pivotal	[ˈpivətəl] a. 1. 枢轴的 2. 关键的
placebo	[pləˈsiːbəu] n. 安慰剂
placenta	[pləˈsentə] n. 胎盘
plague	[pleig] n. 灾害，瘟疫
plankton	[ˈplæŋkt(ə)n] n. [总称]浮游生物
planktonic algae	浮游生物水藻
plasma	[ˈplæzmə] n. 1.【生】原生质 2. 血浆；淋巴液 3.【物】等离子体，等离子区
plasma cell	浆细胞
plasmid	[ˈplæzmid] n.【生】（原生质的）质粒、质体

plasmodium	[plæz'məudiəm] *n.* 1.【生】变形体 2.【动】疟原虫
pleiotropic	[,plaiəu'trɔpik] *a.*【生】多效性的,多向性的
pleiotropy	[plai'ɔtrəpi] *n.*【生】基因多效性,多向性
Pleistocene	['plaistəusi:n] *n.*【地】[the～] 更新世;更新世沉积物,更新世岩
plight	[plait] *n.* 情势,情况(通常指恶劣、严重或悲伤的情况)
pluck	[plʌk] *vt.* 1. 拔(鸡、鸭等)毛 2. 采集
plume	[plu:m] *n.* 羽状物
plummet	['plʌmit] *vi.* 骤然下降 *n.* 铅锤;重荷
pneumonic	[nju:'mɔnik] *a.* 肺炎的
pneumonic plague	肺鼠疫
poliomyelitis	[,pəuliəumaiə'laitis] *n.* 小儿麻痹症
pollen	['pɔlən] *n.* 花粉
pollen grain	花粉粒
pollinate	['pɔlineit] *vt.* 给…传授花粉
pollination	[,pɔli'neiʃ(ə)n] *n.*【植】传粉作用;已受粉状态
pollinator	['pɔlineitə] *n.*【植】受粉植物;传粉昆虫,传粉媒介
polyclonal	[,pɔli'kləunəl] *a.* 多克隆的,多细胞系的
polyhedrosis	[,pɔlihi:'drəusis] *n.*【昆】(幼虫的)多面体病
polymerase	['pɔliməreis;-reiz] *n.*【生化】聚合酶
polymorph	['pɔlimɔ:f] *n.* 多形体;多晶形物
polymorphism	[,pɔli'mɔ:fizəm] *n.* 多态性

55

polyp	['pɔlip] *n.* 珊瑚虫(水螅型)
polypeptide	[ˌpɔli'peptaid;-tid] *n.* 【生化】多肽
ponderosa	[ˌpɔndə'rəusə] *n.* 美国黄松
population	[ˌpɔpju'leiʃ(ə)n] *n.* 【生】种群
porcine	['pɔːsain] *a.* 猪的
pore	[pɔː] *n.* 孔, 小孔
porpoise	['pɔːpəs] *n.* 海豚
posterity	[pɔ'sterəti] *n.* 子孙; 后代, 后世
pot	[pɔt] *n.* 水穴, 地窝
potassium	[pə'tæsiəm] *n.* 钾
potent	['pəutnt] *a.* 1.(药等)有效力的 2.强有力的, 有说服力的
potted	['pɔtid] *a.* 盆栽的
poultry	['pəultri] *n.* 家禽
prairie	['prɛəri] *n.* (尤指北美)大草原
precautionary	[pri'kɔːʃənəri] *a.* 预防的
precipitate	[pri'sipiteit] *vt.* 使沉淀
preclinical	[priː'klinik(ə)l] *a.* 1.临床使用前的, 前期的 2.(医科学生)进行临床实习前的
precursor	[ˌpriː'kɔːsə(r)] *n.* 1.(从中产生变化的)先驱物, 产物母体 2.先驱, 先锋 3.前兆, 先兆
predation	[pri'deiʃ(ə)n] *n.* (动物的)捕食行为
predator	['predətə(r)] *n.* 捕食其他动物的动物
predatory	['predətəri; (*US*)'predətɔːri] *a.* 1.以捕食其他动物为生的, 食肉的 2.掠夺(性)的
predispose	[ˌpriːdi'spəuz] *vt.* 使偏向于
predisposition	[ˌpriːˌdispə'ziʃən] *n.* 1.易患病的体

质 2. 倾向

premium	['pri:mjəm] n. 保险费
prenatal	[,pri:'neit(ə)l] a. 出生以前的,产前的
prerequisite	[,pri:'rekwizit] n. 先决条件
prescribe	[pri'skraib] vi. 1. 为…开(药) 2. 规定,限定
prescription	[pri'skripʃ(ə)n] n. 处方,药方
preservative	[pri'zə:vətiv] n. 防腐剂
presumably	[pri'zju:məbəli] ad. 推测起来;大概
presume	[pri'zju:m;(US)-zu:m] vt. 假定;认为
prevalent	['prevələnt] a. 普遍的
prey	[prei] n. 1. 捕食,被捕食的动物 2.〈喻〉牺牲者
prick	[prik] n. 针;尖形物
primary	['praiməri] a. 最初的;主要的
primate	['praimit] n. 1. 灵长目动物 2. 大主教
prime	[praim] a. 主要的;最初的
probe	[prəub] n. 探针 vt. 1. 探索 2. 彻底调查 3. 用探针(或探测器)探查
procreative	['prəukrieitiv] a. 1. 生育的,生殖的 2. 有生产能力的
profess	[prə'fes] v. 公开表明
progeny	['prɔdʒəni] n. 子孙,后代
prognosis	[prɔg'nəusis] n. 1.【医】预后(根据症状预测能否治愈) 2. 预测
prohibition	[,prəuhi'biʃ(ə)n] n. 禁酒
project	['prɔdʒekt] n. 计划,方案
projection	[prə'dʒekʃ(ə)n] n. 1. 突出,突出部分 2. 投出,发射
prokaryotic	[prəu,kæri'ɔtik] a.【生】原核的

proliferate	[prəu'lifəreit] v. 1.【生】增殖,增生 2. 激增,扩散
propagate	['prɔpəgeit] v. 1. 繁殖,增殖 2. 传播,宣传,普及 3. 使(疾病)蔓延
propagation	[,prɔpə'geiʃ(ə)n] n. 1. 繁殖,增殖,蔓延 2. 传播,宣传,普及
prophylactic	[,prɔfi'læktik] a. 预防疾病的 n. 预防药;避孕药
proportionately	[prə'pɔ:ʃəneitli] ad. 成比例地
protandrous	[prəu'tændrəs] a.【植】雄蕊先熟的
protein	[prəu'ti:n] n. 蛋白质
protein coat	蛋白外壳
protoplasm	['prəutəuplæz(ə)m] n.【生】原生质;细胞质
protoplast	['prəutəuplæst] n. 原生质体
prototype	['prəutəutaip] n. 原型
protozoon	[,prəutəu'zəuən] n. 原生动物
protrude	[prə'tru:d] v. 伸出,突出
Prussia	['prʌʃə] n. 普鲁士
psychiatric	[,saiki'ætrik] a. 1. 精神病的 2. 治疗精神病的
psychopathological	['saikəu,pæθə'lɔdʒikəl] a. 精神病理学的,心理病理学的
psychosis	[sai'kəusis] n. 精神变态,精神病
psychotherapy	[,saikəu'θerəpi] n. 精神治疗法,心理疗法
psychotic	[sai'kɔtik] a. 精神病的 n. 精神病患者
psychotic-like	[,sai'kɔtik'laik] a. 精神病似的
psychrophilic	[,saikrəu'filik] a.【生】嗜冷性的

pteropod	['terəpɔd] *n./a.*【动】翼足目动物(的)
pterosaur	['terəsɔ:(r)] *n.*(古生物)翼龙(古爬行动物,生存于侏罗纪与白垩纪之间)
publicity	[pʌb'lisəti] *n.* 宣传
pulse	[pʌls] *n.* 脉搏
pupa	['pju:pə]([*pl.*]~pae 或 ~pas) *n.*【昆】蛹
puromycin	[ˌpjuərəu'maisin] *n.*【微】嘌呤霉素
qualitative	['kwɔlitətiv;(*US*)-teitiv] *a.* 1. 质的;质量的 2.【化】定性的
quantify	['kwɔntifai] *vt.* 确定数量,量化
quest	[kwest] *n.* 追求,寻求
quinine	[kwi'ni:n;(*US*) 'kwainain] *n.*【药】奎宁
radial	['reidjəl] *a.* 半径的
raft	[rɑ:ft;(*US*)ræft] *n.* 木筏,救生艇
rant	[rænt] *n.* 狂言
rash	[ræʃ] *n.*(皮)疹
reaction	[ri:'ækʃ(ə)n] *n.* 1. 反应 2. 反作用力
rear	[riə(r)] *v.* 1. 抚养,培植 2. 竖起,举起
receptor	[ri'septə(r)] *n.*【生】感受器,受体
receptor site	【生】受点,受体部位(指细胞中药物或其他物质起作用的部位)
recession	[ri'seʃ(ə)n] *n.* 退化
recessive	[ri'sesiv] *a.* 隐性的
recipient	[ri'sipiənt] *a.* 容易接受的,感受性强的 *n.* 容纳者,容器
recombinant	[ri'kɔmbinənt] *n.*【遗】重组器官,重组细胞
DNA research	DNA研究

recombination	[ˌriːkɔmbiˈneiʃ(ə)n] n. (基因)重组
recovery	[riˈkʌvəri] n. 回收，废物利用
recreational	[ˌrekriˈeiʃ(ə)nəl; -kriː-] a. 娱乐的
red blood cell	红细胞，红血球
red herring	1. 熏鲱鱼（捕鱼时用熏鲱鱼把星鲨从主航道引走）2. 转移注意力的话题
redistribute	[ˌriːdiˈstribjuːt] vt. 再分派
red osier	【植】紫柳，红皮柳
refine	[riˈfain] vt. 使完善
reflex	[ˈriːfleks] a. 反射的，回复式的
refuse	[ˈrefjuːz] n. 废物，垃圾
regenerate	[riˈdʒenəreit] vi. 再生
regenerative	[riˈdʒenərətiv] a. 可再生的
regulate	[ˈregjuleit] vt. 1.【生】调整 2. 指挥 3. 调理
regulatory	[ˈregjulətəri] a. 1.【生】调整的 2. 管理的；控制的；调节的
rehabilitation	[ˈriːhəˌbiliˈteiʃ(ə)n] n. 恢复，修复
reimburse	[ˌriːimˈbəːs] vt. 补偿
rejection	[riˈdʒekʃ(ə)n] n. 1. 排斥 2. 拒绝
release	[riˈliːs] vt. 1. 放出，排放，释出 2. 释放，解放
remains	[riˈmeins] n. 1. 遗迹 2. 剩遗物，遗骨，遗骸
remedial	[riˈmiːdiəl] a. 1. 治疗的 2. 补救的
remedy	[ˈremidi] n. 治疗；药品
removal	[riˈmuːv(ə)l] n. 排除，除去
rem/REM	[rem] 雷姆（人体伦琴当量）
renewable	[riˈnjuːəb(ə)l] a. 可再生的
renin	[ˈrenin] n.【生化】高血压蛋白原酶
repeat	[riˈpiːt] v. 重复

repellent	[ri'pelənt] *n.* 1. (涂于织物上的)防水剂 2. 驱虫药	
repertoire	['repətwɑ:(r)] *n.* 1. 全部功能 2. 所有组成成分	
replica	['replikə] *n.* 复制品	
replicate	['replikeit] *vi.* 复制	
reproduce	[,ri:prə'dju:s;(*US*)-du:s] *v.* 1. 繁殖,生殖 2. 再生产;(器官)再生长	
reproductive	[,ri:prə'dʌktiv] *a.* 1. 再生产的 2. 生殖的	
reptile	['reptail;(*US*)'rept(ə)l] *n.* 爬行动物	
reptilian	[rep'tiliən] *a.* 爬行动物的	
reside	[ri'zaid] *vi.* 居住	
residue	['rezidju:;(*US*)-du:] *n.* 残渣,残留物	
resistor	[ri'zistə(r)] *n.* 电阻	
respiration	[,respi'reiʃ(ə)n] *n.* 【生】呼吸作用	
respire	[ri'spaiə(r)] *v.* 呼吸	
respite	['respait] *n.* 暂缓	
restock	[,ri:'stɔk] *vt.* 再储存,为…备新货	
restorative	[ri'stɔrətiv] *a.* 可恢复的	
restraint	[ri'streint] *n.* 约束力	
result in	导致;结果造成	
resulting	[ri'zʌltiŋ] *a.* 作为结果的,从而产生的	
resurrection	[,rezə'rekʃ(ə)n] *n.* 复发,复活	
retard	[ri'tɑ:d] *vt.* 妨碍,阻碍	
retardation	[,ri:tɑ:'deiʃən] *n.* 迟钝,呆痴	
reticular	[ri'tikjulə(r)] *a.* 网状的	
retina	['retinə;(*US*)'retənə] *n.* 视网膜	
retinoblastoma	[,retinəublæs'təumə] *n.* 【医】眼癌(有遗传性)	

retrovirus	[ˌretrəu'vaiərəs] *n.* 【微】逆转录酶病毒(一种致肿瘤病毒)
reversal	[ri'və:s(ə)l] *n.* 逆转
revert	[ri'və:t] *vi.* 回复
revitalize	[ˌri:'vaitəlaiz] *vt.* 使恢复新生,使有活力
revive	[ri'vaiv] *vi.* 复兴,复活
rhesus	['ri:səs] *n.* (北印度产)恒河猴
rhinovirus	[ˌrainəu'vaiərəs] *n.* 鼻病毒(与一般感冒有关的呼吸系统病毒)
rhizobium	[rai'zəubiəm] *n.* 【生】根瘤菌(属)
rhizoid	['raizɔid] *n.* 假根 *a.* 根状的
ribosome	['raibəsəum] *n.* 【生化】核糖体,核(糖核)蛋白体
ripple	['rip(ə)l] *n.* 波纹
rise	[raiz] *n.* 高地
rival	['raiv(ə)l] *vt.* 竞争
rivalry	['raivəlri] *n.* 对手
RNA	【微】核糖核酸
rod	[rɔd] *n.* 视网膜杆
rodent	['rəudənt] *n.* 啮齿目动物 (如鼠、松鼠、河狸等)
roster	['rɔstə(r)] *n.* 登记表,花名册
rotation	[rəu'teiʃ(ə)n] *n.* (庄稼)轮作
runner	['rʌnə(r)] *n.* 【植】蔓藤植物,长匍茎
rupture	['rʌptʃə(r)] *n.* 破裂,裂开
sac	[sæk] *n.* 囊
sacrifice	['sækrifais] *v.* 牺牲
salable	['seiləb(ə)l] *a.* 适于销售的
salinity	[sə'linəti; (*US*)sei-] *n.* 盐分

saliva	[sə'laivə] *n.* 唾液，口水
salivate	['sæliveit] *v.* 分泌唾液
salmon	['sæmən] *n.* 鲑；鲑肉
salmonella	[ˌsælmə'nelə] *n.*【微】沙门氏菌
salubrious	[sə'lju:briəs] *a.* 有益健康的
salutary	['sæljutəri；(*US*)-teri] *a.* 有益的，有益于健康的
salvation	[sæl'veiʃ(ə)n] *n.* 拯救
sample	['sɑ:mp(ə)l；(*US*)'sæmp(ə)l] *n.* 1. 样品，试样 2. 实例，范例
sanctuary	['sæŋktjuəri；(*US*)-teri] *n.* 1. 鸟兽禁猎区 2. 避难所
sanitary	['sænitəri；(*US*)-teri] *a.* 清洁的，卫生的
sanitation	[ˌsæni'teiʃ(ə)n] *n.* 公共卫生，环境卫生
sanity	['sænəti] *n.* 心智健全，神志清楚
sap	[sæp] *n.* (树)液
saturate	['sætʃəreit] *vt.* 1. 使饱和，使中和 2. 浸透，渗透，使充满
savanna	[sə'vænə] *n.* 热带(或亚热带)稀树大草原
scale	[skeil] *n.* 鳞，鳞片
scanner	['skænə(r)] *n.* 扫描器，扫描仪
scarcity	['skɛəsəti] *n.* 匮乏
scavenge	['skævindʒ] *v.* (动物)以腐肉或垃圾为食
schizophrenia	[ˌskizə'fri:niə] *n.*【心】精神分裂症
seal	[si:l] *n.* 海豹
seaweed	['si:wi:d] *n.* 海草

sebum	['si:bəm] n. 脂肪，皮脂
secrete	[si'kri:t] vt.【生】分泌
secretion	[si'kri:ʃ(ə)n] n.【生理】分泌物；分泌
sedative	['sedətiv] n. 镇静剂
sediment	['sedimənt] n. 沉淀物
sedimentation	[,sedimen'teiʃ(ə)n] n. 沉淀，沉积
seep	[si:p] vi. 渗透
segment	['segmənt] n. 片断
seizure	['si:ʒə(r)] n. 1.【医】(病的)侵袭，发作 2. 抓住，捕捉 3. 夺取，占取 4. 没收充公
self-mutilation	['self,mju:ti'leiʃən] n. 自毁容貌
self-replicating	[,self'replikeitiŋ] a. 自我复制的
semen	['si:men] n. 精液，精子
senescence	[si'nesns] n.【医】衰老，老化
senile	['si:nail] a. 年老的，因年老而引起的，因年老而身心衰弱的
sensor	['sensə(r)] n. 传感
sensory	['sensəri] a. 感觉的，感官的；传递感觉的
septal	['sept(ə)l] a. 隔膜的
sequence	['si:kwəns] n. 1.【生化】顺序 2. 连续 3. 序列
sequester	[si'kwestə(r)] v. (使)隐藏
serotonin	[,siərə'təunin; ser-] n.【生化】血清素
serum	['siərəm] n. 1. 血液 2. (动物之)血清 3. (植物之)树液
session	['seʃ(ə)n] n. 会议
sewage	['sju:idʒ; 'su:idʒ] n. 污水；下水道
shed	[ʃed] vt. 1. 流出；发散 2. 蜕 (壳等)

脱去

sheer	[ʃiə(r)] *a.* 纯粹的；绝对的	
shelf life	货架期	
shellfish	['ʃelfiʃ] *n.* 贝壳类	
shield	[ʃi:ld] *n.* 防护物，保护物	
shift	[ʃift] *n.* 转变；变化	
shock	[ʃɔk] *n.* 1.【医】休克，中风，心脏病引起的昏厥 2. 震惊，打击 3. 冲击，震动，震荡	
shrew	[ʃru:] *n.* 1.【动】鼩鼱(一种似鼠的小动物) 2. 泼妇，悍妇	
shrub	[ʃrʌb] *n.* 灌木	
sibling	['sibliŋ] *n.* 兄弟或姐妹	
sickle cell	镰形血球	
sieve	[siv] *vt.* 过滤 *n.* 筛，滤网	
silage-making	['sailidʒ'meikiŋ] *a.* 做青贮饲料的	
sinister	['sinistə(r)] *a.* 阴险的	
skeletal	['skelitəl] *a.* 骨骼的；骸骨的	
skeleton	['skelit(ə)n] *n.* 骨骼，骷髅	
skull	[skʌl] *n.* 头骨，颅骨	
slaughterhouse	['slɔ:təhaus] *n.* 屠宰场	
slice	[slais] *v.* 切成片	
slog	[slɔg] *vi.* 顽强地行进	
sloth	[sləuθ] *n.* 树懒(南美洲哺乳动物)	
sludge	[slʌdʒ] *n.* 淤泥，软泥	
slurry	['slʌri] *n.* 泥，泥浆	
smallpox	['smɔ:lpɔks] *n.*【医】天花	
smoker	['sməukə(r)] *n.* 冒烟的东西	
snout	[snaut] *n.* (动物的)口鼻部，口吻	
societal	[sə'saiətəl] *a.* 社会的	

solution	[sə'lju:ʃ(ə)n] n. 1. 溶液 2. 解决办法
somatic	[sə'mætik] a. 1. 肉体的 2. 体细胞的
somatotropin	[ˌsəumətə'trəupin; səu.mæ-] n.【生化】生长激素
sophisticated	[sə'fistikeitid] a. 高级的
sophistication	[sə.fisti'keiʃən] n. 1. 复杂性 2. 尖端性
spare	[spɛə(r)] vt. 省掉
spasm	['spæz(ə)m] n. 突发
spasmodic	[ˌspæz'mɔdik] a. 痉挛的, 痉挛性的
spatiotemporal	[ˌspeiʃiəu'tempərəl] a.【生】时空的, 与时空有关的; 存在于时间和空间的
spawn	[spɔ:n] n. (鱼、虾、蛙等一次下的) 卵 vt. 产(卵)
specialty	['speʃəlti] n. 特制品, 特产
speciation	[ˌspi:ʃi'eiʃən] n.【生】物种形成
species	['spi:ʃiz] n.【生】物种
specific	[spi'sifik] a. 1.【医】有特效的, 只对特定抗原有效的 2. 特定的; 具体的
specify	['spesifai] vt. 1. 具体指定; 详细说明 2. 详列(清单)
specimen	['spesimən] n. 1. 待试验物 2. 标本, 样品
spectrum	['spektrəm] n. 1. 范围 2. 光谱
sperm	[spə:m] n. 精液, 精子
sperm whale	抹香鲸
sphenopsid	[sfi'nɔpsid] n. 木贼纲植物
spice	[spais] n. 香料, 调味品
spike	[spaik] n. 穗, 穗状花序
spine	[spain] n. 脊椎骨

spiny	['spaini] *a.* 多刺的，刺状的
spiny anteater	【动】针鼹
spleen	[spli:n] *n.* 脾
splice	[splais] *vt.* 剪接，接合
split	[split] *v.* 分裂
sponge	[spʌndʒ] *n.* 海绵，海绵体
spongy	['spʌndʒi] *a.* 1. 海绵状的 2. 多孔的
spore	[spɔ:(r)] *n.* (某些植物或单细胞动物的)芽胞，孢子
spot	[spɔt] *vt.* 发现
spray	[sprei] *vt.* 1. 向…喷射，喷涂 2. 向…扫射，散发
sprout	[spraut] *v.* 生长，萌芽
spruce budworm	【昆】云杉卷叶蛾
spur	[spə:(r)] *vt.* 激励，刺激
squabble	['skwɔb(ə)l] *n.* 小口角，小争论
squid	[skwid] *n.* 鱿鱼
squirrel	['skwir(ə)l; (*US*)'skwə:rəl] *n.* 松鼠
stabilize	['steibəlaiz] *v.* 稳定
stain	[stein] *vt.* 着色，染色
stalk	[stɔ:k] *n.* 茎，干
stallion	['stæljən] *n.* 牡马(尤指种马)；留种的雄兽
starch	[stɑ:tʃ] *n.* 淀粉
stark	[stɑ:k] *a.* 完全的，十足的
statutory	['stætjutəri] *a.* 法令的，法定的
stem	[stem] *n.* (树木的)干，(花草的)茎
sterile	['sterail; (*US*)'sterəl] *a.* 1. 不能生育的 2. 贫瘠的 3. 消过毒的
sterilize	['sterilaiz] *vt.* 1. 把…消毒，使无菌

2. 使绝育 3. 使成不毛之地 4. 使不起作用

stimulant	['stimjulənt] n.【医】兴奋剂, 刺激剂
stimulate	['stimjuleit] vt. 1. 促使, 引起 2. 刺激, 激励
stimulus	['stimjuləs] n. 刺激, 刺激物
strain	[strein] n. 1.【微】菌株 2. 种, 族 3. 世系, 品系
strand	[strænd] n. 股; 链
stratosphere	['strætəusfiə(r)] n. 平流层
streamlined	['stri:mlaind] a. 流线型的
streptomycin	[‚streptə'maisin] n.【微】链霉素
string	[striŋ] vt. 1. 串起, 把…连在一起 2. 给(乐器、弓等)装弦
subcellular	[‚sʌb'seljulə(r)] a.【生】亚细胞的
subcutaneous	[‚sʌbkju:'teiniəs] a.【解】皮下的, 皮下用的
submicroscopic	[‚sʌbmaikrə'skɔpik] a.【物】亚微观的; 普通显微镜下看不到的
sub-phylum	[sʌb'failəm] n.【生】亚门
substance	['sʌbstəns] n. 1. 物质 2. 材料
substantially	[səb'stænʃ(ə)li] ad. 完全地
substrate	['sʌbstreit] n. 1.【生化】酶作用物 2.【生】培养基 3.【摄】(胶片)感光底层 4.【地】底土层
subtle	['sʌt(ə)l] a. 微妙的; 精细的
subtlety	['sʌtlti] n. 细微; 微妙
succulent	['sʌkjulənt] a. 多汁的, 多水分的 n. 肉质植物, 多汁植物
sucrose	['sju:krəus] n. 蔗糖
suctorial	[sʌk'tɔ:riəl] a. 有吸盘的

sudoriferous	[ˌsjuːdəˈrifərəs] *a.* 发汗的
sugar cane	甘蔗
sulfide	[ˈsʌlfaid] *n.* 硫化物
sulfur	[ˈsʌlfə(r)] *n.* 硫,硫磺
sultry	[ˈsʌltri] *a.* 闷热的
summit	[ˈsʌmit] *n.* 最高会晤
superfluous	[sjuːˈpəːfluəs] *a.* 过量的
superimpose	[ˌsjuːpərimˈpəuz] *vt.* 添上,附加
supersede	[ˌsjuːpəˈsiːd] *vt.* 代替
suppress	[səˈpres] *vt.* 抑制
susceptibility	[səˌseptəˈbiləti] *n.* 易感性
susceptible	[səˈseptəb(ə)l] *a.* 易患…的
sustenance	[ˈsʌstinəns] *n.* 生计,维持生存
swell	[swel] *n.* 肿
symbiont	[ˈsimbaiɔnt] *n.* 共生有机体,共生体
symbiotic	[ˌsimbaiˈɔtik] *a.* 共生的
symmetry	[ˈsimitri] *n.* 对称
sympathetic	[ˌsimpəˈθetik] *n.* 1.【解】交感神经 2.(对催眠等)容易感受的人
symposium	[simˈpəuziəm] *n.* 专题讨论会
sympathetic nervous system	交感神经系统
synapse	[siˈnæps] *n.*【解】(神经元的)触处,突触(两个神经元之间或神经元与效应器细胞之间相互接触、并借以传递信息的部位)
syndrome	[ˈsindrəum;-drəm] *n.* 综合病症,症状
synonymous	[siˈnɔniməs] *a.* 同义的
synthesis	[ˈsinθəsis] *n.* 1. 综合,综合物 2.【化】合成;合成体

69

synthesize	['sinθəsaiz] *vt.*【化】使合成；综合
synthetic	[sin'θetic] *a.* 1. 综合的，合成的 2. 人造的 3. 假想的，虚假的
synthetic fertilizer	人造肥料
syphilis	['sifilis] *n.*【医】梅毒
syringe	['sirindʒ] *n.* 1. 注射器 2. 注油器
systemic	[si'stemik] *a.* 1.【医】系统的 2. 全身的，影响全身的
tackle	['tæk(ə)l] *vt.* 处理，解决
tactile	['tæktail; (*US*)-təl] *a.* 触觉的，能感觉到的
tailing	['teiliŋ] *n.* 残渣
talon	['tælən] *n.* 猛禽的爪
tangible	['tændʒəb(ə)l] *a.* 可触知的
tannin	['tænin] *n.*【化】丹宁酸，鞣酸；丹宁类物质（发黄的涩味物质）
tapeworm	['teipwə:m] *n.* 绦虫
tardive	['tɑ:div] *a.* 迟发的，延迟的
target	['tɑ:git] *n.* 1. 目标，指标 2. 靶，靶子
taxonomic	[,tæksə'nɔmik] *a.* 分类学的，分类的
taxonomy	[,tæk'sɔnəmi] *n.* 分类学，分类
teem	[ti:m] *v.* 充满，到处都是
temperate	['tempərit] *a.* 温带的
template	['templeit] *n.* 模板
tendon	['tend(ə)n] *n.*【解】腱
tentacle	['tentək(ə)l] *n.*【动】触手，触角，触须；触器
terminate	['tə:mineit] *vt.* 停止，结束
terminus	['tə:minəs] *n.* 终点
termite	['tə:mait] *n.* 白蚁

tern	[tə:n] *n.* 燕鸥
terrestrial	[ti'restriəl] *a.* 地球上的，陆地上的
territorial	[,teri'tɔ:riəl] *a.* 1.【动】地盘性的 2. 领土的，地区的
testosterone	[te'stɔstərəun] *n.*【生化】睾丸素
tetracycline	[,tetrə'saiklain; -klin] *n.*【药】四环素
texture	['tekstʃə(r)] *n.* 1.（皮肤）肌理 2.（织品的）质地；（木材、岩石等的）纹理 3.（文艺作品的）结构
therapeutic	[,θerə'pju:tik] *a.* 治疗的；有疗效的
therapy	['θerəpi] *n.* 治疗，疗法
thermophlie	['θə:məufail] *n.* 嗜热生物
thermophilic	[,θə:məu'filik] *a.*【生】嗜热的，喜温的
thin	[θin] *v.* 使薄；变淡
think tank	智囊团
thistle	['θis(ə)l] *n.* 蓟属植物
thorn	[θɔ:n] *n.* 1.【植】带刺的小灌木，荆棘；山楂树 2.（植物的）刺 3.（动物身上的）棘
threshold	['θreʃhəuld] *n.*（产生效果或造成影响的）下限
thymine	['θaimi:n;-min] *n.*【生化】胸腺嘧啶
thyroid	['θairɔid] *n.* 甲状腺
thyroid gland	甲状腺
tick	[tik] *n.* 1.【动】蜱，壁虱蝇 2.〈口〉信用；赊账，赊欠
till	[til] *vt.* 耕种
tissue	['tiʃu:; 'tisju:] *n.* 1.【生】组织 2. 薄绸 3. 手巾纸
tomograph	['təuməgrɑ:f;(*US*)-græf] *n.*【医】X

71

线断层照相机

torpid	['tɔ:pid] *a.* 1. 迟钝的 2. 蛰伏的 3. 麻木的
tortilla	[tɔ:'tilə] *n.* 玉米薄饼
totipotent	[təu'tipətənt;,təuti'pəutənt] *a.* 全能性的
tout	[taut] *vt.* 吹捧
tow	[təu] *vt.* 拖, 牵引
toxic	['tɔksik] *a.* 有毒的, 有毒性的; 中毒的
toxicity	[tɔk'sisəti] *n.* 毒性
toxin	['tɔksin] *n.* 毒素(为动物体内细菌所产生, 常引起疾病)
tracheophyte	['treikiəufait] *n.* 【植】维管植物, 导管植物
tract	[trækt] *n.* (指动物身体相关器官构成的)道, 系统
trait	[treit] *n.* 特征, 特性
tranquilizer	['træŋkwilaizə(r)] *n.* 镇定剂, 镇静剂
transaction	[træn'zækʃ(ə)n] *n.* 交易
transcend	[træn'send] *vt.* 超出或超越…的范围
transcribe	[træn'skraib] *vt.* 1. 转换 2. 改编
transcript	['trænskript] *vt.* 【生】转录
transfect	[træns'fekt] *vt.* 【生】使传染; 使(细胞)感染病毒核酸
translate	[træns'leit] *vt.* 1. 使转变; 使变化 2. 翻译
transmission	[trænz'miʃ(ə)n] *n.* 1. 传递, 输送 2. 传染, 传播
transmit	[trænz'mit] *vt.* 1. 传递, 传送 2. 传染, 传播

transmitter	[trænz'mitə(r)] n. 1.【生】传感器;传送者;传输者 2. 发报机;话筒
transplant	[træns'plɑːnt] vt. 1. 移植,移种 2. 迁移,移居
transplantation	[,trænsplɑːn'teiʃən] n. 移植,移种;移植法
transport	[træns'pɔːt] vt. 运送;输送
traumatic	[trɔː'mætik] a. 外伤的,创伤的
travail	['træveil;(US)trə'veil] n. 分娩时的阵痛(现引申为痛苦、剧痛)
trek	[trek] n. 艰苦跋涉
tremor	['tremə(r)] n. 发抖
trial and error	【心】(为求完善)反复试验
triglyceride	[trai'glisəraid; -rid] n.【化】甘油三酸酯
trillion	['triljən] n. 1. 万亿 2. 大量
triphosphate	[trai'fɔsfeit] n.【化】三磷酸盐
triticale	[,triti'keili] n. 黑小麦,(蛋白质丰富且高产的)小麦与黑麦的杂交麦
trivialize	['triviəlaiz] vt. 1. 使缩小 2. 使平凡
troop	[truːp] n. 一群;大量
trunk	[trʌŋk] n. 躯干(头、臂、腿除外的部分)
tryptophan	['triptəfæn] n.【生化】色氨酸
tumor	['tjuːmə(r)] n. 肿块,瘤,肿瘤
tuna	['tjuːnə;(US)'tuːnə] n. 金枪鱼
tundra	['tʌndrə] n. (极北地带的)冻原,苔原
Tuscarora	[,tʌskə'rɔːrə; -'rəu-] n. 塔斯卡洛拉人(起源于北卡罗来纳州的北美印第安人)
twofold	['tuːfəuld] a. 双重的

typhoid	['taifɔid] *a.* 伤寒的，类似伤寒的
tyrosine	['tirəsiːn] *n.*【生化】酪氨酸
ubiquitous	[juː'bikwitəs] *a.* 普遍存在的
unbridle	[ʌn'braid(ə)l] *vt.* 未加约束，不加控制，放纵
undergo	[ˌʌndə'gəu] *vt.* 经受
underway	[ˌʌndə'wei] *a.* 1. 在进行中的 2. 起步的
underwriter	['ʌndəˌraitə(r)] *n.* 保险商，保险业者
unicellular	[ˌjuːni'seljulə(r)] *a.* 单细胞(组成)的
unique	[juː'niːk] *a.* 独特的
universality	[ˌjuːnivə'sæləti] *n.* 普遍性
unleash	[ʌn'liːʃ] *vt.* 释放
unprecedented	[ʌn'presidentid] *a.* 空前的
unseasonable	[ʌn'siːznəb(ə)l] *a.* 不合时令的
unveil	[ʌn'veil] *vt.* 公布
unzip	[ʌn'zip] *vt.* 拉开(链)
uptake	['ʌpteik] *n.* (生物机体)吸收，摄取
urchin	['əːtʃin] *n.* 1. (刺)猬；海胆 2. 小淘气
urinary	['juərinəri] *a.* 泌尿的
vaccination	[ˌvæksi'neiʃən] *n.* 接种疫苗
vaccine	['væksiːn;-sin] *n.* 牛痘菌；疫苗
vacuole	['vækjuəul] *n.*【生】液泡
vanilla	[və'nilə] *n.* 香草
variability	[ˌvɛəriə'biləti] *n.* 1.【生】变异，畸变 2. 多变，可变
variable	['vɛəriəb(ə)l] *a.* 1.【生】变异的 2. 易变的；可变的 3.【数】变量的 *n.* 变量
variant	['vɛəriənt] *n.* 变体，异体
variation	[ˌvɛəri'eiʃ(ə)n] *n.* 1.【生】变异，变种 2. 变化，变动

vascular	['væskjulə(r)] a. (指动、植物)血管的, 导管的
vascular system	维管系统, 脉管系统
vasoactive	[,veizəu'æktiv] a. 对血管有影响的
vector	['vektə(r)] n. 带菌媒介; 载体
vegetation	[,vedʒi'teiʃ(ə)n] n. 植被, 植物
vegetative	['vedʒitətiv] a. 1. 植物的, 蔬菜的 2. 生长的, 有生长力的 3. 无性繁殖的
vein	[vein] n. 叶脉; 静脉
venom	['venəm] n. (毒蛇等的)毒液
venom-producing	产生毒液的
vent	[vent] n. 火山
versatility	[,və:sə'tiləti] n. 多用途, 多方面性
vertebrate	['və:tibrit;-brət] n. 脊椎动物
vertical	['və:tik(ə)l] a. 垂直的
vessel	['ves(ə)l] n. 血管, 脉管, 管
veterinarian	[,vetəri'nɛəriən] n. 兽医
via	['vaiə] prep. [拉] 通过, 经, 由
viable	['vaiəb(ə)l] a. 可行的
vial	['vaiəl] n. 小瓶
vigil	['vidʒil] n. 熬夜
vigor	['vigə(r)] n. 活力
vine	[vain] n. 蔓生植物, 藤蔓植物 (如葡萄藤)
viral	['vaiər(ə)l] a. 【医】病毒(性)的, 病毒引起的
virgin	['və:dʒin] a. 未开垦的, 未被利用的 n. 未交配过的雌性动物; 处女, 未婚女子

virion	['vaiəriɔn; 'vi-] n. 【微】病毒(成熟)粒子, 毒粒, 病毒体
virtually	['və:tjuəli] ad. 实际上
virulent	['virulənt] a. 剧毒的
virus	['vaiərəs] n. 1.【微】病毒；滤过性病原体 2.(精神、道德方面的)毒素
visual perception	视觉
vocal	['vəuk(ə)l] a. 声音的, 发声的
vocal cords	声带
vociferous	[vəu'sifərəs] a. 大嚷大叫的
volant	['vəulənt] a. 飞行的, 能够飞行的
volcanism	['vɔlkənizəm] n. 火山活动
voyeur	[vwɑ:'jə:(r)] n. 窥视狂, 窥淫狂
vulnerable	['vʌlnərəb(ə)l] a. 脆弱的
wage	[weidʒ] vt. 展开；进行
wall	[wɔ:l] n. (细胞)壁
walnut	['wɔ:lnʌt] n. 胡桃
warbler	['wɔ:blə(r)] n. 1. 鸣鸟 2. 用颤音歌唱的人
warm-blooded	['wɔ:m'blʌdid] a. 1. (动物)温血的, 恒温的 2. 热情的；冲动的
wart	[wɔ:t] n. 1.【医】疣 2.【植】瘤；瑕疵
wasp	[wɔsp] n. 黄蜂
watershed	['wɔ:təʃed] n. 水域
water-soluble	['wɔ:tə,sɔljub(ə)l] a. 水溶性的
wayward	['weiwəd] a. 1. 不定的 2. 任性的
weasel	['wi:z(ə)l] n. 鼬鼠, 黄鼠狼
weevil	['wi:vəl] n. 【昆】象鼻虫
weird	[wiəd] a. 怪异的
wildlife	['waildlaif] n. [总称] 野生生物

wilt	[wilt] *vi.* 1.(花草等)枯萎凋谢 2.(衣服等)变得软垂而不挺括 3.(经济等)萎缩 *n.* 1.毛虫的虫体液化病 2.【植】萎蔫病
withdrawal	[wið'drɔːəl] *n.* 戒毒,脱瘾过程
withdrawal symptom	断瘾症状
woodpecker	['wudpekə(r)] *n.* 啄木鸟
yearn	[jəːn] *vi.* 渴望
year-round	['jəː'raund] *a.* 整年的,一年到头的
yeast	[jiːst] *n.* 酵母
yellow fever	【医】黄热病
yew	[juː] *n.* 紫杉,紫杉木,红豆杉
yogurt	['jɔgət] *n.* 酸乳酪
zealotry	['zelətri] *n.* 狂热行为
zipper	['zipə(r)] *n.* 拉链
zooplankton	[ˌzəuə'plæŋktən] *n.* [总称]浮游动物
zooxanthella	[ˌzəuəzæn'θelə] *n.* 【生】一种寄居在其他生物体中共生的单细胞海藻 (*pl.* zooxanthellae)
zygote	['zaigəut] *n.* 【生】受精卵,合子

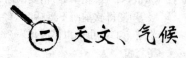

（二）天文、气候

a chain of star-forming regions	一系列星球形成区
aerial	[ˈɛəriəl] *a.* 1. 航空的，飞机的 2. 高空的 3. 大气的
aerodynamicist	[ˌɛərəudaiˈnæmisist] *n.* 空气动力学家
Andromeda	[ænˈdrɔmidə] *n.* 仙女座
antiquity	[ænˈtikwəti] *n.* 古代
apogee	[ˈæpədʒiː] *n.* 【天】远地点（月球轨道上距离地球最远之点）
asteroid	[ˈæstərɔid] *n.* 小行星
astrology	[əˈstrɔlədʒi] *n.* 占星术
astronomer	[əˈstrɔnəmə(r)] *n.* 天文学家
astronomical	[ˌæstrəˈnɔmik(ə)l] *a.* 1. 天文的；天体的 2. 巨大的
astronomy	[əˈstrɔnəmi] *n.* 天文学
astrophysics	[ˌæstrəuˈfiziks] *n.* 【天】天体物理学
atmospheric	[ˌætməsˈferik] *a.* 大气的，大气层的
big bang	创世大爆炸（一些学者认为这次爆炸发生于100至150亿年前，宇宙由此形成）
binocular	[baiˈnɔkjulə(r)] *a.* 用两眼的，给两眼用的；双目并用的
black·hole	【天】黑洞；塌缩星
Callisto	[kəˈlistəu] *n.* 木星的第四颗卫星

camelopardalis	[kə,melə'pɑ:dəlis] n.【天】鹿豹(星)座
cave	[keiv] n. 洞穴
celestial	[si'lestiəl;(US) sə'lest∫(ə)l] a. 天空的, 天的
celestial navigation	天文导航法(在海上观测天体确定船位的经度和纬度的技术)
chip	[t∫ip] n. 碎片
chronicler	['krɒniklə(r)] n. 年代记录者
circumstellar	[,sə:kəm'stelə(r)] a. 环绕恒星运转的
cluster	['klʌstə(r)] n.【天】星团, 簇, 群
comet	['kɒmit] n. 彗星
constellation	[,kɒnstə'lei∫(ə)n] n. 星座, 星群
corona	[kə'rəunə] n. 1.【天】日冕, 冕(星系) 2.【气】日华, 月华 3.【电】电晕(放电) 4.【解】冠; 头顶; 牙冠
cosmic	['kɒzmik] a. 宇宙的, 外层空间的
cosmology	[kɒz'mɒlədʒi] n. 宇宙生成学
cosmos	['kɒzmɒs] n. 1. 宇宙 2. 秩序, 和谐 3. (思想等完全和谐的)一统体系
crystal	['kristəl] n. 结晶体
cylinder	['silində(r)] n. 柱, 圆筒
degenerate	[di'dʒenərət] a. 退化的; 萎缩了的
dense clouds of gas and dust	稠密的气尘云
deposit	[di'pɒzit] n. 积淀物
differentially rotating galaxy	差动旋转星系
dim	[dim] a. 暗的; 模糊的
disintegrate	[dis'intigreit] vi. 分裂
dissociate	[di'səu∫ieit] v. 使分离, 使脱离

79

dwarf	[dwɔːf] *a.* 矮小的	
dwarf star	【天】矮星，主序星（如太阳）	
elevation	[ˌeli'veiʃ(ə)n] *n.* 高升，向上	
elliptical	[i'liptik(ə)l] *a.* 椭圆的	
emit	[i'mit] *vt.* 1. 散发，发出 2. 发射	
envelope	['envələup] *n.* 1.【天】包层 2. 封皮，信封 3. 壳层，外壳	
equatorial	[ˌekwə'tɔːriəl] *a.* 赤道附近的	
extraterrestrial	[ˌekstrəti'restrial] *a.* 地球外的，外星球的	
faint	[feint] *a.* 模糊的；暗淡的	
flare	[flɛə(r)] *n.* （太阳的）耀斑；色球爆发	
galactic	[gə'læktik] *a.* 1. 银河的，星系的 2. 乳液的	
galaxy	['gæləksi] *n.* 星系；[G-]银河系，银河	
gamma rays	伽马射线	
Geminorum	[ˌdʒemi'nɔːrəm] *n.* 双子(星)座	
hailstone	['heilstəun] *n.* 冰雹	
helium	['hiːliəm] *n.* 氦	
hillock	['hilək] *n.* 小丘	
hydrosphere	['haidrəsfiə(r)] *n.* 水界，水圈	
incline	[in'klain] *v.* 倾斜	
interstellar	[ˌintə'stelə(r)] *a.* 星际的	
ionosphere	[ai'ɔnəsfiə(r)] *n.* 电离层	
isotherm	['aisəθəːm] *n.* 等温线，恒温线	
jet stream	【气】急流（一种相当狭窄而速度快的风）	
Jovian	['dʒəuviən] *a.* 木星的	
Jupiter	['dʒuːpitə(r)] *n.* 木星（太阳系最大的行星）	

Kelvin	['kelvin] *n.*【物】绝对温标，开氏温标
knob	[nɔb] *n.* 圆形小球；瘤状物
Landsat	['lændsæt] *n.* 美国地球资源探测卫星
longitudinal	[ˌlɔŋdʒi'tjuːdin(ə)l] *a.* 经度的；纵向的
luminosity	[ˌljuːmi'nɔsəti] *n.* 发光度
magnetosphere	[mæg'niːtəusfiə(r)] *n.* (围绕地球或其他行星等天体的)磁圈
marble	['mɑːb(ə)l] *n.* 大理石
Mars	[mɑːs] *n.* 火星
mass	[mɑːs；(*US*)mæs] *n.* 块，堆
Mercury	['məːkjuri] *n.* 水星
meteorite	['miːtiərait] *n.*【天】陨星，流星
Milky Way	【天】银河
Milky Way Galaxy	银河系
monsoon	[mɔn'suːn] *n.*【气】季风，雨季
navigate	['nævigeit] *v.* 航行，飞行
nebula	['nebjulə] *n.*【天】星云([*pl.*]nebulae)
Neptune	['neptjuːn；(*US*)'neptuːn] *n.* 海王星
neutron star	【天】中子星
noteworthy	['nəutwəːði] *a.* 值得注意的
nova	['nəuvə] *n.* 新星
nucleus	['njuːkliəs；(*US*)'nuː-] *n.* 彗核
optical	['ɔptik(ə)l] *a.* 1.【物】光学的 2. 光的；视力的；在可见光谱区内发光的
orb	[ɔːb] *n.* 1. 环；圆面 2. 球，球体；天体
orbit	['ɔːbit] *n.* 太阳系行星之轨道，天体的轨道
ozone	['əuzəun] *n.* 臭氧
perigee	['peridʒiː] *n.*【天】近地点(月球轨道上最接近地球之点)

perturbation	[ˌpəːtəːˈbeiʃən] n.【天】摄动(行星绕太阳的不规则运动)
planetesimal	[ˌplæniˈtesiməl; -ˈtez-] n.【天】星子 a. 星子的, 星子组成的, 星子假说的
plate	[pleit] n. 片状, 片状体
Pluto	[ˈpluːtəu] n. 冥王星
pole star	北极星
precipitation	[ˌprisipiˈteiʃ(ə)n] n. 降雨量; 降雪量
probe	[prəub] n.【宇】探测器; 探针
pulsar	[ˈpʌlsə(r)] n.【天】脉冲星, 中子星
quasar	[ˈkweizɑː(r)] n.【天】类星体
radiation	[ˌreidiˈeiʃ(ə)n] n. 放射线; 辐射
radio galaxy	【天】射电星系
ramification	[ˌræmifiˈkeiʃ(ə)n] n. 1. 分支, 支流 2. 衍生物
red giant	【天】红巨星
satellite	[ˈsætəlait] n. 卫星, 人造卫星
Saturn	[ˈsæt(ə)n] n. 土星
sedimentary	[ˌsediˈmentəri] a. 沉积的
sedimentary rock	沉积岩
solar	[ˈsəulə(r)] a. 太阳的
solar system	太阳系
spatial	[ˈspeiʃ(ə)l] a. 空间的, 存在(或发生)于空间的
sphere	[sfiə(r)] n. 1. 球, 天体 2. 范围, 领域
spiral	[ˈspaiər(ə)l] a. 螺旋的
spiral galaxy	螺旋星系
spiral nebula	涡状星云
squirt	[skwəːt] v. (液体、粉末等的)喷射

stellar	['stelə(r)] *a.* 1. 星的，星球的，星球构成的 2. 星形的，星似的
stratify	['strætifai] *vt.* (使)成层
stratocumulus	[ˌstrætəu'kju:mjuləs; strei-] *n.*【气】层积云
subterranean	[ˌsʌbtə'reiniən] *a.* 地下的
sunspot	['sʌnspɔt] *n.* 太阳黑子（常见于太阳表面的黑斑）
supernova	[ˌsu:pə'nəuvə; sju:-] *n.*【天】超新星
traverse	['trævə:s] *v.* 穿过
Triassic Time	三叠纪时代(的)
tropic	['trɔpik] *n.*【天】(天球的)回归线；热带 *a.* 热带的
tropopause	['trɔpəpɔ:z; 'trəu-] *n.*【气】对流顶层
troposphere	['trɔpəusfiə(r); (*US*)'trəup-] *n.*【气】对流层，远流层
ultraviolet	[ˌʌltrə'vaiəlit] *a.* 紫外(光)的 *n.* 紫外线辐射
updraft	['ʌpdrɑ:ft; -dræft] *n.* 向上排气，向上的气流
Uranus	['ju:ərənəs; ju'reinəs] *n.* 天王星
variability	[ˌvɛəriə'biliəti] *n.* 1.【天】【星】亮度变化 2. 变化，变异
Venus	['vi:nəs] *n.* 金星
water table	地下水位
white dwarf	白矮星
X ray	[亦作x ray] X射线

三　地　理

a magnetic sense	地磁感觉
abyss	[ə'bis] *n.* 深渊
achondrite	[ei'kɔndrait] *n.* 【地】无球粒陨石(或非球粒陨石)
advection	[æd'vekʃən] *n.* 水平对流
Aleutian Deep	阿留申海沟
Aleutian Islands	阿留申群岛(美国阿拉斯加州西南部)
alluvial	[ə'lu:viəl] *a.* 冲积的, 淤积的
alluvial gold	沙金
Alpine glaciation	阿尔卑斯山脉的冰蚀
alumina	[ə'lu:minə] *n.* 氧化铝, 矾土
aluminum	[ə'lu:minəm] *n.* 铝
Andean	[æn'di:ən] *a.* 安第斯山脉的 *n.* 安第斯人
archaeology	[,ɑ:ki'ɔlədʒi] *n.* 考古学
Archean Age	太古代(最古的一个地质年代)
arid	['ærid] *a.* 干旱的; 贫瘠的
asthenosphere	[æs'θenəsfiə] *n.* 软流圈, 岩流圈; 软流层
Atlantis	[ət'læntis] *n.* 亚特兰蒂斯(传说中位于大西洋直布罗陀海峡以西的一个富裕的岛, 后沉入海中)
atoll	['ætɔl] *n.* 环礁, 环状珊瑚岛
Barbados	[bɑ:'beidɔs] *n.* 巴巴多斯(西印度群

岛最东端的岛国）

barren	['bærən] *a.* 1. 贫瘠的，荒芜的 2. 沉闷无趣的 3. 无效果的
basin	['beis(ə)n] *n.* 1. 盆地 2. 流域
bauxite	['bɔːksait] *n.* 【矿】铝矾土（以含水氧化铝为主，由水铝石、软水铝石和黏土、赤铁矿、铁矿、石英等混合而成）
bearings	['bɛərinz] *n.* 方位，方向
bed	[bed] *n.* 1.（地）层 2. 河床，（湖、海的）底
Benioff Zone	贝尼奥夫带（指分布在明确规定的平面上的地震震源的带）
Bering Strait	白令海峡（在亚洲大陆东北端和北美大陆西北端之间，连接北冰洋和太平洋）
calcite	['kælsait] *n.* 【矿】方解石
Cambrian	['kæmbriən] *a.* 寒武纪的
canyon	['kænjən] *n.* 峡谷
Carboniferous	[ˌkɑːbəˈnifərəs] *n.* 石炭纪；石炭层 *a.* 含碳或煤的
cartographer	[kɑːˈtɔgrəfə(r)] *n.* 地图绘制员，图表绘制员
Catalan	['kætələn] *a.*（西班牙）加泰隆尼亚的
chondrite	['kɔndrait] *n.* 球粒陨石
chronology	[krəˈnɔlədʒi] *n.* 年表，年代学
cirque	[səːk] *n.* 冰斗
clay	[klei] *n.* 黏土，陶土
clay loam	黏壤土
clayey	['kleii] *a.* 黏土的
climatic	[klaiˈmætik] *a.* 气候的；由气候引起的

coke	[kəuk] *n.* 焦炭，焦煤
compass	['kʌmpəs] *n.* 1. 罗盘 2. [常 *pl.*] 圆规；界限
conglomerate	[kən'glɔmərit] *n.* 砾岩（许多小石黏结而成的石块）
continental	[ˌkɔnti'nentəl] *a.* 大陆的，大陆性的
continental shelf	大陆架
converge	[kən'və:dʒ] *vi.* 聚合，聚集
coral	['kɔr(ə)l; (US)'kɔ:rəl] *n.* 珊瑚
core	[kɔ:(r)] *n.* 1.【矿】岩心 2. 果实的心 3. 核心；精髓
corundum	[kə'rʌndəm] *n.* 刚玉，金刚砂
crater	['kreitə(r)] *n.* 火山口；弹坑；陨石坑
crust	[krʌst] *n.* 1.【地】地壳 2. 外壳 3.【动】甲壳
crustal plate	地壳板块
decay	[di'kei] *v.* (使)腐烂
declination	[ˌdekli'neiʃ(ə)n] *n.* 磁偏角
dehydration	[ˌdi:hai'dreiʃən] *n.* 脱水(作用)
dense	[dens] *a.* 密集的
denude	[di'nju:d; (US)di'nu:d] *v.* 1. 脱毛 2. 剥蚀
deposit	[di'pɔzit] *n.* 1. 矿藏，矿床 2. 储蓄，存款 *vt.* 1. 沉淀，沉积 2. 放下，放置
depositional	[ˌdepə'ziʃənəl] *a.* 沉积的
detritus	[di'traitəs] *n.* 沉淀的污物
displacement	[dis'pleismənt] *n.* 1.【地】断层 2. 移居，迫使离开家园 3. 移位
diverge	[dai'və:dʒ] *vi.* 分离，分散
dredge	[dredʒ] *v.* 挖泥
earthquake focus	震源

eddy	['edi] *n.* (空气、水、烟、雾等的)漩涡,涡流
El Nino	【海】厄尔尼诺海流
elongate	['i:lɔŋgeit;(*US*)i'lɔŋ-] *v.* 延长
endogenous	[en'dɔdʒinəs] *a.* 内生的,内长的
epicenter	['episentə(r)] *n.*【地】震中;中心
epoch	['i:pɔk;(*US*)'epək] *n.* 1.【地】世 2.(新)时期,(新)纪元
era	['iərə] *n.* 历史上的时代,纪元
erosion	[i'rəuʒ(ə)n] *n.* 侵蚀,腐蚀
eruption	[i'rʌpʃ(ə)n] *n.* 1.【地】喷发 2.(战争、情感等的)爆发,迸发
estuary	['estjuəri] *n.* (与海相连的)河口
evaporation	[i,væpə'reiʃ(ə)n] *n.* 1. 蒸发(作用) 2. 发散
exogenous	[ek'sɔdʒənəs] *a.* 1.【地】外成的 2.【医】外用的 3.【生】外生的,外源的
exploration	[,eksplə'reiʃ ən] *n.* 1. 勘探,探测 2. 探究
fairway	['fɛəwei] *n.* (河流、海港的)航道
fault	[fɔ:lt] *n.* 1.【地】断层 2. 缺点 *vt.* 找…的缺点
floe	[fləu] *n.* 大片浮冰
flow	[fləu] *vi.* 1. (在压力下)经受形变 2.【地】(岩石等)变形;流动
formation	[fɔ:'meiʃ(ə)n] *n.* 1. 地质岩层 2. 形成,结构 3.【军】队形,编队
fossil	['fɔs(ə)l] *a.* 从地下采掘出来的,化石的 *n.* 1. 化石 2. 僵死的事物 3. 老顽固,守旧者

fossil fuel	矿物燃料
fracture	[ˈfræktʃə(r)] n. 断裂；裂面
furrow	[ˈfʌrəu] n. 狭长的沟
garnet	[ˈɡɑːnit] n.【矿】石榴石
Genoa	[ˈdʒenəuə] n. 热那亚(意大利港城)
geographic(al)	[ˌdʒiːəˈɡræfik(l)] a. 地理(学)的；地区性的
geohydrology	[ˌdʒiːəuhaiˈdrɔlədʒi] n. 地质水文学；地下(水)水文学
geology	[dʒiˈɔlədʒi] n. 地质学；地质情况
geophysical	[ˌdʒiːəuˈfizikəl] a. 地球物理的
geothermal	[ˌdʒi(ː)əuˈθəːməl] a. 地温的，地热的
geyser	[ˈɡaizər] n. 间歇泉
glaciation	[ˌɡleisiˈeiʃən; -ʃiˈei-] n.【地】冰川作用，冰蚀；(被)冰覆盖
glacier	[ˈɡlæsiə(r)] n. 冰河，冰川
gneiss	[nais] n. 片麻岩
gold quartz	金丝水晶，含金乳石英
graded	[ˈɡreidid] a. 坡度平缓的
granite	[ˈɡrænit] n. 花岗石
gravel	[ˈɡræv(ə)l] n. 沙砾，沙砾层
Gulf States	濒临墨西哥海湾的诸州
gypsum	[ˈdʒipsəm] n. 石膏；石膏岩
gyre	[ˈdʒaiə(r)] n. 漩涡，环流
hydrate	[ˈhaidreit] n. 水合物 vi. (使)成水合物
hydrated oxides	水合氧化物
hydroelectric	[ˌhaidrəuiˈlektrik] a. 水电的，水力发电的
hydrogeology	[ˌhaidrəudʒiˈɔlədʒi] n. 水文地质学
Ice Age	冰河时代，冰期

igneous	['igniəs] a. 1.【地】火成的 2. 火的，似火的
igneous rock	火成岩
inclusion	[in'klu:ʒən] n. 1.【地】包体 2. 包含；内含物
intensity	[in'tensəti] n. 1. 烈度，强度 2. 强烈
interface	['intəfeis] n.【地】分界面；两个独立体系的相交处
interglacial	[,intə'gleiʃəl] n. / a.【地】间冰期(的)
interglacial period	间冰河期
interstratified	[,intə'strætifaid] a. 1.【地】间层(化)的 2. 层次之间的
intrusive	[in'tru:siv] a.【地】侵入的；侵入岩形成的
islet	['ailit] n. 小岛
kimberlite	['kimbəlait] n.【地】(南非、刚果、西伯利亚等地的) 角砾云母橄榄岩，金伯利岩
lagoon	[lə'gu:n] n. (以沙堤或石堤与海相隔或部分相连的)咸水湖
landfall	['lændfɔ:l] n. (航海或飞行中的)初见陆地；着陆
landmark	['lændmɑ:k] n. 地标，陆标；界石
latitude	['lætitju:d; (US)-tu:d] n. 1. 纬度 2.(言语、行动等的)回旋余地
latitudinal	[,læti'tju:dinəl] a. 纬度的, 纬度方向的
lava	['lɑ:və] n. 熔岩
layer	['leiə(r)] n. 层，地层
layered	['leiəd] a. 分层次的
level	['lev(ə)l] a. 平坦的

limestone	['laimstəun] *n.* 石灰石
lithosphere	['liθəu‚sfiə(r)] *n.* (地球的)岩石圈
loam	[ləum] *n.* 肥土
lode	[ləud] *n.* 矿脉
longitude	['lɔŋdʒitjuːd; (*US*)-tuːd] *n.* 经度
magma	['mægmə] *n.* 岩浆
magmatic fluid	岩浆流体
magnetic	[mæg'netik] *a.* 1. 磁的, 有磁性的 2. 磁化的, 可磁化的
magnetic field	磁场
Mali	['mɑːli] *n.* 马里(国名)
mantle	['mænt(ə)l] *n.* 1.【地】地幔 2. 披风, 斗篷 3. 罩幕
mantle plume	【地】地幔热柱
mapmaker	['mæp‚meikə(r)] *n.* 地图绘制员, 图表绘制员
Mediterranean	[‚meditə'reinjən] *a.* 地中海的; 地中海沿岸地区(或国家)的
meridian	[mə'ridiən] *n.* 1. 子午线, 经线 2. 顶点, 全盛时期
Mesozoic	[‚‚mesəu'zəuik] *n. / a.* (地质)中生代(的)
metamorphic	[‚metə'mɔːfik] *a.* 变形的
metamorphic fluid	变质流体
meteorite	['miːtiərait] *n.* 陨星
meteorologic	[‚miːtiərə'lɔdʒik] *a.* 气象(学)的
methane	['miːθein] *n.*【化】甲烷, 沼气(CH_4)
microscopic	[‚maikrə'skɔpik] *a.* 极小的
midocean ridge system	大洋中脊系; 中央海岭

mineral	['minər(ə)l]	n. 矿物 a. 矿物的, 含矿物的
mineralogical	[ˌminərə'lɔdʒikəl]	a. 矿物学的
Miocene	['miəsiːn]	n. / a.【地】中新世(的), 中新纪(的)
molten	['məult(ə)n]	a. (指岩石或金属)熔解的
moraine	[mɔ'rein]	n.【地】冰碛, 冰川堆石
mound	[maund]	n. 土堆, 土墩
neap current		一年中的最低潮, 小潮
Niger	['naidʒə]	n. 尼日尔(国名)
Nuremberg	['njuərəmbəːg]	n. 纽伦堡(审判纳粹战犯的德国城市)
nutrient	['njuːtriənt; (US)nuː-]	n. 营养物
offshore	['ɔfʃɔː(r); (US)'ɔːf-]	a. 离岸的, 在近海处的
Oligocene	['ɔligəsiːn]	n. /a.【地】渐新世(的); 渐新统(的)
olivine	['ɔliviːn]	n.【矿】橄榄石
ore	[ɔː(r)]	n. 矿, 矿石, 矿砂
orebody	['ɔːˌbɔdi]	n.【地】矿体
originate	[ə'ridʒineit]	vi. 1. 发源, 来自, 产生 2. 引起, 创始
Paleocene	['pæliəsiːn]	n. /a.【地】古新世(的), 古新纪(的)
paleoclimatologist	['pæliəuˌklaimə'tɔlədʒist]	n. 地质气候学家
Paleo-Indian	[ˌpæliəu'indiən]	a. 更新世晚期古印第安人的
pebble	['pebəl]	n. 小圆石, 小鹅卵石

peneplain	['piːniplein] *n.* 准平原，近似平原
peninsula	[pi'ninsjulə; -sə-] *n.* 半岛
perigean	[ˌperi'dʒiːən] *a.* 近地点的
peripheral	[pə'rifər(ə)l] *a.* 外围的
permafrost	['pəːməfrɔst] *n.*【地】永久冻结带
photosynthesis	[ˌfəutəu'sinθəsis] *n.* 光合作用
pillow	['piləu] *n.* 1.【地】枕状岩，枕状熔岩 2. 枕头
planetesimal	[ˌplæni'tesiməl] *n.* 微行星
plateau	['plætəu;(*US*) plæ'təu] *n.* 高原
Pleistocene	['pleistəsiːn] *n./a.* 地质更新世(的)；洪积世的(始于160万年前，止于1万年前)；更新世岩
Pleistocene glaciers	更新世冰川
Pliocene	['plaiəsiːn] *n./a.*【地】上新世(的)
plume	[pluːm] *n.* 1.【地】柱，地柱 2. 羽毛；羽状物
pluvial	['pluːviəl] *n.*【地】洪积世；雨期 *a.* 1. 多雨的 2.【地】雨成的，洪水的
polar	['pəulə(r)] *a.* 近南极或北极的
portolan charts	欧洲中世纪航海图，名称源于 portolano(航海员)
postglacial	[ˌpəust'gleisjəl; -ʃəl] *a.*【地】冰期后的
postglacial period	后冰河期
precipitation	[ˌprisipi'teiʃ(ə)n] *n.* 1.【气】【物】降落，降水 2. 降水量 3.【化】沉淀作用
primary(P) wave	地震纵波；初波，P波
pristine	['pristiːn; 'pristain] *a.* 太古的，原始状态的；早期的

prospecting	[prəu'spektiŋ; prɔ-] n. 勘探, 探矿
proterozoic	['prəutərəu'zəuik] a. 元古代的 n. 元古代(始于25亿年前, 终于6亿年前)
pyroxene	[,pai'rɔksi:n; 'paiər-] n.【矿】辉石
ridge	[ridʒ] n. 分水岭, 山脊
rift	[rift] n. 1.【地】断裂, 断陷谷, 长峡谷 2. 裂缝, 裂口
rig	[rig] n. (采矿用) 钻车
rock	[rɔk] n. [常 pl.] 暗礁; 岸石
rugged	['rʌgid] a. 1. 高低不平的, 崎岖的 2. 粗糙的, 有皱纹的
schist	[ʃist] n. 片岩, 页岩
scoop	[sku:p] v. 铲起, 舀出
secondary(S) wave	地震横波; 次波, S波
sediment	['sedimənt] n. 1. 沉积, 沉淀 2.【地】沉积物
sedimentary	[,sedi'mentəri] a. 沉积的
sedimentary rock	沉积岩, 水成岩
seep	[si:p] v. 渗, 渗漏
seismic	['saizmik] a.【地】地震的, 地震引起的
seismologist	[saiz'mɔlədʒist; sais-] n. 地震学家
semitropical	[,semi'trɔpikəl] a. 亚热带的, 副热带的
shaking	['ʃeikiŋ] n. 1. 振动 2. 抖动 3. 震惊
shale	[ʃeil] n. 页岩, 泥板岩
silicate	['silikeit] n.【化】硅酸盐
siam	[saiəm] n. 硅镁层, 硅镁圈
source	[sɔ:s] n. 1. 水源, 河的源头 2. 根源 3. 提供消息者 4. 出处 5. 原始资料
spherical	['sferik(ə)l] a. 球的, 球面的

stratum	['strɑ:təm; streitəm] *n.* 1.【地】地层 2. 阶层 3.（材料、物质、大气、海洋、语言等的）层
stride	[straid] *n.* 长足的进步
submerged	[səb'mə:dʒd] *a.* 沉到水中的
substratum	['sʌbstrɑ:təm; -strei-] *n.* 底土，下层土壤地基
subterranean	[ˌsʌbtə'reiniən] *a.* 1. 地下的 2. 隐蔽的
survey	[sə:'vei] *n.* 1. 测绘，测量 2. 调查
suture	['su:tʃə(r)] *n.* 1.【地】（板块碰撞形成的）缝合 2. 缝线，合缝
system	['sistəm] *n.*（地层的）系
tectonics	[tek'tɔniks] *n.* 1.【地】构造地质学 2.【建】构造学
temperate	['tempərit] *a.* 1.（气候等）温带的，温和的 2. 节制的
terrestrial	[ti'restriəl] *a.* 地球上的，陆地的，土地的
tidal	['taid(ə)l] *a.* 潮的，潮水的
topographical	[ˌtɔpə'græfikəl] *a.* 地形（学）的
topography	[tə'pɔgrəfi] *n.* 地形学
transpiration	[ˌtrænspi'reiʃən; ˌtrænz-; ˌtrɑ:n-] *n.* 1.【生】蒸腾作用 2.【物】流逸 3. 蒸发（物）；散发
trough	[trɔf;（*US*）trɔ:f] *n.* 1. 深槽 2. 水槽；饲料槽
tsunami	[tsu'nɑ:mi] *n.*（地震）海啸
tundra	['tʌndrə] *n.* 苔原，冻土地带
turbulence	['tə:bjuləns] *n.* 1.（水流的）汹涌 2.（风势的）狂暴 3. 骚动，骚乱

undetected	[ˌʌndiˈtektid] *a.* 未被察觉的；未被发现的
unravel	[ʌnˈræv(ə)l] *vt.* 1. 弄清，阐明；解决 2. 解开，拆散
upland	[ˈʌplænd] *n.* 高地，高原，山地
variation	[ˌvɛəriˈeiʃ(ə)n] *n.* 1. 变化，变化的程度 2.【地】磁偏角 3.【音】变奏，变调
vein	[vein] *n.* 1. 矿脉，矿层或矿床 2. 似矿脉的物体
velocity	[viˈlɔsəti] *n.* 速率，速度
vent	[vent] *n.* 排气道，出烟孔
volcanic	[vɔlˈkænik] *a.* 火山的
volcanic cone	火山锥
voyage	[ˈvɔiidʒ] *n.* 航海，航程
watershed	[ˈwɔːtəʃed] *n.* 1. 流域；分水岭 2. 转折点，重要关头
weathering	[ˈweðəriŋ] *n.* 风化(作用)
well	[wel] *v.* (指液体从…)流出来 *n.* 井
xenolith	[ˈzenəliθ] *n.* 捕虏岩(指火成岩中与其无成因关系的包体)

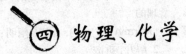

（四）物理、化学

a magnetic sense	地磁感觉
aboard	[ə'bɔːd] *ad.* 住船上；上船，登机
abrasion	[ə'breiʒ(ə)n] *n.* 磨损
academic	[ˌækə'demik] *a.* 1. 学术的，研究的 2. 研究院的，学会的 3. 学究的，学生气的
accelerate	[ək'seləreit] *vt.* 1. 使加速 2. 促使，促使…早日发生
accelerator	[ək'seləreitə(r)] *n.* 1.【物】加速器 2.（汽车的）油门
accretion	[ə'kriːʃ(ə)n] *n.* 增加
acetylene	[ə'setəliːn] *n.*【化】乙炔，电石气
achromatic	[ˌækrəu'mætik] *a.* 消色差的；无色的
acoustician	[ˌækuː'stiʃən] *n.* 声学家
acre	['eikə(r)] *n.* 英亩
acrylic	[ə'krilik] *a.*【化】丙烯酸的
acrylonitrile	[ˌækriləu'naitril] *n.*【化】丙烯腈
activation	[ˌækti'veiʃən] *n.*【化】活化（作用），激活
activator	['æktiveitə(r)] *n.*【化】活化剂，激活剂
adatom	[æd'ætəm] *n.*【化】吸附原子
additive	['æditiv] *n.* 添加剂
adenosine	[ə'denəsiːn; -sin] *n.*【生化】腺苷，腺嘌呤核苷

adhesion	[əd'hi:ʒ(ə)n] *n.* 附着力
adhesive	[əd'hi:siv] *n.* 黏合剂
adjacent	[ə'dʒeisənt] *a.* 毗邻的
advent	['ædvənt] *n.* 到来，来临
aerodynamic	[ˌɛərəudai'næmik] *a.* 空气动力学的
aftermath	['ɑ:ftəmæθ] *n.* 1. 后果 2. 余波
aggressive	['əgresiv] *a.* 有腐蚀作用的
airborne	['ɛəbɔ:n] *a.* 升空的，在空中的，在飞行中的
airy	['ɛəri] *a.* 空气的，像空气的
alignment	[ə'lainmənt] *n.* 1.【测】定线，准线 2.【物】调准，校直 3. 队列，直线 4. 结盟，联合，组合
alkali	['ælkəlai] *n.* 碱，强碱
alkaloid	['ælkəlɔid] *n.* 生物碱(天然有机含氮化合物，呈碱性)
alkene	['ælki:n] *n.* 烯烃
allotrope	['ælətrəup] *n.* 同位素
alternatively	[ɔːl'tə:nətivli] *ad.* 1. 交替地 2. 两者挑一地
alumina	[ə'lu:minə] *n.* 氧化铝，矾土
aluminate	[ə'lju:mineit] *a.* 铝酸盐的
aluminum	[ə'lju:minəm] *n.* 铝
amber	['æmbə(r)] *n.* 琥珀
ambient	['æmbiənt] *a.* 周围的 *n.* 周围环境
amino	['æmi(:)nəu] *a.* 氨基的
ammonia	[ə'məunjə] *n.* 氨(NH_3)
amorphous	[ə'mɔ:fəs] *a.* 1. 非晶的 2. 无定形的
amplitude	['æmplitju:d] *n.* 1.【物】振幅 2. 广大，广阔 3. 充足，丰富

97

angstrom	['æŋstrəm] *n.* 埃(波长单位)
angular	['æŋgjulə(r)] *a.* (有)角(度)的
anion	['ænaiən] *n.*【化】阴离子,带负电荷的离子
annular	['ænjulə(r)] *a.* 环状的
anode	['ænəud] *n.* 阳极
anomalous	[ə'nɔmələs] *a.* 异常的;特殊的
anomaly	[ə'nɔməli] *n.* 不规则;异常的人或物
antenna	[æn'tenə] *n.* 天线
antielectron	[,æntii'lektrɔn] *n.* 正电子,正子
antimatter	['æntimætə(r)] *n.*【核】反物质
antimony	['æntiməni;(*US*)'æntəməuni] *n.* 锑
antioxidant	[,ænti'ɔksidənt] *n.* 抗氧化剂
apatite	['æpətait] *n.* 磷灰石
aqueous	['eikwiəs] *a.* 水的,含水的
archetype	['ɑ:kitaip] *n.* 原型,典型
argon	['ɑ:gən] *n.* 氩
array	[ə'rei] *n.* 阵列
arsenic	[ɑ:'senik] *n.* 砷
arsenide	['ɑ:sənaid] *n.* 砷化物
asbestos	[æz'bestɔs] *n.*【矿】石棉
ashing	['æʃiŋ] *n.* 灰化
assay	[ə'sei] *n.* 分析,化验
asymmetry	[æ'simətri] *n.* 不对称(现象)
atom	['ætəm] *n.* 原子,微粒
atomic	[ə'tɔmik] *a.* 原子的,原子能的
attendant	[ə'tend(ə)nt] *a.* 附带的,伴随的
audiophile	['ɔ:diəfail] *n.* 讲究音质者
authenticity	[,ɔ:θen'tisəti] *n.* 确实性,可靠性

automaton	[ɔ:'tɔmət(ə)n] *n.* 机器人
axis	['æksis] *n.* 1. 轴，轴线；中心线 2. 参考轴线，基准线 3.（飞机、导弹等的）坐标轴
B.T.C	[缩] British Thermal Units 英国热量单位
back	[bæk] *vt.* 支持
backfill	['bækfil] *vt.* 回填
baddie	['bædi] *n.* 坏事
bandwidth	['bændwidθ] *n.* 1. 波段宽度 2.（频）带宽度
barge	[bɑ:dʒ] *n.* 驳船
barium	['bɛəriəm] *n.* 钡
bearing	['bɛəriŋ] *n.* 轴承
benzaldehyde	[ben'zældəhaid] *n.* 苯甲醛
benzine	['benzi:n] *n.* 汽油，挥发油
biased	['baiəst] *a.* 1.【统】有偏的（biased errors 有偏误差）2.（织物）有纹路的 3. 偏袒一方的；有偏见的
biennial	[bai'eniəl] *a.* 两年一次的
bimodal	[bai'məudəl] *a.* 双峰（态）的
bimolecular	[,baimə'lekjulə(r)] *a.* 双分子的
binary	['bainəri] *a.* 1. 二的，双的，复的 2.【化】二元的 3.【数】二进制的
bind	[baind] *vt.* 1. 使结合，使凝固 2. 捆，绑 3. 包扎
bioactive	[,baiəu'æktiv] *a.* 具有生物活性的
biomaterial	[,baiəumə'tiəriəl] *n.* 生物材料（指适用于修复活组织的材料）

blindfold	['blaindfəuld] *vt.* 蒙上眼睛
bombardment	[bɔm'ba:dmənt] *n.* 轰击
bond	[bɔnd] *n.* 1.【化】键 2.【会】负债，债务
bonding	['bɔndiŋ] *n.* 1. 结合，黏结 2. 黏结剂
boost	[bu:st] *vt.* 助推；提升
booty	['bu:ti] *n.* 战利品
boron	['bɔ:rɔn] *n.*【化】硼
bothersome	['bɔðəsəm] *a.* 讨厌的
brainchild	['breintʃaild] *n.* (指计划、想法、创作等)脑力劳动的创造物
brass	[bra:s; (*US*)bræs] *n.* 黄铜，黄铜铸造(车间)
breach	[bri:tʃ] *n.* 1. 违背 2. 破坏
breed	[bri:d] *vi.* 1. 生产，孕育 2. 繁殖，育种
brittle	['britəl] *a.* 脆的
broadband	['brɔ:dbænd] *n.* 宽波段
bromine	['brəumi:n] *n.*【化】溴
bronchi	['brɔŋkai] *n.* 支气管
brood	[bru:d] *n.* 1. 一窝孵出的雏鸡(或雏鸟等) 2. (一个家庭的)全体孩子
bulk	[bʌlk] *a.* 大块的
butanol	['bju:tənɔl] *n.*【化】丁醇
butene	['bju:ti:n] *n.*【化】丁烯
cadmium	['kædmiəm] *n.*【化】镉
cage	[keidʒ] *n.* 钢骨结构
calcareous	[kæl'kɛəriəs] *a.* 石灰质的；钙质的
calcium	['kælsiəm] *n.* 钙
calibrate	['kælibreit] *vt.* 检验
cam	[kæm] *n.* 凸轮

camphor	['kæmfə(r)] *n.* 樟脑
carbide	['kɑ:baid] *n.* 碳化物
carbon	['kɑ:bən] *n.* 碳
carbon dioxide	二氧化碳
carbonaceous	[,kɑ:bə'neiʃəs] *a.* 碳的，含碳的
carbonate	['kɑ:bəneit] *n.* 碳酸盐
cast	[kɑ:st;(*US*)kæst] *vt.* 抛
cataclysmic	[,kætə'klizmik] *a.* 剧烈而突然变动的
catalysis	[kə'tælisis] *n.* 催化作用
catalyst	['kætəlist] *n.* 1. 催化剂 2. 刺激(或促进)因素
catalyze	['kætəlaiz] *vt.* 【化】催化
cathode	['kæθəud] *n.* 【电】阴极，负极(电源、电子管或电表等工作时电位较低的电极)
cation	['kætaiən] *n.* 【化】阳离子，正离子
cauldron	['kɔ:ldrən] *n.* 煮皂锅
Cavendish	卡文迪什(1731～1810)，英国化学家、物理学家，最先测定水和空气的化学组成
cavity	['kævəti] *n.* 1. 共振腔 2. 洞，中空 3.【解】腔，窝
cell	[sel] *n.* 电池
centrifuge	['sentrifju:dʒ] *n.* 离心机
ceramic	[si'ræmik] *a.* 陶瓷的 *n.* 1. 陶瓷器 2. 硅酸盐材料
chabazite	['kæbəzait] *n.*【矿】菱沸石
channel	['tʃænəl] *n.* 1. 电路；【讯】信道 2. 通道 3. 海峡，航道 *vt.* 输送；引导

charcoal	['tʃɑ:kəul] *n.* 木炭
charge	[tʃɑ:dʒ] *n.* 1. 电荷，负荷 2. 充电，充气
charm	[tʃɑ:m] *n.* 魔法，咒语
chemosynthesis	[,keməu'sinθəsis] *n.* 化学合成
chilled	[tʃild] *a.* 冷却了的
chip	[tʃip] *vi.* 碎裂
chloride	['klɔ:raid] *n.* 【化】氯化物
chlorinate	['klɔ:rineit] *vt.* 用氯消毒
chlorine	['klɔ:ri:n] *n.* 氯
chromatography	[,krəumə'tɔgrəfi] *n.* 色层分离法
chrome	[krəum] *n.* 铬
chronometer	[krə'nɔmitə(r)] *n.* 精密计时器
circuit	['sə:kit] *n.* 1.【电】电路，回路，线路 2. 环行，周线 3. 范围
circumvent	[,sə:kəm'vent] *vt.* 1. 围绕，包围 2. 智取
climatology	[,klaimə'tɔlədʒi] *n.* 气候学
clockwise	['klɔkwaiz] *a./ad.* 顺时针方向的(地)
close relatives	相近物质
closed loop	封闭回路
coaxial	[kəu'æksiəl] *a.* 同轴的，轴线的
cobalt	['kəubɔ:lt] *n.*【化】钴
cohesion	[kəu'hi:ʒ(ə)n] *n.* 1. 黏合(性)，聚合(性) 2.【电】并联
coil	[kɔil] *n.* 线圈
collimate	['kɔlimeit] *vt.* 校准
collision	[kə'liʒ(ə)n] *n.* 1. 碰撞 2. (利益、意见等的)冲突
colloidal	[kə'lɔidəl] *a.* 胶质的

102

colloquia	[kə'ləukwiə] *n.* (colloquium的复数) 讨论会, 学术报告会
colorant	['kʌlərənt] *n.* 着色剂, 染料
combustion	[kəm'bʌstʃ(ə)n] *n.* 燃烧
combustion chamber	【机】燃烧室
compatible	[kəm'pætib(ə)l] *a.* 1. 相容的 2. 适应的
composite	['kɔmpəzit] *n.* 合成材料
compound	['kɔmpaund] *n.* 复合物, 合成物
compressor	[kəm'presə(r)] *n.* 压缩机
concentration	[,kɔnsen'treiʃən] *n.* 浓度, 浓缩
concentrator	['kɔnsəntreitə(r)] *n.* (太阳能)聚光器
concentric	[kən'sentrik] *a.* 同心的; 同轴的
concurrent	[kən'kʌrənt] *a.* 同时发生的
condense	[kən'dens] *vt.* 凝结
condenser	[kən'densə(r)] *n.* 1. 冷凝器 2. 聚光器 3. 电容器
conduction	[kən'dʌkʃ(ə)n] *n.* 1.【物】传导 2.【生】(感觉的)传导 3. 液体的引流
conductivity	[,kʌndʌk'tivəti] *n.* 导电性; 导电率, 导热率
configuration	[kən,figjuə'reiʃ(ə)n] *n.* 1. 配置 2. 构造, 结构
confined	[kən'faind] *a.* 1. 有限的 2. 分娩的
conjecture	[kən'dʒektʃə(r)] *n.* 推测
conjugate	['kɔndʒugeit] *a.*【物】共轭的
conservation	[,kɔnsə(:)'veiʃ(ə)n] *n.* 1.【物】守恒, 不灭 2. (对自然资源的)保护, 避免浪费(或损坏) 3. 森林(或其他自然资源)保护区

conservator	[ˈkɔnsəveitə(r)] *n.* 保护人员
console	[ˈkɔnsəul] *n.* 控制台，操纵台
consolidate	[kənˈsɔlideit] *v.* 使巩固
constitute	[ˈkɔnstitjuːt] *v.* 构成，组成
contaminant	[kənˈtæminənt] *n.* 污染物，杂质
contaminate	[kənˈtæmineit] *vt.* 污染
contamination	[kən,tæmiˈneiʃ(ə)n] *n.* 污染
contort	[kənˈtɔːt] *v.* 扭曲
conundrum	[kəˈnʌndrəm] *n.* 谜；难题
convection	[kənˈvekʃən] *n.* 1.【气】【物】对流 2.(热电等的)运流 3.传送，传导
converse	[ˈkɔnvəːs] *a.* 相反的，颠倒的，逆的
coolant	[ˈkuːlənt] *n.* 冷却剂
copal	[ˈkəup(ə)l] *n.* 硬树脂
Copernicus	哥白尼(1473～1543)，波兰天文学家
copolymer	[kəuˈpɔlimə(r)] *n.* 共聚物
corral	[kəˈrɑːl;(*US*)kəˈræl] *vt.* 把…聚集在一起
coulomb	[ˈkuːlɔm] *n.* 库仑(电量单位)
coupling	[ˈkʌpliŋ] *n.* 1.【电】耦合 2.【动】交尾 3.联络，结合
crack	[kræk] *n.* 裂缝
craze	[kreiz] *vt.* 使出现裂纹
critical	[ˈkritik(ə)l] *a.* 1.【物】临界的 2.批评的 3.评论的 4.紧要的，关键性的；危急的
crumble	[ˈkrʌmb(ə)l] *vi.* 掉皮，起鳞
crush	[krʌʃ] *vi.* 突破
crystalline	[ˈkristəlain] *a.* 结晶体组成的，结晶状的

crystallization	[ˌkristəlaiˈzeiʃən] *n.* 结晶
crystallize	[ˈkristəlaiz] *vt.* 结晶
crystallography	[ˌkristəˈlɔgrəfi] *n.* 结晶学
cue	[kju:] *n.* 线索
current	[ˈkʌrənt] *n.* 电流
curtail	[kəˈteil] *vt.* 缩减，减少
curvature	[ˈkəːvətʃə(r)] *n.* 曲度
customize	[ˈkʌstəmaiz] *v.* 定做，按客户的需要制作
cyan	[ˈsaiæn] *n.* 蓝绿色，青色
cyanide	[ˈsaiənaid] *n.* 氰化物
cyclotron	[ˈsaiklətrɔn] *n.* 回旋加速器
cylindrical	[siˈlindrik(ə)l] *a.* 圆柱形的
damp	[dæmp] *vt.* 1. 衰减 2.【物】阻尼，减幅
deactivate	[di:ˈæktiveit] *vt.* 使无效
debut	[ˈdebju; deiˈbju:] *n.* 首次登台亮相
decay	[diˈkei] *n.*【原】(放射性物质的)衰变，蜕变
decibel	[ˈdesibel] *n.* 分贝(音量的单位)
decompose	[ˌdi:kəmˈpəuz] *v.* 1.【化】分解 2. (使)腐败，(使)腐烂
decorator	[ˈdekəreitə(r)] *n.* 油漆工
deduce	[diˈdju:s] *v.* 推理，演绎出
deduct	[diˈdʌkt] *vt.* 扣除，减去
deflect	[diˈflekt] *v.* (使)偏离；转向，偏转
deflection	[diˈflekʃ(ə)n] *n.* 偏斜；转向
deformation	[ˌdi:fɔ:ˈmeiʃ(ə)n] *n.* 变形
dehydrate	[di:ˈhaidreit] *vt.* 使脱水，使干燥 *vi.* 脱水

dehydrogenate	[di:'haidrədʒəneit] v. 脱氢，去氢
delicate	['delikət] a. 1. 精密的，灵敏的，敏锐的 2. 细微的，微妙的 3. 难以区别的
delve	[delv] vi. 深入研究
demanding	[di'mɑ:ndiŋ;（US）di'mændiŋ] a. 要求很高的；条件很苛刻的
dense wave	密集波
density	['densəti] n.【物】密度
deploy	[di'plɔi] vt. 采用
derivation	[,deri'veiʃən] n. 1. 推论 2. 起源，由来
deterrent	[di'tə:rənt] n. 阻碍物
detonation	[,detə'neiʃən] n. 引爆
detrimental	[,detri'mentəl] a. 有害的
deuterium	[dju:'tiəriəm] n.【化】氘，重氢
deviation	[,di:vi'eiʃ(ə)n] n. 偏离，背离
dextral	['dekstrəl] a. 1. 右边的，用右手的 2.（软体动物的螺形外壳等）右旋的
dichotomy	[dai'kɔtəmi] n.【逻】二分法；一分为二
die	[dai] n. 模，模具，冲模
dielectric	[,daii'lektrik] a. 不导电的，介质的 n. 电介质，绝缘体
dietary	['daiətəri] a. 有关饮食的
differential	[,difə'renʃ(ə)l] a. 1.【机】【物】差动的，差示的 2. 差别的，区别的 3.【数】微分的 n. 1. 微分 2. 差动器，差速器 3. 差异
differentiation	[,difərenʃi'eiʃən] n. 1. 区分；变异 2.【生】分化 3.【数】微分法
diffract	[di'frækt] v.【物】使（光波）衍射
diffraction	[di'frækʃən] n. 衍射

diffusion [di'fju:ʒ(ə)n] *n.* 扩散

digress [dai'gres] *vi.* 离(开主)题

dilute [dai'lju:t;(*US*)dai'lu:t] *v.* 稀释，变淡

dimension [di'menʃ(ə)n] *n.* 1.【物】量纲 2. 大小，面积，容积 3.【数】维(数)，度(数)；元；因次

dimer ['daimə(r)] *n.* 二聚物

diminutive [di'minjutiv] *a.* 微型的

diode ['daiəud] *n.* 二极管；电整流器

dioxide [dai'ɔksaid] *n.* 二氧化物

dipole ['daipəul] *n.* 1.【物】偶极子 2.【无】偶极子线(相隔很小距离的电荷或磁极)

discharge ['distʃɑ:dʒ] *n.* 1.【电】放电 2. 流出物，排泄物，流量 3. 发射；流出，排出，放出

dislocation [ˌdisləu'keiʃ(ə)n] *n.* 1. 变位 2.【晶】位错

disperse [di'spə:s] *vt.* 使…分散

dispose [di'spəuz] *vt.* 处理；废置

disregard [ˌdisri'gɑ:d] *vt.* 不考虑在内

dissimilar [di'similə(r)] *a.* 不同的

dissociate [di'səuʃieit] *v.*【化】(使)分离，(使)游离

dissolve [di'zɔlv] *v.* 溶解

distillate ['distilət] *n.* 精华，蒸馏物

distinct [di'stiŋkt] *a.* 不同的

distort [di'stɔ:t] *vt.* 变形

divergent [dai'və:dʒənt;di-] *a.* 1. 发散的 2. 偏斜的

diversity [dai'və:səti] *n.* 差异

divide	[di'vaid] *n.* 差别
dome	[dəum] *n.* 穹顶(形)
dopant	['dəupənt] *n.* 掺杂;掺杂剂
dope	[dəup] *vt.* 掺杂
drag	[dræg] *n.* 1.(作用于空中和水下运动物体的)阻力,抗力,摩擦力 2.令人讨厌的事
drawback	['drɔ:bæk] *n.* 缺陷
dredge	[dredʒ] *v.* 用捞泥机捞取,用捞网捞取
dressing	['dresiŋ] *n.* 1.药膏 2.绷带
droplet	['drɔplit] *n.* 小滴
dualistic	[,djuːə'listik] *a.* 二元的
duality	[djuː'æləti] *n.* 双重性
dub	[dʌb] *vt.* 起绰号
ductile	['dʌktail;(*US*)'dʌkt(ə)l] *a.* 可锻的
dust	[dʌst] *n.* 粉末
dye	[dai] *n.* 染料
dynamic	[dai'næmik] *a.* 1.动力的,动力学的 2.动态的 3.有生气的
dynamo	['dainəməu] *n.* 1.发电机(尤指直流发电机) 2.精力充沛的人
eccentric	[ik'sentrik] *a.* 1.(指运动)离心的 2.(轨道)不正圆的
echolocate	[,ekəu'ləukeit] *vt.* 【物】凭回声(或回波)测定…的方向(或位置)
effluent	['efluənt] *n.* 废水及废气
elastic	[i'læstik] *a.* 弹性的
elastomer	[i'læstəmə(r)] *n.* 弹性材料;合成橡胶

electrical	[i'lektrik(ə)l] *a.* 因电发生的；与电有关的
electrical energy	电能
electrical field	电场
electrically	[i'lektrikəli] *ad.* 用电力，凭借电力
electrode	[i'lektrəud] *n.* 电极
electrodynamics	[i,lektrəudai'næmiks] *n.* 电动力学
electrolyte	[i'lektrəulait] *n.* 电解溶液
electrolyze	[i'lektrəlaiz] *vt.* 电解
electromagnetic	[i,lektrəu'mægnetik] *a.* 电磁的，电磁体的
electron	[i'lektrɔn] *n.* 1.【核】电子 2. 电子般的东西；极微小的东西
electroosmosis	[i,lektrəuɔz'məusis] *n.* 电渗透
electrophoretic	[i,lektrəfə'retik] *a.* 电泳的
electroplating	[i'lektrəu,pleitiŋ] *n.* 电镀
electrostatic	[i,lektrəu'stætik] *a.* 静电的
elicit	[i'lisit] *vt.* 引起
emanate	['eməneit] *vi.* 流失
emission	[i'miʃən] *n.* 排出的粒子；排出物
emit	[i'mit] *vt.* 1. 发出，射出，散发 2. 发表，发布，发行
empirical	[em'pirik(ə)l] *a.* 经验的
emulsion	[i'mʌlʃ(ə)n] *n.* 乳状液
enamel	[i'næm(ə)l] *n.* 珐琅，瓷釉
energy conservation	能量守恒(不灭)
entangle	[in'tæŋg(ə)l] *v.* 缠绕，缠结
entice	[in'tais] *vt.* 怂恿，引诱
entrain	[in'trein] *v.* 1. 拖，拽 2. 带走(气体、微粒等)

ephemeral	[i'femərəl] *a.* 短暂的
epitaxy	['epitæksi] *n.* 【晶】(晶体)取向附生，外延附生
epoxy	[i'pɔksi] *a.* 环氧的
equalizer	['i:kwəlaizə(r)] *n.* 1. 平衡器 2. 使均衡者
equation	[i'kweiʃ(ə)n] *n.* 方程
equilibrium	[ˌi:kwi'libriəm] *n.* 平衡，均势
erg	[ə:g] *n.* 尔格(功的单位)
erode	[i'rəud] *v.* 侵蚀
erosion	[i'rəuʒ(ə)n] *n.* 侵蚀，腐蚀
etch	[etʃ] *vt.* 蚀刻
etching	['etʃiŋ] *n.* 蚀刻
ethene	['eθi:n] *n.* 乙烯
evaporator	[i'væpəreitə(r)] *n.* 蒸发器
evoke	[i'vəuk] *vt.* 唤起
exacerbate	[ek'sæsəbeit] *vt.* 加剧
excitation	[ˌeksi'teiʃ(ə)n] *n.* 1. 【物】激发，励磁 2. 【植】激感(现象) 3. 刺激，激励
exhaust	[ig'zɔ:st] *vt.* 耗净
exhaust emission	废气，尾气
expertise	[ˌekspə:'ti:z] *n.* 专门知识，专长
extract	[ik'strækt] *vt.* 1. 提取，分离出 2. 摘出；抽出 3. 榨出
extraction	[ik'strækʃ(ə)n] *n.* 分离
extrapolation	[ˌekstræpə'leiʃən] *n.* 1. 推断，推知 2. 【数】外推法
extrusion	[ek'stru:ʒən] *n.* 挤压
exudate	['eksju:deit] *n.* 流出物，分泌液
fabrication	[ˌfæbri'keiʃən] *n.* 1. 制造 2. 构成

fairing	['fɛəriŋ] *n.* 整流装置
fallout	['fɔːlaut] *n.* 1. 原子(或核子)弹爆炸飘落空中的辐射尘 2. 附带结果 3. 余波
feasibility	[,fiːzə'biləti] *n.* 可行性
feedback	['fiːdbæk] *n.* 1.【电子】【生】反馈 2.(信件等的)回复 3. 反应 4. 反馈的信息
feedstock	['fiːdstɔk] *n.* 给料(指供送入机器或加工厂的原料)
fermentation	[,fəːmen'teiʃ(ə)n] *n.* 发酵
ferromagnetism	[,ferəu'mægnitizəm] *n.* 强磁性，铁磁性
fiber	['faibə(r)] *n.* 纤维
fiberglas(s)	['faibəglæs] *n.* 玻璃纤维，玻璃丝
fighter	['faitə(r)] *n.* 战斗机
figure	['figə(r)] *n.* 外形，轮廓
filament	['filəmənt] *n.* 细金属丝
filter	['filtə(r)] *n.* 过滤器
finish	['finiʃ] *n.* 罩面漆，漆
fission	['fiʃ(ə)n] *n.* 裂变
flake	[fleik] *n.* 薄片
flax	[flæks] *n.* 亚麻
flinch	[flintʃ] *vi.* 畏缩
flop	[flɔp] *n.* 失败
flourish	['flʌriʃ] *vi.* 繁荣，兴旺
flow restriction	流动限制
fluid refrigerant	液态制冷剂
fluorescent	[,fluə'resənt] *a.* 发荧光的
fluoride	['fluːəraid;(*US*)'flɔːraid] *n.*【化】氟化物

fluorine	[ˈfluːəriːn；(US)ˈfluər-] *n.* 氟
fluorosis	[ˌfluəˈrəusis] *n.* 【医】(慢性)氟中毒
focus	[ˈfəukəs] *n.* 1.【物】焦点 2.(注意、活动、兴趣等的)中心，集中点，重点
foreshadow	[fɔːˈʃædəu] *v.* 预测，预示
forger	[ˈfɔːdʒə(r)] *n.* 伪造者
forgery	[ˈfɔːdʒəri] *n.* 伪造罪
formulate	[ˈfɔːmjuleit] *vt.* 有系统地陈述、设计或规划
formulation	[ˌfɔːmjuˈleiʃən] *n.* 配方
foundry	[ˈfaundri] *n.* 铸造厂
fraction	[ˈfrækʃ(ə)n] *n.* (小)部分
fractionation	[ˌfrækʃəˈneiʃən] *n.* 【化】分馏(法)
fracture	[ˈfræktʃə(r)] *n.* 断口，裂缝
fragment	[ˈfrægmənt] *n.* 碎片，片断
frequency	[ˈfriːkwənsi] *n.* 【物】频率
frequency modulated	【电子】调频
friction	[ˈfrikʃ(ə)n] *n.* 摩擦
fringe	[frindʒ] *n.* 【物】干扰条纹
fuel	[fjuːəl] *n.* 燃料
function	[ˈfʌŋkʃən] *n.* 1.【数】函数 2.功能，官能，机能
furan	[ˈfjuəræn] *n.* 【化】呋喃
furnish	[ˈfəːniʃ] *vt.* 提供
fuse	[fjuːz] *v.* 熔合
gadget	[ˈgædʒit] *n.* 小装置
gadgetry	[ˈgædʒitri] *n.* 小机械，小器具
gain	[gein] *n.* 增益
gallium arsenide	砷化镓

game theory	博弈论，又称对策说，研究一些有相互竞争性质的个体构成的体系的数学理论
gamma	['gæmə] n. 伽马射线
garnet	['gɑ:nit] n.【矿】石榴石
gaseous	['gæsiəs] a. 气体的，似气体的
gas-guzzling	['gæsˈgʌzliŋ] a.（汽车）耗油量大的
gauge	[geidʒ] vt. 测定；精确计量
gem	[dʒem] n. 宝石
generalization	[ˌdʒenərəlaiˈzeiʃ(ə)n] n. 1. 概括，归纳 2.（尤指根据充分的）推论 3. 普遍原理（或原则），一般规则（或规律）
generator	['dʒenəreitə(r)] n. 发生器
geosynchronous	[ˌdʒiːəuˈsiŋkrənəs] a. 对地同步的
germanium	[dʒəˈmeiniəm] n. 锗
gigantic	[dʒaiˈgæntik] a. 巨大的
globule	['glɔbjuːl] n. 小球，水珠
gloss	[glɔs] n. 光泽
glossy	['glɔsi] a. 光滑的，有光泽的
glucose	['gluːkəus] n.【化】葡萄糖，右旋糖
gluon	['gluːɔn] n.【核】胶子
glycerin	['glisərin] n.【化】甘油，丙三醇
glycogen	['glaikəudʒ(ə)n] n.【生化】糖原；动物淀粉
glycolysis	[glaiˈkɔlisis] n.【生化】糖酵解作用
gob	[gɔb] n. 许多，大量
goo	[guː] n. 黏性物
gradient	['greidiənt] n. 1.【物】梯度，陡度 2.（温度、气压等的）变化率；梯度变化曲线 3.（道路等的）斜坡，坡道，坡度

graphite	['græfait] *n.* 石墨
gravitation	[ˌgrævi'teiʃ(ə)n] *n.* 万有引力，地心引力
gravity	['grævəti] *n.* 万有引力，重力
grease	[griːs] *n.* 油脂
grid	[grid] *n.* 1.【电】极板网栅，蓄电池电极板 2. 栅极，控制栅极 3. 系统网络（指输电线路、广播电台、电视台、天然气管道网络）；坐标方格 4. 阵列
grinding	['graindiŋ] *n.* 研磨，抛光
groove	[gruːv] *n.* 槽，沟
ground	[graund] *vt.* 接地
growth regulator	生长调节剂(器)
gyroscope	['dʒaiərəskəup] *n.* 陀螺仪
hadron	['hædrɔn] *n.*【核】强子
half-life	['hɑːfˌlaif] *n.* 半衰期
halt	[hɔːlt；hɔlt] *vi.* 阻挡
halve	[hɑːv；(*US*)hæv] *vt.* 减半
harness	['hɑːnis] *vt.* 利用；驾驭；控制
hazardous	['hæzədəz] *a.* 有危害性的
heat exchanger	热量交换器
heat pump	热泵
hectare	['hektɑː(r)] *n.* 公顷
helical	['helik(ə)l] *a.* 螺旋状的
helicon	['helikən] *n.* 螺旋波
helium	['hiːliəm] *n.*【化】氦
helix	['hiːliks] *n.* 1. 螺旋线 2. 耳轮
Herschel	赫歇尔(1792～1871)，英国天文学家，天王星的发现者
hexane	['heksein] *n.* 乙烷

high tech	高科技
histamine	['histəmin; -miːn] n.【生化】组胺
histidine	['histidiːn; -din] n. 组氨酸
holmium	['həulmiən] n.【化】钬
homogeneous	[ˌhɔməu'dʒiːniəs] a. 1. 均匀的，同质的 2. 同类的，同族的
homologue	['hɔmələg] n. 同系物
hp	(horsepower的简写)马力
hub	[hʌb] n. 轮轴，轴心
hue	[hjuː] n. 颜色，色度
humidity	[hjuː'midəti] n. 湿度；湿气
hustle	['hʌs(ə)l] vi. 迅速决定
hybrid	['haibrid] n. 混合物
hydrated oxides	水合氧化物
hydrocarbon	[ˌhaidrəu'kɑːbən] n.【化】烃，碳氢化合物
hydrodynamics	[ˌhaidrəudai'næmiks] n. 流体动力学
hydrogen	['haidrəudʒ(ə)n] n.【化】氢
hydrogen peroxide	过氧化氢
hydrogen sulfide	硫化氢
hydrolysis	[hai'drɔlisis] n. 水解(作用)
hydrolyze	['haidrəlaiz] v. 进行水解
hydrophilic	[ˌhaidrə'filik] a. 亲水的
hypothetical	[ˌhaipə'θetik(ə)l] a. 1. 假设的 2.【逻】假说的 3. 爱猜想的
identification	[aiˌdentifi'keiʃ(ə)n] n. 识别，找出
illegitimate	[ˌili'dʒitimət] a 不合逻辑的，不合理的
illuminate	[i'luːmineit] v. 1. 阐明；说明 2. 照明，使明亮

illumination	[,ilu:mi'neiʃ(ə)n] *n.* 照明度
immersion	[i'mə:ʃ(ə)n] *n.* 浸入
impact	['impækt] *n.* 1. 冲击(力) 2. 效果；影响
impart	[im'pɑ:t] *v.* 1. 产生 2. 传递，传授
impermeable	[im'pə:miəb(ə)l] *a.* 密封的；防水的
implant	['implɑ:nt; (*US*)'implænt] *n.* 植入
implosion	[im'pləuʒ(ə)n] *n.* 1.【物】内向爆炸，内爆，向心聚爆 2. 向心压挤
impression	[im'preʃ(ə)n] *n.* 1. 印象；感想 2. 效果；影响 3.【印】印数，印次
impulse	['impʌls] *n.* 1. 冲动；刺激 2. 脉冲
impurity	[im'pjuəriti] *n.* 1. 杂质 2. 附加价
in tandem with	协同地，联合地
inactivate	[in'æktiveit] *vt.* 1.【化】使失去活性 2. 使不活动 3. 撤销(军队单位、政府机构等)
inaudible	[in'ɔ:dib(ə)l] *a.* 听不见的
incandescent	[,inkæn'desnt] *a.* 遇热发光的
incipient	[in'sipiənt] *a.* 最初的
incorporate	[in'kɔ:pəreit] *vt.* 合并
incorporation	[in,kɔ:pə'reiʃ(ə)n] *n.* 合并
indentation	[,inden'teiʃ(ə)n] *n.*【物】压痕
indicator	['indikeitə(r)] *n.* 指示物，指示剂
indium	['indiəm] *n.*【化】铟
induce	[in'dju:s; (*US*) in'du:s] *vt.* 1.【电】感应 2.【心】诱发 3.【逻】归纳出 4. 引诱 5. 引起，导致
inductive	[in'dʌktiv] *a.* 电感的
inert	[i'nə:t] *a.* 1.【化】【生】惰性的 2.【医】无效的 3. 呆滞的，迟缓的；无生气的 4. 无活力的，不活泼的

inertial	[i'nə:ʃjəl] *a.* 1. 不活泼的 2. 惯性的
infiltrate	['infiltreit] *v.* 1. 穿透 2. 使浸润
infinitesimal	[ˌinfini'tesim(ə)l] *a.* 无限小的, 极微小的
infrared	[ˌinfrə'red] *a.* 红外线的, 产生(或使用)红外辐射的; 对红外辐射敏感的
infrared emission	红外线发射
infrared radiation	红外线辐射
initiation	[ˌiniʃi'eiʃ(ə)n] *n.* 引发
initiator	[i'niʃieitə(r)] *n.* 引发剂
inject	[in'dʒekt] *v.* 注射, 射入
innards	['inədz] *n.* 内部结构
innumerable	[i'nju:mərəb(ə)l] *a.* 无数的, 数不清的
inorganic	[ˌinɔ:'gænik] *a.* 无机的
inscribe	[in'skraib] *vt.* 刻上, 题上
institute	['institju:t; (*US*)'instətu:t] *vt.* 设立
insulate	['insjuleit; (*US*)'insəleit] *vt.* 使…绝缘
insulator	['insjuleitə(r)] *n.* 绝缘材料
integration	[ˌinti'greiʃən] *n.* 集成
intercellular communication	细胞间的信息交流
interconversion	[ˌintəkən'və:ʃən] *n.* 互变, 相互转换
interface	['intəfeis] *n.* 1.【计】接口 2. 相互联系, 相互联络 3. 分界面 4. (两个独立体系的)相交处, 接合部位; 边缘区域
interfacial	[ˌintə'feiʃəl] *a.* 界面间的
interlock	[ˌintə'lɔk] *v.* 连锁, 连串
intermediate	[ˌintə'mi:diət] *n.* 中间物, 中间产品
intermittent	[ˌintə'mitənt] *a.* 间歇的, 断断续续的
interplay	['intəplei] *n.* 相互影响, 相互作用

intrinsic	[in'trinsik] *a.* 内在的
iodine	['aiədi:n;(*US*)'aiədain] *n.*【化】碘酒
ion	['aiən] *n.* 离子
ion microprobe	离子探测器
ionize	['aiənaiz] *v.* 使电离(成离子)
iridium	[i'ridiəm] *n.*【化】铱
irradiate	[i'reidieit] *v.* 辐射,照射
irradiation	[i,reidi'eiʃən] *n.* 照射
isolate	['aisəleit] *vt.* 1.【电】使绝缘 2.【化】分离,离析 3.【微】使(细菌)分离,使与种群隔离
isomerization	[ai,sɔmərai'zeiʃən;-ri'z-] *n.* 异构化(作用)
isotope	['aisətəup] *n.*【物】【化】同位素
iterate	['itəreit] *vt.* 重复
jagged	['dʒægid] *a.* 锯齿状的
jelly	['dʒeli] *n.* 冻胶,果冻
jolt	[dʒəult] *vt.* 1.震动,震惊 2.草草地记下来
journal	['dʒəːn(ə)l] *n.* 轴颈
junction	['dʒʌŋkʃ(ə)n] *n.*【电子】结;连接,接合;交叉点,汇合处
keypad	['ki:pæd] *n.* 用于输入密码的小键盘
kinematics	[,kini'mætiks; kai-] *n.* 运动学
kinetic	[ki'netik] *a.* 1.【物】运动的,运动引起的 2.活跃的,有力的 3.令人振奋的
kinetics	[ki'netiks] *n.* 1.动力学 2.(物理或化学变化的)历程
labile	['leibail; -bil] *a.* 不稳定的,易变的
lactalbumin	[læk'tælbjumin] *n.* 乳清蛋白

lactate	['lækteit] *n.* 乳酸盐
lactic	['læktik] *a.* 乳的，从酸乳中取得的
lactoglobulin	[ˌlæktəu'glɔbjulin] *n.* 乳球蛋白
lag	[læg] *n.* 1. 落后，延迟 2. 间隔的时间 *vi.* 落后；走得慢
lake	[leik] *n.* 深红色
laminate	['læmineit] *vt.* 叠压
laminated	['læmineitid] *a.* 层压的
laser	['leizə(r)] *n.* 激光
latex	['leiteks] *n.* 乳液，胶乳；橡胶
lattice	['lætis] *n.* 【物】(晶体)点阵，晶格
levitate	['leviteit] *vt.* 使悬浮
lifespan	['laifspæn] *n.* 使用期
linear	['liniə(r)] *a.* 1.【物】直线性的，线性的 2.【数】一次的，线性的 3.【植】线形的 4. 线的，直线的
linseed	['linsi:d] *n.* 亚麻子
lipid	['lipid] *n.*【化】类脂(化合)物
literature	['litərətʃə(r)] *n.* 文献
lithium	['liθiəm] *n.*【化】锂
locomotion	[ˌləukə'məuʃ(ə)n] *n.* 运动(力)，移动(力)，行进(力)
locus	['ləukəs] *n.* 1. 地点，所在地 2.【数】轨迹
logjam	['lɔgdʒæm] *n.* 阻塞物
lubricant	['lu:brikənt] *n.* 润滑剂
luminance	['lju:minəns] *n.* 1.【物】亮度，发光率 2. 发光(性)
luminosity	[ˌlju:mi'nɔsəti] *n.* 1.【物】发光度 2. 发光体

luminous	['lju:minəs] *a.* 发光的，明亮的
lump	[lʌmp] *n.* 团，块
machine	[mə'ʃi:n] *vt.* 加工
magenta	[mə'dʒentə] *a.* 洋红色的
magnesium	[mæg'ni:ziəm;] *n.*【化】镁
magnetic field	磁场
magnetron	['mægnitrɔn] *n.* 磁控管
magnitude	['mægnitju:d;(*US*)-tu:d] *n.* 1. 大小，量，数量 2. 巨大，广大 3. 重大，重要性
maintenance	['meintinəns] *n.* 维护，保养
malleable	['mæliəb(ə)l] *a.* 可锻的
maneuver	[mə'nu:və(r)] *n.* 策略，巧计 *v.* (军队等)调动，调遣
manifest	['mænifest] *vt.* 证明
mass	[mæs; mɑ:s] *n.* 1.【物】质量 2. 团，块 3. 体积，大小
mathematical model	数学模型
matrix	['meitriks] *n.* 矩阵
meager	['mi:gə(r)] *n.* 兆
mean	[mi:n] *a.* 平均的
mechanics	[mi'kæniks] *n.* 1. 力学，机械学 2. 结构，构成
mechanistic	[,mekə'nistik] *a.* 机械论的；机械学的
mediation	[,mi:di'eiʃ[ə]n] *n.* 介入，干扰
mediator	['mi:dieitə(r)] *n.* 介体，介质
medium	['mi:diəm] *n.* 1. 媒介物，传导体 2. 手段，工具
megawatt	['megəwɔt] *n.* 兆瓦
membrane	['membrein] *n.* 隔膜
mercury	['mə:kjuri] *n.* 汞

120

meson	['mezɔn; 'mi:nɔn] *n.*【物】介子
metallic	[mi'tælik] *a.* 金属的, 似金属的
metalloid	['metəlɔid] *n.* 1. 非金属 2.（砷、硅等）准金属, 类金属 *a.* 外观似金属的; 非金属的, 准金属的
metal mesh	金属网
metamorphic	[,metə'mɔ:fik] *a.* 变质的, 改变结构的
metamorphose	[,metə'mɔ:fəuz] *v.* (使)变化
methane	['mi:θein] *n.*【化】甲烷, 沼气
methanol	['meθənɔl] *n.*【化】甲醇
methyl radical	甲基
micron	['maikrɔn] *n.* 微米（一百万分之一米）
microporous	[,maikrəu'pɔ:rəs] *a.* 多微孔的
millionth	['miljənθ] *n.* 百万分之一
millirem	['milirem] *n.* 毫雷姆（雷姆, 是计量当量的专用单位, 等于1伦琴的高压X射线对人所造成的相同损伤, rem 是 roentgen equivalent man 的首字母结合）
mimic	['mimik] *vt.* 模仿
minutely	['minitli] *ad.* 精密地; 仔细地
mirror image	1.【物】镜像 2.[喻]映像, 翻版, 完全一模一样
misconception	[,miskən'sepʃ(ə)n] *n.* 误解, 错觉
mixture	['mikstʃə(r)] *n.* 混合, 混合物
modality	[məu'dæləti] *n.* 1. 方式, 形式 2.【逻】程度 3. 物理疗法
moderator	['mɔdəreitə(r)] *n.* (中子)减速剂
modest	['mɔdist] *a.* 1. 节制的 2. 一般的
modification	[,mɔdifi'keiʃ(ə)n] *n.* 改变, 协调

modulate	['mɔdjuleit;(*US*)-dʒu-] *vt.* 1.【物】【电子】调制 2.【音】使转调 3. 调节，调整；控制
module	['mɔdju:l;(*US*)-dʒu:l] *n.* 模件，组件
modulus	['mɔdjuləs] *n.* 系数，模数
molar	['məulə(r)] *a.*【化】【物】(物理量)摩尔的 *n.* 臼齿，磨牙
molecular biology	分子生物学
molecular probe	分子探子
molecule	['mɔlikju:l] *n.*【化】分子
momentum	[məu'mentəm] *n.* 1.【物】动量，冲量 2. 冲力；势头 3. 动力
monochromatic	[,mɔnəukrəu'mætik] *a.* 1. 单色的 2. 单频的
monolayer	['mɔnəu,leiə(r)] *n.* 单层
monolithic	[,mɔnəu'liθik] *n.* 单片电路，单块集成电路
monomer	['mɔnəmə(r)] *n.* 单体
morphological	[,mɔ:fə'lɔdʒikəl] *a.* 形态的
mph	时速(miles per hour的缩写)
mucilage	['mju:silidʒ] *n.* (植物的)黏液；胶水
multiphase	['mʌltifeiz] *n.* 多相
mural	['mjuər(ə)l] *n.* 壁画
mutate	[mju:'teit;'mju:-] *v.* 变异；突变
myriad	['miriəd] *a.* 无数的，数不清的
naphtha	['næfθə] *n.* 石脑油，粗汽油
nascent	['næsənt] *a.* 新生的
nefarious	[ni'fɛəriəs] *a.* 恶毒的
neon	['ni:ɔn] *n.* 氖
neutral	['nju:trəl] *n.* 中性粒子

neutrino	[nju:'tri:nəu; (*US*)nu:-]	*n.* 中微子
neutron	['nju:trɔn; (*US*)nu:-]	*n.* 中子
newsletter	['nju:z,letə(r)]	*n.* (定期出版的)时事通讯,(公司、学院刊印的)业务通讯
nibble	['nib(ə)l]	*vi.* 咬
niche	[nitʃ; ni:ʃ]	*n.* 1. 壁龛 2. 小环境
nickel	['nik(ə)l]	*n.* 镍
nitride	['naitraid]	*n.* 氮化物
nitrocellulose	[,naitrəu'seljuləus]	*n.* 火棉
nitroglycerin	[,naitrəu'glisərin]	*n.* 硝化甘油
noble	['nəub(ə)l]	*a.* 1. (金属)贵重的 2. (气体)惰性的
nomenclature	['nəumənkleitʃə(r)]	*n.* 1. 名称,术语 2. 命名(过程),命名法
nonenzymatic	[nɔn,enzi'mætik]	*a.* 【生化】非酶的,不涉及酶作用的
nonionic	[,nɔnai'ɔnik]	*a.* 非离子的
nonlinear	[nɔn'liniə(r)]	*a.* 非线性的
nozzle	['nɔz(ə)l]	*n.* 喷嘴
nuclear	['nju:kliə(r); 'nu:-]	*a.* 1. 【物】核子的 2. 原子能的,原子核的,核动力的 3. 核心的
nuclear force		【核】核力
nucleation	[,nju:kli'eiʃən]	*n.* 成核作用
nuclei	['nju:kliai]	*n.* (nucleus的复数)1. 核心,中心 2. 【核】核 3. 【生】细胞核
nucleon	['nju:kliɔn]	*n.* 【核】核子
nucleus	['nju:kliəs]	*n.* 核
nylon	['nailɔn]	*n.* 尼龙

123

nylon cage	尼龙隔离罩
oar	[ɔː(r)] *n.* 浆
oblique angle	斜角
oceanography	[ˌəuʃəˈnɔgrəfi] *n.* 海洋学
octagonal	[ɔkˈtægən(ə)l] *a.* 八角的
octahedron	[ˌɔktəˈhidrən] *n.* 八面体
odyssey	[ˈɔdisiː] *n.* 长途的冒险旅行
offset	[ˌɔfˈset] *n.* 抵消 *vt.* 1. 弥补 2. 抵消 3.【机】偏置
olivine	[ˌɔliˈviːn] *n.*【矿】橄榄石
one-way screen	单向滤网
opal	[ˈəupəl] *n.*【矿】蛋白石
opalescent	[ˌəupəˈlesənt] *a.* 乳色的
opaque	[əuˈpeik] *a.* 不透明的
ophthalmic	[ɔfˈθælmik] *a.* 眼的
optical	[ˈɔptik(ə)l] *a.* 光学的
optimal	[ˈɔptim(ə)l] *a.* 最佳的
optimize	[ˈɔptimaiz] *vt.* 最佳化
orbit	[ˈɔːbit] *n.* 轨道
orbital	[ˈɔːbit(ə)l] *a.* 轨道的 *n.* 轨道；轨道函数
order of magnitude	【物】数量级
ore	[ɔː(r)] *n.* 矿，矿石
orebody	[ˈɔːˌbɔdi] *n.*【地】矿体
organic	[ɔːˈgænik] *a.* 1. 器官的 2. 有机的 3. 不可分割的
orthorhombic	[ˌɔːθəˈrɔmbik] *a.*【晶】正交的
oscillate	[ˈɔsileit] *vi.* 1.【物】振荡 2. 摆动，振动 3. 动摇，犹豫

oscillation	[ˌɔsiˈleiʃən] n. 1.【物】振荡 2. 摆动，振动 3. 动摇，犹豫
outage	[ˈautidʒ] n. 断电
outperform	[ˌautpəˈfɔːm] vt. 胜过；优于
ovalbumin	[ˌəuvælˈbjuːmin; ɔ-] n. 卵清蛋白
overcast	[ˈəuvəkɑːst;(US)-kæst] n. 阴天
overlay	[ˌəuvəˈlei] v. 镀，包；覆盖
oxidation	[ˌɔksiˈdeiʃ(ə)n] n. 氧化作用
oxide	[ˈɔksaid] n. 氧化物
oxidize	[ˈɔksidaiz] v. (使)氧化
oxygen	[ˈɔksidʒ(ə)n] n. 氧，氧气
ozone	[ˈəuzəun] n. 1.【化】臭氧 2. [口] 清新的空气；使人愉快的影响
padding	[ˈpædiŋ] n. 堵塞的材料
palladium	[pəˈleidiəm] n.【化】钯
panel	[ˈpæn(ə)l] n. 小组，委员会
panoply	[ˈpænəpli] n. 陈列
paradigm	[ˈpærədaim] n. 范例，样板
paraffin	[ˈpærəfin] n. 烷烃
parameter	[pəˈræmitə(r)] n. 1.【物】参量 2.【数】参(变)数，参项
paramount	[ˈpærəmaunt] a. 卓越的；最重要的
particle	[ˈpɑːtik(ə)l] n. 1.【物】质点粒子 2. 微粒，颗粒
particulate	[pəˈtikjulət; -leit] a. 微粒的 n. 微粒
patent	[ˈpeit(ə)nt;(US)ˈpæ-] vt. 取得专利
payload	[ˈpeiləud] n. 有效载荷
peat moss	泥炭沼
pendant	[ˈpendənt] a. 悬吊的

perforate	['pə:fəreit] vt. 打孔	
periodical	[,piəri'ɔdik(ə)l] n. 期刊, 杂志	
periodicity	[,piəriə'disəti] n. 1.【电】频率 2. 周期性, 定期性	
period	['piəriəd] n. 时间；周期	
permeable	['pə:miəb(ə)l] a. 可渗透的, 可透过的	
permeate	['pə:mieit] v. 遍布, 充满；渗入	
peroxide	[pə'rɔksaid] n.【化】过氧化物	
perpendicular	[,pə:pən'dikjulə(r)] a. 垂直的, 正交的 n. 垂线	
petroleum	[pi'trəuliəm] n. 石油	
phenol	['fi:nəl] n. (苯)酚, 石碳酸	
phenolic	[fi'nɔlik, -'nəu-] a.【化】(苯)酚的	
phenomenological	[fi,nɔminə'lɔdʒikəl; fə-] a. 现象学的	
phosphide	['fɔsfaid; -fid] n. 磷化物	
phospholipid	[,fɔsfəu'lipid; -'lai-] n. 磷脂	
phosphor	['fɔsfə(r)] n. 磷	
photochemical	[,fəutəu'kemikəl] a. 1.【化】光化作用的 2. 光化学的 n. 光化制品	
photoconductivity	[,fəutəu,kɔndʌk'tivəti] n. 光电导性	
photoelectron	[,fəutəui'lektrɔn] n. 光电子	
photometric	[,fəutəu'metrik] a. 测光的	
photometry	[fəu'tɔmitri] n. 测光学	
photon	['fəutɔn] n. 1.【物】光子 2.【医】见光度(视网膜亮度单位, 即通过一平方毫米的瞳孔区域到达视网膜的光线数量)	
photovoltaic	[,fəutəuvɔl'teiik] a. 光电的	
physics	['fiziks] n. 物理；物理学	
piston	['pist(ə)n] n.【机】活塞	

placement	['pleismənt] n. 1. 放置；布置 2. 位置
plasma	['plæzmə] n. 【物】等离子体, 等离子区
plaster	['plɑ:stə(r);(US)'plæstər] n. 橡皮膏
plasticity	[plæ'stisəti] n. 可塑性
plate	[pleit] n. 1. 【电】(电子管)阳极 2. (蓄电池)极板 3. 【地】板块
plating	['pleitiŋ] n. 电镀
platinum	['plætinəm] n. 铂
plethora	['pleθərə] n. 过多, 过剩
plutonium	[plu:'təuniəm] n. 【化】钚(放射性元素)
pointer	['pɔintə(r)] n. 指针
polarity	[pəu'lærəti] n. 1. 【物】极性 2. (思想等的)倾向, 归向
polarization	[,pəulərai'zeiʃən; -ri'z-] n. 极化
polishing	['pɔliʃiŋ] n. 抛光
pollutant	[pə'lu:tənt] n. 污染物
polycrystalline	[,pɔli'kristəlain] n. 多晶体
polyester	[,pɔli'estə(r);'pɔliestə(r)] n. 聚酯
polyhedron	[,pɔli'hidrən] n. 多面体
polymer	['pɔlimə(r)] n. 【化】聚合物, 聚合体
polymerization	[,pɔlimərai'zeiʃən; -ri'z-] n. 聚合(作用、反应)
polymerize	['pɔliməraiz] v. 聚合
polymorph	['pɔlimɔ:f] n. 多晶形物
polystyrene	[,pɔli'stairi:n] n. 聚苯乙烯
polythene	['pɔliθi:n] n. 聚乙烯
polyvinyl chloride	【化】聚氯乙烯
pope	[pəup] vt. 掺入
pore	[pɔ:(r)] n. 孔

porosity	[pɔːˈrɔsəti]	n. 孔隙度
porous	[ˈpɔːrəs]	a. 多孔的
positron	[ˈpɔzitrɔn]	n. 正电子，阳电子
postulate	[ˈpɔstjuleit]	n. / vt. 假设
potassium	[pəˈtæsiəm]	n. 钾
potent	[ˈpəutənt]	a. 强有力的
potential	[pəˈtenʃ(ə)l]	a. 1.【物】势的，位的，电压的 2. 潜在的，可能的 n. 1.【物】势，位 2. 潜在性，可能性 3. 潜力，潜能
powder	[ˈpaudə(r)]	n. 粉末
precipitate	[priˈsipiteit]	vt. 1.【化】使沉淀 2.【气】使(水蒸气)凝结 3. 使突然发生 4. 使加速增长，促成
precipitation	[ˌprisipiˈteiʃ(ə)n]	n. 1.【化】沉淀作用 2. 凝结 3. 降(雨)量
preform	[ˈpriːfɔːm]	n. 预成型品
premise	[ˈpremis]	n. 1.【逻】【律】前提 2. (作为先决条件的)假定，假设
preposterous	[priˈpɔstərəs]	a. 荒谬的
prescribe	[priˈskraib]	vt. 规定
press	[pres]	n. 1. 报界，新闻界 2. 新闻报道
pressure	[ˈpreʃə(r)]	n.【物】压力，压强
probability	[ˌprɔbəˈbiləti]	n. 1.【逻】或然性，可能性 2.【数】概率；概率论
problematic	[ˌprɔbləˈmætik]	a. 1.【逻】偶然性的，或然性的 2. 成问题的，有疑问的
programmer	[ˈprəugræmə(r)]	n. 1.【自】程序编制员；程序设计器 2. 排节目者，制订计划者
projection	[prəˈdʒekʃ(ə)n]	n. 预测

128

propagate	['prɔpəgeit] *vt.* 传播
propagation	[ˌprɔpə'geiʃ(ə)n] *n.* 传播，传导
propane	['prəupein] *n.* 丙烷
propellant	[prə'pelənt] *n.* 推进剂
proportional	[prə'pɔːʃən(ə)l] *a.* 成（正）比例的
propulsion	[prə'pʌlʃ(ə)n] *n.* 推进
proton	['prəutɔn] *n.* 质子
prototype	['prəutəutaip] *n.* 原型
provocative	[prə'vɔkətiv] *a.* 引起争论的
pulsate	[pʌl'seit; (*US*) 'pʌlseit] *vi.* 1.【物】脉动 2.（脉等）搏动，（心脏）跳动
punch	[pʌntʃ] *n.* 冲压机，冲床；打孔机
pyroxene	[ˌpaiə'rɔksiːn] *n.*【矿】辉石
Pythagoras	毕达哥拉斯（580～500 BC），古希腊哲学家、数学家
qualitative	['kwɔlitətiv; (*US*)-teitiv] *a.* 1. 质的；性质的 2. 定性的
quantitative	['kwɔntitətiv] *a* 1.用数量表示的 2.定量的
quantum	['kwɔntəm] *n.* 1.【物】量子；量子论 2. 量，定量，份额
quantum mechanics	【物】量子力学
quark	[kwɑːk] *n.*【物】夸克
radiate	['reidieit] *v.* 1. 放射，辐射，发射 2. 流露，显示
radiating level	辐射高度（层）
radiation	[ˌreidi'eiʃ(ə)n] *n.* 辐射
radioactive	[ˌreidiəu'æktiv] *a.*【物】放射性的
radioactivity	[ˌreidiəuæk'tivəti] *n.*【原】放射性，放射现象

129

radius	['reidiəs] *n.* 半径
random	['rændəm] *a.* 1.【动】无规则的 2.【数】随机的 3. 胡乱的,随便的,任意的
raster	['ræstə(r)] *n.*【物】光栅
rate	[reit] *n.* 比率;速度
rates of decay	衰变率
reactant	[ri:'æktənt] *n.* 反应物
reactor	[ri'æktə(r)] *n.* 反应器
recall	[ri'kɔ:l] *n.* 撤销
recipe	['resipi] *n.* 方法,窍门
recoil	[ri'kɔil] *vi.* 反冲
recombine	[,ri:kəm'bain] *vi.* 重新汇合
reconnaissance	[ri'kɔnisəns] *n.* 侦察,搜索
recrystallize	[ri:'kristəlaiz] *vt.* 重新结晶
recycle	[ri:'saik(ə)l] *vt.* 再循环
redefine	[,ri:di'fain] *v.* 重新界定,重下定义
refractory	[ri'fræktəri] *a.* 1. 难熔的 2. 不听话的;倔强的 3. 难治疗的
regeneration	[ri,dʒenə'reiʃən; ri:-] *n.* 再生
relativistic	[,reləti'vistik] *a.* 1. 相对论的 2. 相对的
remnant	['remnənt] *n.* 残余,余物
remote	[ri'məut] *a.* 1. 很少的,细微的,微乎其微的 2. 遥远的;很长远的
remote sensing	遥感
replenish	[ri'pleniʃ] *v.* 补充
replete	[ri'pli:t] *a.* 充满的
repulsion	[ri'pʌlʃ(ə)n] *n.* 排斥
repulsive	[ri'pʌlsiv] *a.* 1.【物】斥力的 2.【生】相斥的(遗传学用语)
requisite	['rekwizit] *a.* 所需要的

reshuffle	[ˌriːˈʃʌf(ə)l] *vt.* 重排；重配置
resin	[ˈrezin] *n.* 树脂
resistivity	[ˌriːzisˈtivəti; riˌz-] *n.* 电阻率
resolution	[ˌrezəˈluːʃ(ə)n] *n.* 分辨率
resonance	[ˈrezənəns] *n.* 反响，回响
resonant	[ˈrezənənt] *a.* 引起共鸣的
resonator	[ˈrezəneitə(r)] *n.* 共振腔
resplendent	[riˈsplendənt] *a.* 华丽的
retain	[riˈtein] *vt.* 留住，保留
revenue	[ˈrevənjuː;(*US*)ˈrevənuː] *n.* 收益
reverberatory	[riˈvəːbərətəri] *a.* 反射的
revival	[riˈvaivəl] *n.* 1. 复兴，重新流行 2. 苏醒，复活
revolve	[riˈvɔlv] *v.* 1. 旋转 2. 循环出现
ribbon silicon	硅片
riddle	[ˈrid(ə)l] *n.* 谜，难题
rife	[raif] *a.* 流行的；普遍的
robot	[ˈrəubɔt] *n.* 机器人
rod	[rɔd] *n.* 连杆
rotation	[rəuˈteiʃ(ə)n] *n.* 1.【天】自转；循环；交替 2.【物】(矢量)旋度 3.【农】轮作，换茬
rotor	[ˈrəutə(r)] *n.*【机】轮子，叶轮
roundabout	[ˈraundəbaut] *a.* 迂回的；转弯抹角的
sailboat	[ˈseilbəut] *n.* 帆船
saline	[ˈseilain;(*US*) ˈseiliːn] *a.* 盐的，含盐的
sanctum	[ˈsæŋktəm] *n.* 密室
sap	[sæp] *vt.* 削弱
sapphire	[ˈsæfaiə] *n.* 蓝宝石

131

saturated	['sætʃəreitid] *a.* 饱和的
scaffold	['skæfəld] *n.* 【建】脚手架，绞刑台
scattering	['skætəriŋ] *n.* 散射
scenario	[si'nɑ:riəu] *n.* 情形
scheme	[ski:m] *n.* 解决办法
scratch	[skrætʃ] *n.* 划痕
semicrystalline	[ˌsemi'kristəlain] *a.* 半晶状的，半结晶的
sense data	[复]【心】感觉资料
sensitivity	[ˌsensi'tivəti] *n.* 1.【摄】感光度 2.【生】刺激感受性 3.【医】过敏(性) 4.(无线电接收器等的)灵敏度 5. 敏感(性)
sensor	['sensə(r)] *n.* 1. 传感器 2. 敏感元件，探测设备 3. 感觉器(官)
sequence	['si:kwəns] *n.* 1. 连续；继续；一连串 2. 次序 3.【数】序列
shaft	[ʃɑ:ft; (*US*)ʃæft] *n.* 轴，轴心
shear	[ʃiə(r)] *n.* 剪切(变形)，修剪
sheet	[ʃi:t] *vt.* 覆盖
shield	[ʃi:ld] *vt.* 屏蔽
shortcut	['ʃɔ:tkʌt] *n.* 捷径
shrivel	['ʃriv(ə)l] *v.* 起皱，枯萎
sieve	[siv] *n.* 筛，滤网
signal	['sign(ə)l] *n.* 1. 信号，暗号 2. 标志，表示
silica	['silikə] *n.*【矿】硅石，二氧化硅
silica-rich	富含硅的
silicate	['silikeit] *n.*【化】硅酸盐
silicon	['silikən] *n.* 硅

singularity	[ˌsiŋgju'lærəti] n. 1. 单一，独个 2. 奇特的事物 3.【数】【天】奇点
sizeable	['saizəb(ə)l] a. 大的
skeletal	['skelitəl] a. 构架的
skepticism	['skeptisiz(ə)m] n. 怀疑
sketchy	['sketʃi] a. 1. 粗略的 2. 不完全的
slag heap	熔渣堆；矿渣堆
slide	[slaid] n. 载(玻)片；幻灯片
slingshot	['sliŋʃɔt] n. 铅球
slit	[slit] n. 缝，狭长切口
smelt	[smelt] v. 冶炼，精炼
smudge	[smʌdʒ] vi. 变污
sodium	['səudiəm] n. 钠
solar	['səulə(r)] a. 太阳的，来自太阳的，太阳产生的
solar radiation	太阳辐射能
solenoid	['səulənɔid] n.【电】螺线管
solidify	[sə'lidifai] v. 结晶
solidity	[sə'lidəti] n. 1. 固体 2. 坚固 3. 充实
solution	[sə'luːʃ(ə)n] n. 溶解；溶液
solvent	['sɔlvənt] n. 溶剂，溶媒
sonar	['səunɑː(r)] n. 声呐
spark	[spɑːk] n. 火花
spatial	['speiʃ(ə)l] a. 立体的；空间的
speaker	['spiːkə(r)] n. 扬声器
specification	[ˌspesifi'keiʃ(ə)n] n. 技术规格
specimen	['spesimən] n. 样品；标本
speck	[spek] n. 微粒，小点
spectrograph	['spektrəuˌgrɑːf; -græf] n. 光谱
spectrometry	[spek'trɔmitri] n. 光(频)谱测定法

spectroscopic	[ˌspektrə'skɔpik] *a.* 光谱的
spectrum	['spektrəm] *n.* 1.【物】谱，波谱，光谱 2.【无】射频频谱，无线电(信号)频谱 3. 系列；范围
speculate	['spekjuleit] *vi.* 推测
spherical	['sferik(ə)l] *a.* 球形的
spheroid	['sfiərɔid] *n.* 球形体
spine	[spain] *n.* 脊椎骨，脊柱
spiral	['spaiər(ə)l] *vi.* 1. 螺旋式行进，盘旋上升 2. 不断地急剧上升或下降
spongy	['spʌndʒi] *a.* 1. 有吸水性的 2. 海绵状的
sprout	[spraut] *vi.* 萌芽，生长
spur	[spə:(r)] *vt.* 1. 推动 2. 激励
stack	[stæk] *vt.* 叠加，堆叠
statistical	[stə'tistik(ə)l] *a.* 统计的，统计学的
steerage	['stiəridʒ] *n.* 1.（客轮的）统舱 2. 掌舵
stimulus	['stimjuləs] *n.* 1. 刺激，刺激物 2. 促进因素
sting	[stiŋ] *vt.* 激励
strain	[strein] *n.* 1. 品种 2. 菌种 *vi.* 尽全力，努力
streamline	['stri:mlain] *vt.* 1. 使成流线型 2. 使现代化 *n.*（飞机等）流线型
stress	[stres] *vt.* 1. 重压 2. 使…承受严峻的考验
stronghold	['strɔŋhəuld] *n.* 堡垒
student	['stju:dənt;(*US*)'stu:-] *n.*（对某门学科特别爱好的）学者、研究者
subminiature	[sʌb'minjətʃə] *a.* 超小型的

subnuclear	[sʌb'nju:kliə(r)] a. 【物】亚核的；亚核粒子研究的
substrate	['sʌbstreit] n. 基体
suffice	[sə'fais] vt. 满足…的需要
sulfate	['sʌlfeit] n. 硫酸盐
sulfide	['sʌlfaid] n. 硫化物
sulfur	['sʌlfə(r)] n. 硫，硫磺
sunscreen	['sʌnskri:n] n. 遮光屏(罩)
superconducting	[ˌsju:pəkən'dʌktiŋ] n. 超导
supercritical	[ˌsju:pə'kritikəl] a. 超临界的
surfactant	[sə'fæktənt] n. 表面活化剂
surge	[sə:dʒ] n. 1.【物】浪涌，冲击压力，波动 2. 巨浪，波涛，波涛引起的水位上升 3. 急剧上升
surrogate	['sʌrəgeit] n. 代用品
susceptibility	[ˌsəsepti'biləti] n. 1. 易感性 2.【物】磁化系数
suspend	[sə'spend] vi. 悬浮
sustain	[sə'stein] vt. 承受
swab	[swɔb] vt. 擦洗
sweep	[swi:p] v. 掠过，扫过
swell	[swel] n. 滚滚的浪涛
swirl	[swə:l] v. (使)旋转
synchronize	['siŋkrənaiz] vi. 1.（电影、电视）声画同步 2. 同时发生 vt. 1.【物】同步 2. 使声画同步 3. 使结合 4. 使协调
tacky	['tæki] a. 发黏的
tactical	['tæktik(ə)l] a. 战术的；用兵的；精于兵法的 n. 战术
tailor	['teilə(r)] vi. 适应

135

tail-vane	尾翼
tandem	['tændəm] *a.* 串联的
tannin	['tænin] *n.*【化】丹宁酸
taut	[tɔːt] *a.* 绷紧的
taxonomic	[,tæksə'nɔmik] *a.* 分类学的，分类的
technological	[,teknə'lɔdʒikəl] *a.* 1. 技术(学)的；工艺(学)的 2. 由于技术性原因的
temper	['tempə(r)] *n.* 1.(钢等)韧度；回火 2. 调解，调和
temporal	['tempər(ə)l] *a.* 瞬时的
tension	['tenʃ(ə)n] *n.* 1.【物】张力，拉力，牵力 2. 紧张(指心理状态、形势等)
tertiary	['təːʃəri;(*US*)-ʃieri] *a.* 第三的
texture	['tekstʃə(r)] *n.* 1.(材料的)构成，构造 2.(织物的)组织，结构，质地 3.(岩石等的)纹理 4.(皮肤的)肌理
theoretic	[θiə'retik] *a.* 理论上的，纯理论的
thermal	['θəːm(ə)l] *a.* 热的，热量的
thermal energy	热能
thermoset	['θəːməset] *a.* 热固的 *n.* 热固树脂；热固塑料
threshold	['θreʃhəuld] *n.* 1.【物】阈，临界值 2. 入门，开端
throe	[θrəu] *n.* 痛苦
thruster	['θrʌstə(r)] *n.* 助推器
tile	[tail] *n.* 瓷砖
timing	['taimiŋ] *n.* 1.【机】(速度等的)调整，配合，同步 2. 计时，定时 3. 时间选择，时机掌握
tinker	['tiŋkə(r)] *vi.* 1. 调整 2. 修补

tint	[tint] v. 着色于，微染
titanium	[tai'teinjəm; ti-] n. 钛
torrid	['tɔrid;(US)'tɔːr-] a. 极热的
touchstone	['tʌtʃstəun] n. 1. 试金石 2. 检验标准
towering	['tauəriŋ] a. 高耸的
toxic	['tɔksik] a. 有毒的，有毒性的
trace	[treis] n. 1.【化】痕量 2. 微量
trajectory	['trædʒiktəri] n. 1.【物】射线的轨道，轨迹，弹道 2.【数】常角轨道，轨线 3.（事物）发展轨迹 4. 起落
transient	['trænziənt] a. 短暂的，瞬时的
transistor	[træn'sistə(r);trɑ:-] n.【无】晶体管
translucent	[træns'luːsənt;trɑ:-] a. 半透明的
transparent	[træns'pærənt;trɑ:-] a. 透明的
transverse	['trænzvəːs;'trɑ:-] a. 横向的
trauma	['trɔːmə;(US)'traumə] n. 损伤
triglyceride	[trai'glisəraid;-rid] n.【化】甘油三酯
triphosphate	[trai'fɔsfeit] n.【化】三磷酸盐
triple	['trip(ə)l] a. 1. 三重的；三倍的 2. 三部分的；三方的
tungsten	['tʌŋst(ə)n] n. 钨
turbine	['təːbain] n. 涡轮机
ubiquitous	[ju:'bikwitəs] a. 处处存在的
ultimate	['ʌltimət] a. 终极的；最后的
ultrafine	[ʌltrə'fain] a. 特细的
ultrahigh	[ʌltrə'hai] a. 超高的，特高的
ultraviolet	[ʌltrə'vaiələt] n. 紫外线
unanimous	[ju(:)'næniməs] a. 一致同意的
undulate	['ʌndjuleit;(US)-dʒu-] v. 1. 波动，起伏 2. 成波浪形 a. 1. 波浪形的 2. 起伏的

unpiloted	[ˌʌnˈpailətid]	a. 无人驾驶的
unsaturated	[ˌʌnˈsætʃəreitid]	a. 不饱和的
unsurpassed	[ˌʌnsəˈpɑːst]	a. 最好的, 卓越的
valence	[ˈveiləns]	n. 【化】(化合)价, 原子价
validate	[ˈvælideit]	vt. 使有效
valve	[vælv]	n. 阀门
vanguard	[ˈvænɡɑːd]	n. 先驱, 先锋
vapor	[ˈveipə(r)]	n. 水汽, 水蒸气
vaporize	[ˈveipəraiz]	v. (使)蒸发
vehicle	[ˈviːik(ə)l]	n. 载体, 媒介物
velocipede	[viˈlɔsipiːd]	n. 早期脚踏车(踏板在前轮)
velocity	[viˈlɔsəti]	n. 速率, 速度
venom	[ˈvenəm]	n. 毒素
viable	[ˈvaiəb(ə)l]	a. 可行的; 适用的
vicinity	[viˈsinəti]	n. 附近
vinyl	[ˈvainil]	n. 【化】乙烯基
virtual	[ˈvəːtjuəl]	a. 1.【物】虚的 2. 实质上的, 事实上的
viscosity	[visˈkɔsəti]	n. 黏性, 黏度
viscous	[ˈviskəs]	a. 黏性的, 黏滞的, 胶黏的
visible wavelength		可见波长
void	[vɔid]	n. 空隙
volatile	[ˈvɔlətail; (US)-tl]	a. 挥发性的
volatilize	[vəˈlætilaiz]	vi. 挥发
volcanic	[vɔlˈkænik]	a. 火山的, 来自火山的
volt	[vəult]	n. 【电】伏特, 伏
voltage	[ˈvəultidʒ]	n. 电压量, 伏特数
vulcanize	[ˈvʌlkənaiz]	v. 【化】硫化; 硬化
wafer	[ˈweifə(r)]	n. 【化】晶片

watershed	['wɔ:təʃed] *n.* 事物发展过程中的转折点，分水岭
wear-resistant	耐磨的
whammy	['hwæmi] *n.* 不祥之物
whirl	[wə:l;(*US*)hwə:rl] *v.* (使)回旋，旋转
zinc	[ziŋk] *n.* 锌

（五）文学、艺术

（音乐、美术、舞蹈、建筑）

a la carte	[法] 按菜单（点菜）
abstract expressionist	抽象表现主义画家
abstract terms	抽象词语
accompaniment	[ə'kʌmpənimənt] n. 1.【音】伴奏，伴唱 2. 伴随物，伴随发生（或存在）的事物
acculturation	[ə,kʌltʃə'reiʃən] n. 1. 文化传入 2. 文化适应；同化过程（尤指原始文化与发达社会接触后发生的变化）
acronym	['ækrənim] n. 首字母缩略词
action	['ækʃən] n. 1.（小说等）情节 2. 行动，行为 3. 作用
address	[ə'dres] n. 1. 演说 2. 举止，谈吐，腔调 3.（善于灵活处理问题或对待人的）说话的技巧
adulatory	['ædjuleitəri] a. 奉承的，谄媚的
aesthetic	[i:s'θetik] a. 1. 审美的，美学的 2. 美的；艺术的
aesthetic value	审美标准
aestheticism	[i:s'θetisizəm] n. 唯美论，唯美主义
affinity	[ə'finəti] n. 1. 共鸣，契合 2. 吸引，有吸引力的人 3. 姻亲关系 4. 密切关系
afterlife	['ɑ:ftəlaif] n. 来世

agitprop ['ædʒitprɒp] *n.* 1. 宣传鼓动 2. 宣传鼓动部门；宣传鼓动员 *a.* 宣传鼓动的（尤指文艺作品）

allegiance [ə'li:dʒəns] *n.* (对统治者或政府之) 忠贞，效忠

allegoric(al) [,æli'gɒrik (əl)] *a.* 1. 比喻的 2. 寓意的；讽喻的

allegory ['æligəri;(US)'æligɔːri] *n.* 1. 寓言 2. 讽喻

almshouse ['ɑːmzhaus] *n.* 养老院，救济院

altar ['ɔːltə(r)] *n.* 1. 祭坛 2. (基督教教堂中的)圣坛；圣餐桌

amateur ['æmətə(r)] *n.* 业余爱好者，业余艺术家

animation [,æni'meiʃ(ə)n] *n.* 动画片

anomie ['ænəmi] *n.* 社会反常状态(尤指沉沦和精神颓废)

anthology [æn'θɒlədʒi] *n.* (诗、文、画、歌曲)选集

anthropology [,ænθrə'pɒlədʒi] *n.* 人类学

antihero ['æntihiərəu] *n.* (小说、戏剧中)不按传统主角品格塑造的主人公，非正统英雄

antithesis [æn'tiθəsis] *n.* 1. 对立面 2. 对立，对照 3. (修辞学中的)对偶，对句

aphoristic [,æfə'ristik] *a.* 警句(似)的；格言(似)的

apostle [ə'pɒs(ə)l] *n.* 使徒(指耶稣十二使徒)

aria ['ɑːriə] *n.* 1. (歌剧中的)咏叹调 2. 唱腔，唱段

arpeggio [ɑː'pedʒiəu] *n.* 琶音

artisan	[ˌɑːtiˈzæn; (US)ˈɑːrtizn] n. 手工业工人，工匠；手艺人
asceticism	[əˈsetisizəm] n. 克己，禁欲
associated term	联想词语
attune	[əˈtjuːn; (US)əˈtuːn] vt. 1. 调（乐器的）音 2. 使协调
authoress	[ˈɔːθəris] n. 女作家
autonomy	[ɔːˈtɔnəmi] n. 自治，自主
bar	[bɑː(r)] n. 1.【音】小节(纵)线 2.(铁、木等)条，杆，棒 3. 栅栏 4.(旅馆、饭店的)酒吧间 5. 餐柜
barbarian	[bɑːˈbɛəriən] n. 1. 野蛮人，粗野的人 2. 未开化的人；缺乏文艺修养的人
baroque	[bəˈrɔk; (US)bəˈrəuk] a. 巴洛克式的(17～18世纪欧洲艺术装饰形式，尤指建筑风格)
bass	[beis] n. 1. 低音部 2. 男低音 3. 低音乐器 a. 低音的
bebop	[ˈbiːbɔp] n. 比博普爵士乐(盛行于20世纪40年代末到50年代初，其特点为节奏奇特，使用不谐和音、即兴演奏等)
bestiary	[ˈbestiəri] n. (中古时代)动物寓言集(常有道德寓意)
bigot	[ˈbigət] n. (尤指宗教、种族或政治方面)盲信者，顽固者
bitter	[ˈbitə(r)] a. 1. 尖刻的 2. 讽刺的 3. 怀恨的 4. 苦的，令人痛苦的
bizarre	[biˈzɑː(r)] a. 异乎寻常的，稀奇古怪的

Blackfeet	['blækfiːt] *n.* 黑脚族（居住在美国蒙大拿和加拿大阿尔伯塔和萨斯卡通一带的印第安民族）
blue	[bluː] *a.* 1. 悲伤的，忧郁的 2. 蓝色的
Blue Cross	[美]蓝十字会(指为雇员及其家属提供住院等医疗保险的组织)
bluestocking	['bluːstɔkiŋ] *n.* 女学者，装作有学问的女人
☆bourgeois	['buəʒwɑː] *n.* 资产阶级，中产阶级
Browning	勃朗宁（1812～1889），英国诗人，他突破传统题材范围，采用创新的戏剧独白形式和心理描写方法
Byzantine	[biˈzæntain; baiˈzæntain] *a.* 拜占庭式(艺术风格)的(特点是突出正宗的宗教象征，缺乏立体感，色彩绚丽)
cantata	[kænˈtɑːtə] *n.* 清唱剧，大合唱
caricature	['kærikətjuə(r)] *n.* 漫画
cast	[kɑːst;(*US*)kæst] *n.* 1. 演员表 2. 班底
catharsis	[kəˈθɑːsis] *n.* 1. 陶冶，净化 2.【医】导泻(尤指通便)，导泻法
☆cathartic	[kəˈθɑːtik] *a.* 1. 抒发感情的 2. 通泻的，通便的
catholic	['kæθəlik] *n.* 天主教徒
celestial	[siˈlestjəl;(*US*)siˈlestʃəl] *a.* 神圣的
census	['sensəs] *n.* 人口调查
Centaur	['sentɔː(r)] *n.*【希神】人首马身的怪物；半人马座
characterization	[ˌkæriktəraiˈzeiʃ(ə)n] *n.* 1. 性格化 2. 塑造人物；描绘性格

143

cherubim	['tʃerəbim]	n. 小天使(图画中带翼之可爱孩童)
chiaroscuro	[ki,ɑ:rə'skuərəu]	n. (绘画中)明暗对照法
choir	['kwaiə(r)]	n. 歌唱队,唱诗班
chorus	['kɔ:rəs]	n. 1. 合唱 2. 合唱队;歌舞团 3. 齐声
christening	['krisəniŋ]	n. (基督教)洗礼仪式,命名典礼
Christian	['kristiən]	a. 基督教的 n. 基督徒
chromatic	[krə'mætik]	a. 半音的;变音的;变音体系的
close-up	['kləusʌp]	n. 1. (照相、电影等的)特写镜头 2. 详细的描写
clown	[klaun]	n. 1. 小丑 2. 乡下人;无教养的人 vi. 1. 扮小丑 2. 开玩笑 3. 装傻
coarse	[kɔ:s]	a. 1. 粗俗的 2. 粗糙的
code	[kəud]	n. 礼法;规范
coin	[kɔin]	v. 创造
coinage	['kɔinidʒ]	n. 1. 新造词语 2. 造币 3. 货币制度
collaboration	[,kəlæbə'reiʃ(ə)n]	n. (尤指文学、艺术方面的)合作,合著
collage	['kɔlɑ:ʒ; (US)kə'lɑ:ʒ]	n. (用报纸、布、压平的花等碎片拼合而成的)抽象拼贴画
colloquium	[kə'ləukwiəm]	n. 学术讨论会([pl.] colloquia)
colonial	[kə'ləuniəl]	n. 殖民地居民
colonialist	[kə'ləunjəlist]	n. 殖民主义者 a. 殖民主义者的

comic	['kɔmik] *a.* 喜剧的 *n.* 1. 滑稽演员 2. 喜剧因素 3. 连环漫画
commercialism	[kə'mə:ʃəliz(ə)m] *n.* 商业主义,商业精神
composer	[kəm'pəuzə(r)] *n.* 作曲家,作家
composition	[,kɔmpə'ziʃ(ə)n] *n.* 1. 作曲 2. 作文,写作;作品 3. 构成,成分
confession	[kən'feʃ(ə)n] *n.* 忏悔
confetti	[kən'feti(:)] *n.* (旧时狂欢节或庆祝场合抛撒的)糖果;(婚礼、狂欢节中抛撒的)五彩纸屑
Confucianism	[kən'fju:ʃənizm] *n.* 儒教,孔子思想
congregation	[,kɔŋgri'geiʃ(ə)n] *n.* (因宗教仪式集会在一起之)会众,圣会
connoisseur	[,kɔnə'sə:(r)] *n.* 鉴赏家;行家,内行
connote	[kə'nəut] *vt.* 1. 暗示 2. 包含
contemporary	[kən'tempərəri] *n.* 同时代的人,同年龄的人 *a.* 当代的,同时代的,同年龄的
contrary	['kɔntrəri;(*US*)'kɔntreri] *n.* 反面,对立面
converge	[kən'və:dʒ] *v.* (指线条、运动的物体、意见等)自四面八方向一点汇合、聚集
cornerstone	['kɔ:nəstəun] *n.* 1. 墙角石,奠基石 2. [喻]柱石,基础
counterpoint	['kauntəpɔint] *n.* 1.【音】配合旋律,复调 2. 补足物;对比物 *vt.* 1. 用对位法创作(乐曲) 2. (小说、图画等中)用对比法衬托

craft	[krɑ:ft]	n. 工艺，手艺
credo	['kri:dəu]	n. 信条，信仰
crescendo	[kri'ʃendəu]	a.【音】渐强的 n. 1. 音乐渐强 2. 高潮，顶点
critique	[kri'ti:k]	n.（关于文艺作品、哲学思想等）评论文章
crusader	[kru:'seidə(r)]	n. 参与运动者；改革者
cubist	['kju:bist]	a. 立体派的 n. 立体派画家（或雕塑家）
culmination	[ˌkʌlmi'neiʃ(ə)n]	n. 顶点，极点；最高潮
cynical	['sinik(ə)l]	a. 愤世嫉俗的
cynicism	['sinisizəm]	n. 1. 犬儒主义，玩世不恭 2. 愤世嫉俗
deity	['di:əti]	n. 神性，神
delineate	[di'linieit]	vt. 1. 描出…的外形，画出…的轮廓 2. 叙述，描写
demographic	[ˌdemə'græfik]	a. 人口的；人口统计的；人口学的
demography	[di:'mɔgrəfi]	n. 人口统计学
demon	['di:mən]	n. 恶魔；极其残忍的人
depict	[di'pikt]	vt. 1. 描写，描述 2. 描绘，雕出
deprecatory	[ˌdepri'keitəri]	a. 贬抑的
derision	[di'riʒən]	n. 1. 嘲笑，嘲弄 2. 嘲笑目标，笑柄
detachment	[di'tætʃmənt]	n. 超然
device	[di'vais]	n. 1.（文学、艺术等的）手法，技巧 2. 装置，设备

dialectic	[,daiə'lektik]	a. 辩证的
diatonic	[,daiə'tɔnik]	a. 全音阶的
dichotomy	[dai'kɔtəmi]	n. 二分,二分法
diction	['dikʃ(ə)n]	n. 措辞,遣词造句
didactic	[di'dæktik; dai'd-]	a. 教诲的,说教的
dirge	[də:dʒ]	n. 挽歌,哀悼歌(凄凉的乐曲)
dissent	[di'sent]	v. 不同意,持异议
divine	[di'vain]	a. 1. 神圣的,上帝的 2. 非凡的,超人的
divinity	[di'vinəti]	n. 神性,上帝
doctrinaire	[,dɔktri'nɛə]	n. 教条主义者
doctrinal	[dɔk'trainəl; 'dɔktrinəl]	a. 1. 教义的,学说的 2. 教条主义的 3. 教条学说的
doctrine	['dɔktrin]	n. 教条,学说
documentary	[,dɔkju'mentəri]	a. 1. 文献的 2. 记录的;纪实的
dogma	['dɔgmə;(US)'dɔ:gmə]	n. 1. 信条 2. 教理 3. 武断的意见
dome	[dəum]	n. 1.【诗】大厦 2.【地】穹地,圆丘 3. 圆屋顶;圆盖
downbeat	['daunbi:t]	n.【音】强拍;下拍(乐队指挥示意强拍的向下手势)
downplay	['daunplei]	vt. 1. [美口] 对…轻描淡写 2. 贬低,低估
drama	['drɑ:mə]	n. 1. (在舞台上演的)戏剧,戏剧艺术 2. 戏剧性的事件
dramatic	[drə'mætik]	a. 1. 戏剧性的,激动人心的 2. 惹人注目的
ecclesiastical	[i,kli:zi'æstikəl]	a. 基督教会的;牧师的,神职的

147

egoistic	[ˌi:gəuˈistik；eg-]	a. 利己主义的，自我为中心的，自私自利的
elite	[eiˈli:t]	n. [总称] 1. 精英，杰出人物 2. 高贵者
embellish	[imˈbeliʃ]	vt. 1. 给…润色，给(叙事、文章)添加细节 2. 装饰，修饰
embody	[imˈbɔdi]	v. 体现
emotional	[iˈməuʃən(ə)l]	a. 表现强烈情感的；催人泪下的
empathy	[ˈempəθi]	n. 1. 【心】神入；感情移入，移情 2. 同情，同感，共鸣
empiricism	[emˈpirisizəm]	n. 经验主义，经验论
engraving	[inˈgreiviŋ]	n. 雕刻术，雕版印成的图案等
ensemble	[ɔnˈsɔnblə]	n. 1. 【音】合奏；合唱；合奏曲 2. 剧团；歌舞团 3. 全体，整体 4. 总效果
entity	[ˈentəti]	n. 实体，独立存在体
epic	[ˈepik]	n. 长诗，史诗
epistemology	[əˌpistiˈmɔlədʒi]	n. 【哲】认识论(与"本体论"相对)
ethics	[ˈeθiks]	n. 1. (某种职业、集团的)规矩 2. 行为准则
ethnic	[ˈeθnik]	a. 人种的，种族的；具有种族特色的
ethnicity	[eθˈnisəti]	n. 种族
ethnographer	[eθˈnɔgrəfə(r)]	n. 人种学者
ethnologist	[eθˈnɔlədʒist]	n. 民族学者，人种学者
ethnology	[eθˈnɔlədʒi]	n. 人种学，民族学

ethos	[ˈiːθɔs] n. 社会(或民族、时代、制度等)的精神气质
etiquette	[ˈetiket] n. 礼仪,礼节
evangelical	[ˌiːvænˈdʒelik(ə)l] a. 福音的;热衷于传道的
evangelist	[iˈvændʒəlist] n. 福音传教者
exaggerate	[igˈzædʒəreit] vt. 夸大,夸张
existentialism	[ˌegzisˈtenʃəliz(ə)m] n.【哲】存在主义
expressionism	[ikˈspreʃəniz(ə)m] n. 表现主义(20世纪初的一个强调自我表现的艺术流派)
exuberant	[igˈzjuːbərənt; (US)-zuː-] a. 1. 词藻(过于)丰富的,华而不实的 2. 茂盛的,繁茂的,多产的 3. 生气勃勃的,兴高采烈的
Ezra Pound	庞德(1885~1972),美国诗人
fantasy	[ˈfæntəsi] n. 1. 想象,幻想 2. 想象的产物
farce	[fɑːs] n. 笑剧,闹剧,滑稽戏
farcical	[ˈfɑːsikəl] a. 滑稽的
Fascism	[ˈfæʃiz(ə)m] n. 法西斯主义
feat	[fiːt] n. 1. 技艺 2. 功绩
fiction	[ˈfikʃ(ə)n] n. 1. 小说 2. 虚构,杜撰
fictitious	[fikˈtiʃəs] a. 虚幻的,不真实的
figure	[ˈfigə(r)] n. 1.【音】音型 2. (舞蹈中的)舞步 3. 图形,图案
fin de siecle	世纪末的(尤指文学、艺术等方面具有的19世纪末期特征的)
fine art	[总称]美术作品(指绘画、雕塑、建筑、诗歌、音乐等)

flashback	['flæʃbæk] n. 1.（小说等的）倒叙 2.（电影的）闪回（指穿插叙述往事的镜头）
flat	[flæt] n. 降半音音符
folklore	['fəuklɔː(r)] n. 民间传说
foreground	['fɔːgraund] n.（图画等的）前景，最显著的位置
forerunner	['fɔːrʌnə(r)] n. 先驱
frenzy	['frenzi] n. 疯狂似的激动，狂乱
frequency	['friːkwənsi] n. 频率
fresco	['freskəu] n. 在灰泥的墙壁上画的水彩画，壁画
fugue	[fjuːg] n.【音】赋格曲
funny	['fʌni] a. 滑稽可笑的，有趣的
genre	['ʒɔŋrə] n.（文艺）类型，流派，风格
genus	['dʒiːnəs] n. 类，种类
Gertrude Stein	斯特恩(1874～1946)，美国作家
gossamer	['gɔsəmə(r)] a. 轻飘的；精致的 n. 蛛丝；薄纱；轻而弱者
gossip	['gɔsip] n. 随笔，闲谈
Gothic	['gɔθik] a. 哥特式的
grandeur	['grændʒə(r)] n. 1. 宏伟，壮丽，庄严 2. 富丽堂皇，豪华 3. 伟大，崇高
halo	['heiləu] n.（宗教画像上围着圣人头部之）光环，荣光
harmonic	[haːˈmɔnik] a. 1.【音】合音的 2. 调和的，和谐的
heathen	['hiːð(ə)n] a. 1. 异教的 2. 野蛮的 n. 1. 不信上帝者，异教徒 2. 野蛮人

Hebrews	['hi:bru:z] *n.* 希伯来人;希伯来语
heresy	['herəsi] *n.* 邪说,异端
heritage	['heritidʒ] *n.* 传统
hierarchy	['haiərɑ:ki] *n.* 1. 等级森严的组织;僧侣统治集团 2. 等级制度;等级体系
highfalutin	[ˌhaifə'lu:tin] *a.* 夸张的;浮夸的
hireling	['haiəliŋ] *n.* 雇员,专为金钱而工作者 *a.* 被雇用的
historicism	[his'tɔ:risizəm] *n.* 历史决定论
hive	[haiv] *n.* 1. 蜂房,蜂箱 2. 蜂群 3. 熙攘的人群
holistic	[həu'listik] *a.* 1. 全盘的,全面的 2.【哲】整体论的
Hollywood Western	好莱坞西部电影(取材于19世纪下半叶美国西部生活)
hue	[hju:] *n.* 色彩,色泽
humanistic	[ˌhju:mə'nistik] *a.* 人文主义的,人道主义的
humanity	[hju(:)'mænəti] *n.* 人性
hymn	[him] *n.* 赞美诗,圣歌
hymnal	['himn(ə)l] *n.* 赞美诗集 *a.* 赞美诗的,圣歌的
iconography	[ˌaikə'nɔgrəfi] *n.* 肖像画法;肖像学
ideal image	理想的形象
ideological	[ˌaidiəu'lɔdʒikəl] *a.* 意识形态的;思想体系的
ideology	[ˌaidi'ɔlədʒi] *n.* 意识形态
impresario	[ˌimpri'sɑ:riəu] *n.* 1. (戏剧等的)制作人 2. (剧团)经理 3. 乐队指挥

improvisation	[ˌimprəvaiˈzeiʃən] *n.* 1. 即兴创作，即兴演奏(或朗诵)，即席演说 2. 临时凑成的事物
improvisational	[ˌimprəvaiˈzeiʃənəl] *a.* 1. 即兴的，即席的 2. 即兴创作的，即席朗诵(或演奏等)的
improvise	[ˈimprəvaiz] *vt.* 1. 即席创作 (诗歌等)；即席演奏(或演唱) 2. 临时准备，临时凑成
incisive	[inˈsaisiv] *a.* 1. 敏锐的 2. 深刻的
inevitable	[inˈevitəb(ə)l] *a.* 不能避免的，必然发生的
inspiration	[ˌinspəˈreiʃ(ə)n] *n.* 灵感
instrumental	[ˌinstruˈment(ə)l] *a.* 1. 乐器(上)的，用乐器演奏的 2. 仪器的，器械的 3. 有帮助的，起作用的
interlude	[ˈintəluːd] *n.* 穿插事件
intermarry	[ˌintəˈmæri] *vi.* (种族、民族间)内部通婚；近亲结婚
ironic	[aiˈrɔnik] *a.* 1. 冷嘲的，讽刺的 2. 反话的，挖苦的
Islamic law	伊斯兰教法
isolationist	[ˌaisəˈleiʃənist] *n.* 孤立主义者
Jacob's ladder	雅各的梯子(通天之梯)(出自《圣经》)
James Joyce	詹姆斯·乔伊斯(1882～1941)，爱尔兰作家
Jamesian	[ˈdʒeimziən] *a.* 詹姆斯风格的，詹姆斯主义的 (亨利·詹姆斯 [Henry James]，美国小说家，十分强调创作中的美感和作品的美学价值)
Jewish law	犹太法

Judeo-Christian	[dʒuːˈdiːəuˈkristjən] a. 犹太教与基督教所共有的（既有犹太教又有基督教根源的）
juxtaposition	[ˌdʒʌkstəpəˈziʃən] n. 并列，并置
kaiser	[ˈkaizə(r)] n. 皇帝(尤指1918年前的德国皇帝)
kaleidoscope	[kəˈlaidəskəup] n. 1. 万花筒 2. 千变万化的情景
lament	[ləˈment] n. 哀歌，挽歌
landmark	[ˈlændmɑːk] n. 1. (显而易见的)地标；界标，界石 2. 有历史意义的建筑物(或遗址)，纪念碑 3. [喻] 里程碑(指有划时代意义或起转折作用的事件)
legend	[ˈledʒənd] n. 传说，传奇
legitimate stage	1. 正统剧 2. 舞台剧
liberalism	[ˈlibərəlizəm] n. 自由主义
linguistic	[liŋˈgwistik] a. 语言的；语言学的
literacy	[ˈlitərəsi] a. 识字的，会读会写的
literary	[ˈlitərəri; (US) ˈlitəreri] a. 1. 文学(上)的 2. 从事写作的；书本的，(词语等)书面的
lyric	[ˈlirik] a. 1. 抒情的 2. 适合于演奏(或歌唱)的 3. (感情、风格)奔放的 n. 抒情诗，抒情作品
madrigal	[ˈmædrig(ə)l] n. 1. (可谱曲的)抒情诗，爱情短诗 2. 【音】牧歌(14世纪和16世纪在意大利、16世纪和17世纪在英国流行，常以田园和爱情为主题)
magical	[ˈmædʒik(ə)l] a. 1. 巫术的，魔术的 2. 有魔力的 3. 奇妙得不可思议的

153

magpie	['mægpai] *n.* 1. 鹊, 喜鹊 2. [喻] 爱说话的人, 叽叽喳喳的人
majesty	['mædʒisti] *n.* 1. 雄伟, 壮丽, 庄严 2. (帝王的)威仪, 最高权威
marital	['mærit(ə)l] *a.* 婚姻的; 有关婚姻的
Mary Shelley	玛丽·雪莱(1797~1851, 诗人雪莱的夫人, 英国女作家)
masculine	['mæskjulin] *a.* 1. 男性的, 男子气概的 2. (女子)有男子气的
mason	['meis(ə)n] *n.* 砖石工, 泥瓦匠
mass	[mæs; mɑːs] *n.* 弥撒
masterpiece	['mɑːstəpiːs] *n.* 1. 杰作, 名作 2. 杰出的事
materialism	[mə'tiəriəliz(ə)m] *n.* 1.【哲】唯物主义 2. (注重物质利益的)实利主义
materialistic	[mə,tiəriə'listik] *a.* 1. 物质主义的 2. 实利主义的
maxim	['mæksim] *n.* 1. 格言, 座右铭 2. 基本原理
measure	['meʒə(r)] *n.* 1.【音】拍子, 小节 2. (慢步而庄重的)舞蹈 3. 量度, 测量
mediocre	[,miːdi'əukə(r)] *a.* 平庸的, 普普通通的
melodic	[mi'lɔdik] *a.* 1. 旋律的 2. 音调优美的
melodrama	['melədrɑːmə] *n.* 1. 情节剧（一种不着重刻画人物、一味追求情节奇异、通常都有惩恶扬善结局的戏剧）2. 轰动的事件
melody	['melədi] *n.* 1.【音】曲调, 旋律 2. 美妙的音乐
memoir	['memwɑː(r)] *n.* 自传, 回忆录

mercurial	[məˈkjuəriəl] a. 1. 机智雄辩的 2. 狡诈的 3. 水银的
message	[ˈmesidʒ] n. (故事、电影、戏剧等的)寓意,启示
metaphor	[ˈmetəfə(r)] n. 隐喻,暗喻
metaphorical meaning	象征(隐喻)意义
metaphysical	[ˌmetəˈfizik(ə)l] a. 1. 形而上学的 2. 纯哲学的 3. 超自然的
milieu	[ˈmiːljəː] n. 社会环境,背景
Milton	弥尔顿 (1608～1674),英国作家,著有《失乐园》
minority	[maiˈnɔrəti] n. 1. 少数 2. 少数民族 3. 少数派
missionary	[ˈmiʃənəri; (US)ˈmiʃəneri] n. 传教士
mock	[mɔk] a. 1. 假的 2. 模拟的
modal	[ˈməud(ə)l] a. 1.【音】调式的 2.【哲】模式的
modify	[ˈmɔdifai] vt. 1.【语】修饰 2. 修改,更改 3. 缓和,减轻
modulate	[ˈmɔdjuleit; (US)-dʒu-] vt. 1. 抑扬地唱,吟咏,吟诵 2. 调整,调节
monarchy	[ˈmɔnəki] n. 君主政体,君主政治
monologue	[ˈmɔnəlɔg] n. (戏剧等中的)独白,独角戏
moralistic	[ˌmɔrəˈlistik] a. 道德的
morality	[məˈræləti] n. 道德,道义
mores	[ˈmɔːriːz] n. 1. 风俗习惯 2. 道德观念
motet	[məuˈtet] n. 赞美诗,圣歌
motif	[məuˈtiːf] n. 1.【音】乐旨 2. (文艺作品的)中心思想,主题 3. 基调,主格调

musical	['mju:zik(ə)l] *n.* 1. 音乐喜剧 2. 电影的音乐片
mystique	[mi'sti:k] *n.* 神秘气氛，神秘性
myth	[miθ] *n.* 1. 神话 2. 虚构的故事
mythological	[,miθə'lɔdʒikəl] *a.* 1. 神话的 2. 虚构的
mythology	[mi'θɔlədʒi] *n.* [总称]神话；神话集
naturalistic mode	自然主义手法
Nazism	['nɑ:tsizəm; 'næt-] *n.* 纳粹主义
neo-Platonist	[,ni:əu'pleitənist] *n.* 新柏拉图主义者（新柏拉图主义：公元3～6世纪流行于古罗马的一种神秘主义哲学）
neutral	['nju:trəl] *a.* 1. 中立的 2. 不确定的；模糊的
nonconformist	[,nɔnkən'fɔ:mist] *n.* 不遵照传统生活、行动、思想等的人
nostalgia	[nɔ'stældʒə] *n.* 思乡病，乡愁，怀旧
notation	[nəu'teiʃ(ə)n] *n.* 1. 【音】乐谱；记谱法 2. 【语】(语言文字)标写法，标音法
note	[nəut] *n.* 单音，音符
novel	['nɔv(ə)l] *a.* 新的，新颖的；新奇的
nuance	[nju:'ɑ:ns] *n.* 细微差别
Op Art	光效应艺术，视幻艺术（一种利用几何图形和色彩对比产生各种形状与光色的运动以造成视觉效果的艺术）
ornament	['ɔ:nəmənt] *n.* 1. 【音】装饰音 2. 装饰品，装饰
ornate	[ɔ:'neit] *a.* 1. (指文学体裁)词藻华丽的，文辞繁复的 2. 装饰华丽的
orthodoxy	['ɔ:θədɔksi] *n.* 正统

Ottoman Empire	奥斯曼帝国
overpowering	[,əuvə'pauəriŋ] a. 1. 压倒优势的, 强烈得使人无法忍受的 2. 无法抵抗的, 极其强大的
overrefine	[,əuvəri'fain] v. 1. 精炼过度 2. 过细琢磨
overstate	[,əuvə'steit] vt. 1. 把…讲得过分 2. 过分强调
overture	['əuvə,tjuə(r)] n. (歌剧等的)序曲, 前奏曲
overweening	[,əuvə'wi:niŋ] a. 1. 过分自信的, 自负的, 骄傲的 2. 过分的, 夸大的
oyster	['ɔistə(r)] n. 1.【动】牡蛎 2.〈口〉沉默寡言的人; 嘴紧的人
pamphleteer	[,pæmfli'tiə] n. 小册子的作者
pantomime	['pæntəmaim] n. 1 手势 2. 哑剧 v. 1. 打手势 2. 演哑剧
parable	['pærəb(ə)l] n. (道德说教性的)寓言, 比喻
paradox	['pærədɔks] n. 1. 似是而非的论点, 自相矛盾的话(或事、物、人等)2.【逻】悖论(指由肯定它真就推出它假、由肯定它假就推出它真的一类命题)
parish	['pæriʃ] n. 教区
parliament	['pɑ:ləmənt] n. 国会, 议会
pastoral	['pɑ:stər(ə)l;(US)'pæs-] a. 乡村生活的
pathos	['peiθɔs] n. 1. 伤感 2. 怜悯, 同情
pedant	['pedənt] n. 1. 太注重细节的人 2. 迂腐的人

157

pedantic	[pɪ'dæntɪk] *a.* 1. 卖弄学问的 2. 迂腐的 3. 学究式的
pedestrian	[pɪ'destrɪən] *a.* 1.（作品风格等）缺乏想象力的；平淡的 2. 徒步的 *n.* 步行者，行人
pejorative	[pɪ'dʒɒrətɪv] *a.* 贬损的，贬义的
personification	[pə,sɒnɪfɪ'keɪʃ(ə)n] *n.* 拟人，人格化
pessimism	['pesɪmɪz(ə)m] *n.* 悲观，悲观主义
Pharaoh	['feərəʊ] *n.* 1. 法老王（古埃及君主称号）2. 暴君
philanthropic	[,fɪlən'θrɒpɪk] *a.* 慈善的；博爱的
philosophy	[fɪ'lɒsəfɪ] *n.* 1. 宗旨，观点 2. 哲学 3.（学科等的）基本原理
pictorial	[pɪk'tɔ:rɪəl] *a.* 有图画的；以图表示的
picture	['pɪktʃə(r)] *n.* 1. 生动的描写，写照 2. 画，照片
pioneer	[,paɪə'nɪə(r)] *n.* 1. 先驱者 2. 拓荒者
playwright	['pleɪraɪt] *n.* 剧作家
plebeian	[plɪ'bi:ən] *n.* 平民，庶民（下层社会的人）*a.* 1. 平民的 2. 粗俗的
polemic	[pə'lemɪk] *n.* 争论，辩论 *a.* 争论的，爱争论的
polis	['pəʊlɪs] *n.* 【史】城邦
polytheist	['pɒliθi:ist] *n.* 多神论主义者，多神教徒
Populist	['pɒpjulist] *n.* [美史] 平民党员
portraiture	['pɔ:trɪtʃə(r)] *n.* 肖像画（法）
pose	[pəʊz] *n.* 1. 姿势 2. 姿态，（故意装出来的）态度 *vi* 1. 摆姿势 2. 搔首弄姿；装腔作势

postclassical	[ˌpəust'klæsikəl] a. (文学、艺术)古典时期以后的(尤指希腊、罗马古典时代)
pot-boiler	[ˈpɔtˌbɔilə(r)] n. 仅为赚钱而作的书
precinct	[ˈpriːsiŋkt] n. [美] 郡、市或区的次级区分, 辖区
prelude	[ˈpreljuːd] n. 序幕
prescript	[ˈpriːskript] n. 命令, 规定
pretentious	[priˈtenʃəs] a. 1. 矫饰的, 炫耀的, 做作的 2. 自负的, 自命不凡的
profess	[prəˈfes] vt. 宣称信仰; 表明忠于
prolific	[prəˈlifik] a. 1. [喻] 多产的, 作品丰富的 2. 多育的, 大量繁殖的
Prometheus	[prəuˈmiːθiəs] n. 【希神】普罗米修斯(造福于人类的神)
prop	[prɔp] n. 1. 支柱, 支持物 2. 支持者, 靠山, 后盾 3. 道具 vt. 支撑, 支持; 维持
propensity	[prəˈpensəti] n. (性格上的)倾向; 嗜好, 癖好
prophet	[ˈprɔfit] n. 【宗】预言者, 先知
propriety	[prəˈpraiəti] n. 礼节; 规矩
prosaic	[prəuˈzeiik] a. 1. 单调的, 无趣的 2. 散文的, 散文体的
prose	[prəuz] n. 散文
protagonist	[prəuˈtægənist] n. (戏剧、故事、小说中的)主角
Protestant	[ˈprɔtistənt] n. 1. 新教 2. 新教徒(16世纪脱离罗马天主教的基督教徒)

provincial	[prə'vinʃ(ə)l] *a.* 1. 地方性的，褊狭的 2. 粗俗的，粗野的
psalm	[sɑːm] *n.* 赞美诗，圣歌
Pulitzer Prize	普利策奖(美国一年一度颁发给新闻、文学、戏剧和音乐方面优秀作品的奖)
quip	[kwip] *v.* 说妙语，讽刺 *n.* 妙语，双关语
radical	['rædik(ə)l] *n.* 1. 词根 2. 激进分子
rancher	['rɑːntʃə(r); (US)ræn-] *n.* 农场主，牧场主
rationalism	['ræʃənəliz(ə)m] *n.* 理性主义，唯理论
reel	[riːl] *n.* (电影胶片、磁带)卷盘
reeve	[riːv] *n.* (英国国王派驻郡县的)地方长官
rehearse	[ri'həːs] *v.* 排演，演练
reign	[rein] *vt.* 统治
religious	[ri'lidʒəs] *a.* 宗教的
renaissance	[ri'neisəns] *n.* 1. [the R-](欧洲14～16世纪的) 文艺复兴 2. 新生；复活 3. 复兴；复兴运动
repertoire	['repətwɑː(r)] *n.* 1. 全部剧目(曲目、节目) 2. 全部作品 3. 全部本领
resplendent	[ri'splendənt] *a.* 华丽的，辉煌的
resurgence	[ri'səːdʒəns] *n.* 苏醒，复活
reverie	['revəri] *n.* 1. 幻想 2. 沉思，出神
rhetoric	['retərik] *n.* 1. 修辞(学) 2. 辞令 3. 讨论，言谈
rhetorical	[ri'tɔrik (ə)l] *a.* 1. 修辞的 2. 词藻华丽的

rhythm	['riðəm] *n.* 1.【音】节奏，拍子 2.（诗的）韵律，格律 3. 有规律的跳动
rhythmic	['riðmik] *a.* 有韵律的；间歇的；律动的
rite	[rait] *n.* 仪式，典礼
ritual	['ritʃuəl] *n.* 仪式，典礼；宗教仪式
rock	[rɔk] *n.* 1. 轻微摆动 2. 摇滚乐
roll	[rəul] *v.* 1.【音】滚奏和弦 2. 滚动 3. 被卷起；被滚压
romantic	[rəu'mæntik] *a.* 1. 浪漫的 2. 传奇式的 3. 富于浪漫色彩的 *n.* [常作R-] 浪漫主义作家(或艺术家等)
ruffian	['rʌfiən] *n.* 流氓，恶棍，无赖
rung	[rʌŋ] *n.* 1. 阶梯 2. 等级
sage	[seidʒ] *a.* 贤明的，明智的 *n.* 贤人，圣人，德高望重的人
saint	[seint] *n.* 圣徒，圣人
sainthood	['seinthud] *n.* 圣徒身份，神圣性
salvation	[sæl'veiʃ(ə)n] *n.* 1.【宗】灵魂得救，超度 2. 救助，救济
satire	['sætaiə(r)] *n.* 1. 讽刺作品；讽刺文学 2. 讽刺
saxophonist	[sæk'sɔfənist; 'sæksəfəu-] *n.* 萨克斯管吹奏者
scale	[skeil] *n.* 1.【音】阶 2. 等级，刻度 3.（实物与图表之）比例 4. 大小；规模
scalp	[skælp] *v.* 剥头皮（美洲印第安人从敌人尸首取头皮作战利品）*n.* 头皮
scenario	[si'nɑ:riəu] *n.* 1. 游戏的关 2. 某一特定情节场景

161

Schiller	席勒（1759～1805），德国杰出的诗人，文学理论家
score	[skɔ:(r)] *n.* 1. 总谱，乐谱 2.（比赛中的）得分，比分
Scott	司各特（1771～1832），英国苏格兰小说家、诗人、浪漫主义运动先驱
screenplay	['skri:nplei] *n.* 电影剧本
sculptor	['skʌlptə(r)] *n.* 雕塑家，雕刻家
secular	['sekjulə(r)] *a.* 与教会无关的；世俗的
secularization	[,sekjulərai'zeiʃən] *n.* 凡俗化，还俗（使脱离宗教的约束）
seer	[siə(r)] *n.* 预言家，先知
segregation	[,segri'geiʃ(ə)n] *n.* 种族隔离
self-deprecatory	[,self'deprikətəri] *a.* 自谦的，自贬的
semantic	[si'mæntik] *a.* 语义上的，跟语义有关的
semantic element	语义成分
sensuality	[,sensju'æləti] *n.* 好色，淫荡
sentimentalism	[,senti'mentəlizəm] *n.* 多愁善感，伤感
sentimentality	[,sentimen'tæləti] *n.* 伤感，多愁善感
sermon	['sə:mən] *n.* 说教，布道
sharp	[ʃɑ:p] *n.* 升半音音符
shawm	[ʃɔ:m] *n.* 肖姆管（一种中世纪双簧管）
Shelley	雪莱(1792～1822)，英国诗人
shot	[ʃɔt] *n.* 1. 拍摄，（电影等一次曝光的）镜头 2. 射程；射击 3. 子弹，炮弹
show business	表演业，娱乐界
sin	[sin] *n.* 1.（违逆上帝或违反神圣法律之）罪 2. 罪恶，过失
skit	[skit] *n.* 1. 讽刺语 2. 讽刺短文，幽默故事 3. 滑稽短剧

slum	[slʌm] *n.* 贫民区，贫民窟
sociology	[ˌsəusiˈɔlədʒi] *n.* 社会学
solidarity	[ˌsɔliˈdærəti] *n.* 1. 团结一致 2. 关联
sonata	[səˈnɑːtə] *n.* 【音】奏鸣曲
sophisticated	[səˈfistikeitid] *a.* 1. 老于世故的，老练的 2. 精通的 3. (技术、产品等)复杂的，尖端的，精密的
soprano	[səˈprɑːnəu; (*US*)səˈprænəu] *n.* 1. 女高音，女高音歌手；女高音声部 2. 高音乐器
spectacle	[ˈspektək(ə)l] *n.* 1. 奇观，壮观，景象 2. 场面 3. [*pl.*] 眼镜
spiritual	[ˈspiritʃuəl] *n.* (黑人的)圣歌 *a.* 1. 精神上的 2. 崇高的
spoof	[spuːf] *n.* 1. 轻松幽默的讽刺诗文 2. 哄骗，戏弄，玩笑
stilted	[ˈstiltid] *a.* 1. (文体等)夸张的 2. 呆板的，做作的，不自然的 3. 踏上高跷的，如踏上高跷的
stock	[stɔk] *n.* 1. 材料 2. 贮存 3. [美] 股票
strain	[strein] *n.* 1.[*pl.*] 曲调，旋律，乐曲 2. 诗书，歌书 3. (人的)血缘；世系，种族 4. (动植物的)系，品系
stream-of-consciousness	意识流
submissive	[səbˈmisiv] *a.* 1. 顺从的，唯命是从的 2. 归顺的 3. 卑躬屈膝的
suite	[swiːt] *n.* 1. 【音】(舞蹈)组曲 2. (一批)随从人员 3. (一套)家具 4. (一套)房间

163

support	[sə'pɔ:t] n. 1.【戏】配角 2.【军】支援部队 3. 证据，根据 4. 支撑，扶持；支柱；供养者
surrealism	[sə'riəliz(ə)m] n. 超现实主义(20世纪20年代的一个以下意识、梦幻、本能为创作源泉的文艺流派)
surrealistic	[sə,riə'listik] a. 1. 超现实主义的 2. 荒诞不经的，离奇的
sweep	[swi:p] n. 1. 扫，清扫 2. 扫荡 3. 不断的推进；磅礴的气势
symphony	['simfəni] n. 交响乐，交响曲
symposium	[sim'pəuziəm] n. 讨论会，座谈会
syncopate	['siŋkəpeit] n. 1.【音】切分音 2. 采用切分音的节奏(或舞步) vt.【音】切分
syncopation	[,siŋkə'peiʃən] n.【音】切分法，省略中间的音节
synonym	['sinənim] n. 同义词
syntax	['sintæks] n. 句法
taboo	[tə'bu:] n. 禁忌，避讳
temperament	['tempərəmənt] n. 1. 气质；性情 2. 容易激动；喜怒无常；急躁
tempo	['tempəu] n. 1. (音乐的)速度，拍子，缓急 2. (局势、艺术作品的)发展速度 3. (下棋时的)一着，一步
tenor	['tenə(r)] n. 1.【音】男高音(歌手) 2. 一般趋向 3. 要领
tepee	['ti:pi:] n. 北美印第安人的圆锥形帐篷
terminology	[,tə:mi'nɔlədʒi] n. [总称] 术语
theme	[θi:m] n. 1.【音】主旋律，主题 2. (谈论、讨论、文章等的)题目，主题
theologian	[θiə'ləudʒiən] n. 神学家，神学者

thesis	[ˈθiːsis] *n.* 1. 命题，论点 2. 毕业（或学位）论文
thespian	[ˈθespiən] *n.* 演员，悲剧演员
Third Reich	（德意志）第三帝国（指希特勒统治下的德国）
thriller	[ˈθrilə(r)] *n.* 惊险小说（或电影等）；恐怖小说（或电影等）
throne	[θrəun] *n.* 王座，主教座
time-lapse	[ˈtaimlæps] *a.*【摄】延时的，定时的（如在表现花开等过程时，慢转速拍摄后用普通转速放映的）
titanic	[taiˈtænik] *a.* 1. 巨大的，庞大的 2. 强大的
Tolstoy	托尔斯泰（1828～1910），俄国文学家、思想家
tragic	[ˈtrædʒik] *a.* 悲剧的，不幸的
transcendental	[ˌtrænsenˈdent(ə)l] *a.* 人智所不及的
tress	[tres] *n.* 1. [-es] 女人的长发 2.【植】枝条 *vt.* 把（头发）梳理成绺
trinity	[ˈtriniti] *n.* (the T-) 三位一体（指基督教中天父、耶稣、圣灵合成一体）
trio	[ˈtriːəu] *n.*【音】三重奏，三重唱
troupe	[truːp] *n.* 1. 剧团，戏班 2. 杂技团，马戏团
tumultuous	[tjuːˈmʌltjuəs] *a.* 喧嚣的，乱哄哄的
tune	[tjuːn; (*US*)tuːn] *n.* 1. 调子，曲调 2. 主题 3. 正确的音高 4. 和谐 5. 声调，语调 6. 语气，态度
underplay	[ˌʌndəˈplei] *vt.* 1. 贬低…的重要性 2. 对…轻描淡写 3. 表演不充分

undertone	[ˈʌndətəun] n. 1. 低音 2. 淡色，浅色 3. (言行的)含蓄意味 4. (感情的)暗流
unreal	[ˌʌnˈriəl] a. 1. 虚构的，幻想的 2. 假的
upbeat	[ˈʌpbiːt] a. 1. 乐观的 2. 欢乐的 n. 1.【音】弱拍 2. 上升；兴旺
Utopian	[juːˈtəupjən] n. 乌托邦分子
verbose	[vəːˈbəus] a. 累赘的，冗长的
verse	[vəːs] n. 诗，韵文 vt. 作诗
vestige	[ˈvestidʒ] n. 遗迹，痕迹
vignette	[viˈnjet] n. (描述人物风景的)小散文，短文
villain	[ˈvilən] n. (戏剧小说中) 反面人物；恶棍
virtuosity	[ˌvəːtjuˈɔsiti] n. (在美术、音乐等方面的)精湛技巧，艺术鉴别力
vision	[ˈviʒ(ə)n] n. 1. 眼光；远见 2. 视力
visionary	[ˈviʒənəri] n. 好幻想的人，空想家 a. 梦幻的，幻觉的；想象的
vista	[ˈvistə] n. 远景，展望
vocal	[ˈvəuk(ə)l] a. 1. 嗓音的 2. 用语言表达的，口述的
vogue	[vəug] n. 流行，时尚
voluminous	[vəˈljuːminəs; vəˈluː-] a. 长篇的，篇幅冗长的
vulgar	[ˈvʌlɡə(r)] a. (尤指艺术格调而言)庸俗的，低级的
wearisome	[ˈwiərisəm] a. 1. 令人厌烦的 2. 令人疲倦的
Zeus	[zjuːs] n.【希神】宙斯

（六）政治

（政治、哲学、宗教、社会、心理学）

a magazine on the left	左派杂志
aberration	[ˌæbəˈreiʃ(ə)n] n. 1. 离开正道，脱离常轨 2. 犯规
abnormal	[æbˈnɔːm(ə)l] a. 不正常的；变态的
acquisition	[ˌækwiˈziʃ(ə)n] n. 获得
acquisitiveness	[əˈkwizitivnis] n. (对知识、财物等)渴望得到的心情
advocacy	[ˈædvəkəsi] n. 支持，拥护
advocate	[ˈædvəkət] n. 1. 拥护者，提倡者 2. 辩护者
	[ˈædvəkeit] vt. 拥护；提倡，主张
agitation	[ˌædʒiˈteiʃən] n. 烦乱，焦虑
agrarian discontent	农民的不满情绪
alienation	[ˌeiliəˈneiʃ(ə)n] n. 1. 感情上的疏远 2. 离间 3.【哲】异化
ambivalence	[æmˈbivələns] n. (既爱又恨的)矛盾心理
ambivalent	[æmˈbivələnt] a. 1. 有矛盾情绪的，(态度等)矛盾的 2. 模棱两可的，含糊不定的
anachronistic	[əˌnækrəˈnistik] a. 1. 时代错误的 2. 过时的
anarchist	[ˈænəkist] n. 无政府主义者 a. 无政

167

府主义的

anarchy	[ˈænəki] *n.* 1. 无政府状态 2. 无秩序，混乱
annul	[əˈnʌl] *vt.* 取消；废除
antagonism	[ænˈtægəniz(ə)m] *n.* 对抗，对抗性
anthropologist	[ˌænθrəˈpɔlədʒist] *n.* 人类学家
antichrist	[ˈæntikraist] *n.* 反基督教者
anti-intellectual	[ˈæntiˌintəˈlektjuəl] *a. / n.* 1. 反对（或敌视）知识分子的（人）2. 反对理智和推论、主张感情及行动的（人）
antipathy	[ænˈtipəθi] *n.* 反感，厌恶
antislavery society	反奴隶制团体
antisocial	[ˌæntiˈsəuʃ(ə)l] *a.* 1. 厌恶社交的；孤僻的 2. 反社会的
appointee	[əˌpɔinˈtiː] *n.* 1. 被任命人，被委派者 2.【律】指定的财产受益人
appraise	[əˈpreiz] *v.* 估计；评价
apprehension	[ˌæpriˈhenʃ(ə)n] *n.* 1. 理解，领悟 2. 逮捕 3. [常 *pl.*] 恐惧，担心
architect	[ˈɑːkitekt] *n.* 建筑师
Aristotle	亚里士多德（384～322 BC），希腊哲学家
assimilate	[əˈsimileit] *vt.* 1. 吸收，消化 2. 使（民族、语言）同化
assimilation	[əˌsimiˈleiʃən] *n.* 1. 同化作用 2. 消化
asylum	[əˈsailəm] *n.* 避难所，庇护所
atonement	[əˈtəunmənt] *n.* 1. 赎罪 2. 弥补，补偿
Attic	[ˈætik] *a.* 1. 古雅典城邦的 2. 古雅的，简朴的
austerity	[ɔˈsterəti] *n.* 1. 严峻 2. 严厉，严格；严

酷 3. 朴素，节俭

autobiography	[ˌɔːtəubaiˈɔɡrəfi] *n.* 自传
autocracy	[ɔːˈtɔkrəsi] *n.* 独裁政治；独裁政府
autonomous	[ɔːˈtɔnəməs] *a.* 1. 自治的，自主的 2.【生】独立存在的
babble	[ˈbæb(ə)l] *n. / v.* 牙牙学语
battlement	[ˈbæt(ə)lmənt] *n.*【建】城墙堞口；有枪眼的城垛
being	[ˈbiːiŋ] *n.* 1. 存在，生存 2. 生命 3. 本质 4. 人
betray	[biˈtrei] *v.* 背叛，出卖
bilateral	[baiˈlætərəl] *a.* 1. 两边的；两边对称的 2. 双方的，双边的
blessing	[ˈblesiŋ] *n.* 1. 上帝的赐福，神恩 2. 祷告，祝福
blueprint	[ˈbluːprint] *n.* 1. 蓝图 2. 行动计划 3. 原型，模型 *vt.* 为…制蓝图
Bolshevik	[ˈbɔlʃivik; (*US*)ˈbəulʃivik] *n.* 布尔什维克；俄国共产党；共产党员
bourgeois	[ˈbuəʒwɑː] *a.* 1. 中产阶级的 2. 资产阶级的 3. 平庸的 *n.* 1. 资产阶级 2. 中产阶级
bugbear	[ˈbʌgbɛə(r)] *n.* 令人恐惧或讨厌的事
bureaucracy	[bjuˈrɔkrəsi] *n.* 1. 官僚主义；官僚作风 2. 行政系统
Caesar Augustus	凯撒大帝（100～44 BC），罗马统帅，政治家
canon	[ˈkænən] *n.* 1. 准则，标准，原则 2. 教规
carve	[kɑːv] *v.* 雕刻
cathedral	[kəˈθiːdr(ə)l] *n.* （一个教区的）总教

堂, 大教堂

cavalier [ˌkævəˈliə(r)] n. 1. 骑士; 骑手; 骑兵 2. 贵妇人的护送者; 对女人献殷勤的、有礼貌的绅士

census [ˈsensəs] n. 人口调查, 人口普查

centaur [ˈsentɔː(r)] n. 【希神】人首马身的怪物

cessation [seˈseiʃ(ə)n] n. 中止, 中断

chaos [ˈkeiɔs] n. 1. 混乱, 混沌(宇宙未形成前的情形) 2. 杂乱的一堆(或一团、一片、一群等)

characterization [ˌkæriktəraiˈzeiʃ(ə)n] n. 1. 人物塑造; 性格描绘 2. 特性描述

charity [ˈtʃærəti] n. 1. 慈善团体; 慈善事业 2. 慈善; 施舍

Christianity [ˌkristiˈænəti] n. 基督教; 基督教信仰

chronicle [ˈkrɔnik(ə)l] n. 编年史, 历史 vt. 把…载入编年史中; 记述

chronological [ˌkrɔnəˈlɔdʒik(ə)l] a. 1. 按年月顺序排列的 2. 年代学的

citadel [ˈsitəd(ə)l] n. 护城碉堡

civics [ˈsiviks] n. 公民

clergy [ˈklɜːdʒi] n. [集合名词] 基督教牧师, 神职人员

code [kəud] n. 法典, 法规

cognition [kɔgˈniʃ(ə)n] n. 认识, 认知

cognitive [ˈkɔgnitiv] a. 【心】认知的, 感知的

colonial [kəˈləuniəl] n. 殖民地居民 a. 殖民(地)的

colonialist [kəˈləunjəlist] n. 殖民主义者

colonize [ˈkɔlənaiz] v. 开拓殖民地(于); 移居

于殖民地

colonnade [ˌkɔləˈneid] n. 柱廊；距离相等的一列柱子

commitment [kəˈmitmənt] n. 1. 信仰，信条 2. 许诺 3. 义务 4. 犯罪

commonwealth [ˈkɔmənwelθ] n. 联邦；共和国

compulsion [kəmˈpʌlʃ(ə)n] n. 1. 强制，强迫 2.【心】强迫性冲动(一种难以抵抗的冲动)

compunction [kəmˈpʌŋkʃ(ə)n] n. 1. 良心的谴责 2. 后悔，悔恨

consciousness [ˈkɔnʃəsnis] n. 意识；知觉

constituency [kənˈstitjuənsi] n. 1. (选区的)选民 2. (一批)顾客 3. 支持者，赞助者

construct [kənˈstrʌkt] vt. 1. 建造，构筑 2. 对…进行构想
[ˈkɔnstrʌkt] n. 建造物；构成物

contemplative [kənˈtemplətiv] a. 1. 沉思的，好沉思的 2.【宗】忏悔祈祷的

convene [kənˈviːn] v. 集会，集合

corporate [ˈkɔːpərət] a. 团体的；法人的

creed [kriːd] n. 纲领，信条

critic [ˈkritik] n. 1. 批评家，评论家 2. 吹毛求疵者

crusade [kruːˈseid] v. 1. 从事改革运动 2. (为推进某一事业而)奋斗 3. 参与或征讨(赞助善事或反对恶事)

curse [kəːs] v. 1. 求上帝降祸于；诅咒 2. (使)遭难；折磨

custom [ˈkʌstəm] n. 1. 习惯；风俗；惯例 2. [pl.] 关税

decree	[di'kri:] *n.* 法令，政令 *v.* 颁布；下令
deficit	['defisit] *n.* 赤字；不足额
demarcation	[,di:mɑː'keiʃ(ə)n] *n.* 1. 分界，定界 2. 划分，区分
demented	[di'mentid] *a.* 疯狂的；精神错乱的
determinism	[di'tə:miniz(ə)m] *n.* 1.【哲】决定论（认为一切事物具有不以人们意志为转移的必然性和因果制约性的哲学学说）2. 决定性
deterministic	[di,tə:mi'nistik] *a.* 宿命论的，定数论的
didactic	[di'dæktik; dai'-] *a.* 说教的，教诲的
differentiate	[,difə'renʃieit] *v.* 区别，区别对待
disaffection	[,disə'fekʃən] *n.* 不满；叛逆
disciple	[di'saip(ə)l] *n.* 1. 信徒，门徒 2. 弟子；追随者，崇奉者
discipline	['disiplin] *n.* 1.【宗】教规 2. 纪律 3. 训练
discriminate	[di'skrimineit] *vt.* 区别，辨别
discriminatory	[di'skriminətəri;(*US*) -tɔ:ri] *a.* 1. 差别对待的，歧视的 2. 有认识力的，有辨别力的
disenchant	[,disin'tʃɑ:nt;(*US*),disin'tʃænt] *vt.* 使从着魔状态解脱出来；使清醒
dissociate	[di'səuʃieit] *vt.* 1. 使分离；使游离出 2.【心】分裂
divine	[di'vain] *a.* 1. 神的；神性的 2. 敬神的；神圣的 3. 非凡的，天才的 *n.* 1. 神学家 2. 圣职人员；牧师
doctrinaire	[,dɔktri'nɛə] *a. / n.* 1. 空谈理论的

（人）2. 教条主义的(人)

doctrine [ˈdɔktrin] *n.* 1. 教义，教条 2. 学说

dogged [ˈdɔgid] *a.* 1. 顽强的，坚持不懈的 2. 顽固的，固执的

dogma [ˈdɔgmə;(*US*)ˈdɔ:gmə] *n.* 教条

dogmatism [ˈdɔgmətiz(ə)m;(*US*)ˈdɔ:gmətizəm] *n.* 1. 教条主义 2. 武断主义

earthly [ˈə:θli] *a.* 尘世的，人间的

ecclesiastical [i,kli:ziˈæstik(ə)l] *a.* 1. 基督教会的；传教士的 2. 惯于在教堂中使用的

egalitarian [i,gæli:ˈtɛəriən] *a.* 平均主义的，平等主义的

embodiment [imˈbɔdimənt] *n.* 1. 化身 2. 体现

emotion [iˈməuʃ(ə)n] *n.* 1. 情感；情绪 2. 感情；激动

empire [ˈempaiə(r)] *n.* 1. 帝国 2. 由一个集团(或个人)控制的地区(或企业)

entity [ˈentəti] *n.* 实体

epistemology [e,pistiˈmɔlədʒi] *n.* 【哲】认识论(与本体论相对)

eros [ˈiərɔs] *n.* 性爱，性欲

esoteric [,esəuˈterik] *a.* 1. 限于小圈子的 2. 只有内行才懂的 3. 深奥的 4. 机密的

espouse [iˈspauz] *vt.* 1. 拥护；支持 2. 信奉 3. 采纳

establish [iˈstæbliʃ] *vt.* 1. 建立 2. 使(信仰)坚定 3. 使(风俗、先例等)被永久性地接受(或承认)

establishment [iˈstæbliʃmənt] *n.* 1. 建立，确定 2. 企业；建立的机构（如军队、军事机构、

173

行政机关、学校等）

ethic	[ˈeθik] *n.* 伦理标准；道德规范 *a.* 道德的
ethnic	[ˈeθnik] *a.* 少数民族的 *n.* 少数民族成员
ethnicity	[eθˈnisəti] *n.* 种族地位；种族特点
evangelical	[ˌiːvænˈdʒelik(ə)l] *a.* 1.福音的 2.热衷于传道的
excavate	[ˈekskəveit] *vt.* 挖掘
exploitation	[ˌeksplɔiˈteiʃən] *n.* 剥削
facade	[fəˈsɑːd] *n.* 建筑物的正面
fanatical	[fəˈnætikəl] *a.* 狂热的，入迷的
feminine	[ˈfeminin] *a.* 1. 女性的，妇女的 2. 柔弱的
femininity	[ˌfemiˈninəti] *n.* 女子的气质；女人气
feminist	[ˈfeminist] *n.* 男女平等主义者；争取女权运动的人
formula	[ˈfɔːmjulə] *n.* 1.（日常礼节、法律文件或宗教仪式等的）惯用语；俗套话 2. 方案；准则 3. 处方 4. 公式
fortress	[ˈfɔːtris] *n.* 要塞；城堡
franchise	[ˈfræntʃaiz] *n.* 特权
fraternity	[frəˈtəːnəti] *n.* 1. 博爱；友爱 2. 兄弟会，行会
Freud	弗洛伊德(1856～1939)，奥地利精神病学家
Freudian	[ˈfrɔidiən] *a.* 弗洛伊德的，弗洛伊德精神分析法的
Freudian psychoanalysis	弗洛伊德的精神分析法

gargoyle ['gɑːgɔil] n. 奇形怪状的雕像

garrison ['gæris(ə)n] n. 1. 驻军，卫戍部队，警卫部队 2. 驻地，要塞

ghetto ['getəu] n. 贫民区

gigantic [dʒai'gæntik] a. 巨大的，庞大的

gospel ['gɔsp(ə)l] n.【宗】(关于耶稣替世人赎罪、天国到来等的)福音

grandiose ['grændiəus] a. 宏伟的，堂皇的

hallucination [hə,luːsi'neiʃ(ə)n] n. 1. 幻觉（症）2. 由幻觉产生的形象（或声音等）3. 妄想；毫无事实根据的想法

havoc ['hævək] n. 大破坏；浩劫

Hegel 黑格尔（1770～1831），德国哲学家

Hegelian [hei'giːliən] a. 黑格尔的；黑格尔哲学的

hegemony [hi'geməni] n. 霸权，盟主权

hierarchy ['haiərɑːki] n. 1. 等级森严的组织；僧侣统治集团 2. 等级制度；等级体系

Hindu sect 印度教

holistic [həu'listik] a. 1. 全盘的，全面的 2.【哲】整体论的

homeostasis [,həumiəu'steisis] n. 1. (社会组织等内部的)稳定 2.【生】体内平衡

humanistic [,hjuːmə'nistik] a. 1. 人文主义的，人本主义的，人道主义的 2. 人文学科的

humanitarian [hjuː,mæni'tɛəriən] n. 1. 人道主义者 2. 慈善家 a. 博爱的；人道主义的

iconoclast [ai'kɔnəklæst] n. 抨击或反对一般信仰与既定习俗者

ideological [,aidiəu'lɔdʒikəl] a. 意识形态上的；

思想方式的

ideology [,aidi'ɔlədʒi] *n.* 1. 思想体系 2. 思想方式；意识形态

immoral [i'mɔrəl;(*US*)i'mɔːrəl] *a.* 不道德的，道德败坏的

imperialistic [im,piəriə'listik] *a.* 帝国主义的，帝国主义者的

infrastructure ['infrəstrʌktʃə(r)] *n.* 基础建设，基础设施

inhibition [,inhi'biʃ(ə)n] *n.* (心理上)受抑制，心理障碍

inhumane [,inhjuː'mein] *a.* 不仁慈的，无人道的

inspiration [,inspə'reiʃ(ə)n] *n.* 1. 灵感 2.【宗】神灵的启示 3.〈口〉灵机妙想 4. 鼓舞，鼓舞人心的人(或事)

insurgent [in'səːdʒənt] *n.* 1. 起义者，造反者；暴动者，叛乱者 2. [美](政党内部的)反抗者，反对派

insurrection [,insə'rekʃ(ə)n] *n.* 起义；暴动；叛乱

integration [,inti'greiʃən] *n.* 1.[美]取消种族隔离；给予(种族上的)平等待遇 2. 结合，综合 3. 一体化

intelligentsia [,inteli'dʒentsiə] *n.* 1.[总称]知识分子 2. 知识界

interference [,intə'fiərəns] *n.* 1. 干涉，干预 2. 打扰 3. 抵触；冲突

interracial [,intə'reiʃ(ə)l] *a.* 种族间的；不同种族间的

intuitive [in'tjuitiv;(*US*)-tuː-] *a.* 1. 直觉的 2. 凭直觉获知的；本能的

invocation	[ˌinvəˈkeiʃ(ə)n] n. 1. 祈祷 2. 召唤魔鬼；符咒 3.（法权的）行使
invoke	[inˈvəuk] v. 1. 祈求，乞灵于 2. 恳求，乞求
Islamic	[izˈlæmik] a. 伊斯兰的；伊斯兰教的
Judaism	[ˈdʒuːdeiiz(ə)m] n. 犹太教；犹太人的文化、社会宗教信仰
Kant	康德(1724～1804)，德国18世纪哲学家
left	[left] n. 左派；左派人士
lethargy	[ˈleθədʒi] n. 昏睡，倦怠
libido	[liˈbiːdəu] n.【心】性欲，情欲
lobby	[ˈlɔbi] v. 游说 n. 1. 议会 2. 门厅
lunatic	[ˈluːnətik] a. 1. 精神错乱的，疯的 2. 疯狂的 3. 极端愚蠢的
Machiavellian	[ˌmækiəˈveliən] a. 1.（意大利政治思想家）马基雅弗利主义的 2. 玩弄权术的
malpractice	[mælˈpræktis] n. 1. 渎职，玩忽职守 2. 不端行为
manumit	[ˌmænjuˈmit] v. 解放(农奴、奴隶等)
materialism	[məˈtiəriəliz(ə)m] n. 1.【哲】唯物主义；实利主义 2.（艺术上的）写实主义；实感
materialistic	[məˌtiəriəˈlistik] a. 唯物主义的；唯物主义者的
matrilineal	[ˌmætriˈliniəl] a. 母系的
medieval	[ˌmediˈiːv(ə)l]；(US)ˌmiːdiˈiːv(ə)l] a. 中世纪的；中古(时代)的
mental lives	内心生活，精神生活
merit	[ˈmerit] n. 1. 长处，优点 2. 价值 3. 功

177

绩，功劳

metaphysics	[ˌmetə'fiziks] *n.* 1. 形而上学；玄学 2. 空谈；空头理论
militaristic	[ˌmilitə'ristik] *a.* 军国主义的
misgiving	[ˌmis'giviŋ] *n.* 〔常 *pl.*〕疑虑；担忧；害怕
monarch	['mɔnək] *n.* 君主，最高统治者
monarchy	['mɔnəki] *n.* 1. 君主政体，君主制 2. 君主国
mood	[muːd] *n.* 1. 心情，情绪 2. 基调 3.〔*pl.*〕喜怒无常
morality	[mə'ræləti] *n.* 道德，品德；美德
mores	['mɔːriːz] *n.* 1. 风俗习惯 2. 道德观念
mundane	['mʌndein] *a.* 世间的，世俗的
municipality	[mjuːˌnisi'pæləti] *n.* 市；市政当局
mystical	['mistik(ə)l] *a.* 神秘的，玄妙的
mystify	['mistifai] *vt.* 1. 使神秘化 2. 迷惑，蒙蔽
mystique	[mi'stiːk] *n.* 神秘气氛；神秘性
myth	[miθ] *n.* 1. 神话 2. 虚构的故事 3. 荒诞的说法
NAAC	National Association for the Advancement of Colored People（美国）全国有色人种协会
naturalist	['nætʃərəlist] *n.* 1. 自然主义者；自然主义作家 2. 博物学家
neolithic	[ˌniːəu'liθik] *a.* 新石器时代的
nominalistic	[ˌnɔminə'listik] *a.*【哲】唯名论的；唯名论者的
occult	[ɔ'kʌlt;ə'-] *a.* 1. 神秘的，玄妙的 2. 超

自然的；难以理解的 3. 秘密的 4. 隐藏的，看不见的

oligarchy	[ˈɔligɑːki] n. 1. 寡头政治，寡头统治 2. 实行寡头独裁的政府(或国家)
original sin	原罪(犯罪倾向，基督教认为此乃人类本性的一部分)
Orthodox	[ˈɔːθədɔks] a.【宗】东正教的
outrage	[ˈautreidʒ] n. 1. 暴行；冒犯；不法行为 2. 愤慨
pacifist	[ˈpæsifist] n. 和平主义者 a. 和平主义的
pagan	[ˈpeigən] n. 异教徒；非基督教徒
paganism	[ˈpeigənizəm] n. 异教；信奉异教
partisan	[ˌpɑːtiˈzæn] n. 党人，党徒 a. 党派的
patriotic	[ˌpætriˈɔtik;(US)pei-] a. 爱国的；有爱国心的
pedestal	[ˈpedist(ə)l] n. 柱基，基座
perceptual	[pəˈseptjuəl; -tʃuəl] a. 1. 感知的，感觉的 2.【哲】知觉的；感性的
perversion	[pəˈvəːʃ(ə)n;(US)-ʒn] n. 1. 性变态 2. 错乱；反常 3. 歪曲；曲解
pessimism	[ˈpesimiz(ə)m] n. 悲观；悲观主义
philanthropist	[fiˈlænθrəpist] n. 慈善家
phoenix	[ˈfiːniks] n. 1. 完人 2. 凤凰
pilgrim	[ˈpilgrim] n. 1. 朝圣者 2. 修来世的人
platonic	[pləˈtɔnik] a. 空谈的；不实际的
plutocratic	[ˌpluːtəuˈkrætik] a. 富豪统治的；财阀统治的
populist	[ˈpɔpjulist] n. 平民党党员
pragmatic	[ˌprægˈmætik] a. 1. 重实效的，实际

179

的 2.【哲】实用主义的

preach [priːtʃ] *vt.* 1.【宗】布道，讲（道）2. 说教；鼓吹

precept ['priːsept] *n.* 1. 规矩 2. 规律 3. 告诫；戒律

precursor [ˌpriːˈkɜːsə(r)] *n.* 先兆

predominate [priˈdɔmineit] *v.* 统治，支配

prehistoric [ˌpriːhiˈstɔrik;(*US*)-ˈstɔːrik] *a.* (有文字记载以前)史前史的；(人类进化的)史前阶段的

prejudice ['predʒudis] *n.* 偏见，成见 *vt.* 使抱偏见，使怀成见

prejudicial [ˌpredʒuˈdiʃ(ə)l] *a.* 1. 有损害的，不利的 2. 引起偏见的，有成见的

prerogative [priˈrɔɡətiv] *n.* 1. 特权 2. 特点；显著的优点 *a.* (有)特权的

presidential [ˌpreziˈdenʃəl] *a.* 总统的；总统职务的

primacy ['praiməsi] *n.* 1. 首位；卓越 2. 大主教的职责(或身份、权力) 3.(天主教)教皇的最高权力

primeval [praiˈmiːv(ə)l] *a.* 古老的；原始的

primitive ['primitiv] *a.* 1. 原始的，上古的；早期的 2. 简单的；粗糙的；未开化的 3.(画)风格朴实无华的

problematic [ˌprɔbləˈmætik] *a.* 1. 成问题的；有疑问的 2. 未定的 3.【逻】偶然性的，或然性的

projection [prəˈdʒekʃ(ə)n] *n.* 1. 设计，规划 2. 投掷；发射 3. 推测，预测

proletarian [ˌprəuliˈtɛəriən] *a.* 无产阶级的，工人

阶级的

proletariat [ˌprəuliˈtɛəriət] n. 无产阶级

prophet [ˈprɔfit] n. 1. 预言家 2. (主义等)宣扬者，提倡者

proponent [prəˈpəunənt] n. 1. 支持者 2. 辩护者 3. 建议者

Protestant [ˈprɔtistənt] n. 新教；新教徒

provocation [ˌprɔvəˈkeiʃ(ə)n] n. 1. 挑衅；煽动 2. 激怒；刺激

psyche [ˈsaiki] n. 精神；灵魂；自我

psychiatric [ˌsaikiˈætrik] a. 精神病的；治疗精神病的

psychiatry [saiˈkaiətri] n. 精神病学

psychic [ˈsaikik] a. 精神的；心灵的

psychoactive [ˌsaikəuˈæktiv] a. 作用于精神的；影响(或改变)心理状态的

psychoanalysis [ˌsaikəuəˈnæləsis] n. 精神分析法(学)

psychoanalytic [ˌsaikəuˌænəˈlitik] a. 精神分析的

psychohistory [ˌsaikəuˈhistəri] n. 精神分析历史学

psychological [ˌsaikəuˈlɔdʒik(ə)l] a. 心理的；精神的；心理学的

psychology [saiˈkɔlədʒi] n. 1. 心理；心理特点 2. 心理学

Puritan [ˈpjuərit(ə)n] n. (16世纪和17世纪在英国的)清教徒

puritanical [ˌpjuəriˈtænik(ə)l] a. 1. 清教徒的；清教主义的 2. 宗教(道德)态度上极端拘谨的

racial [ˈreiʃəl] a. 1. 人种的，种族的 2. 种族之间的 n. 激进分子

rationalistic	[ˌræʃənəˈlistik] a. 1. 理性主义(者)的 2. 唯理论(者)的
reactionary	[riːˈækʃənəri] a. 1. 反动的 2. 极端保守的 n. 1. 反动分子 2. 保守分子
realm	[relm] n. 区域；领域
reflective	[riˈflektiv] a. 沉思的
regent	[ˈriːdʒənt] n. 摄政者
religious	[riˈlidʒəs] a. 宗教的
remains	[riˈmeinz] n. 1. 遗迹；遗风 2. 剩余；残骸；遗体
reshuffle	[ˌriːˈʃʌf(ə)l] vt. 1. 改组 2. 转变
revisionist	[riˈviʒənist] a. (尤指对历史资料等)持修正论的；修正主义的
revolt	[riˈvəult] n. 1. 反叛，叛乱(尤指武装叛乱) 2. 反抗；违抗；背叛
ritual	[ˈritʃuəl] n. 仪式；典礼；宗教仪式
roof	[ruːf] n. 1. 屋顶；车顶 2. [喻]住屋，家
sacred law	宗教法
salvation	[sælˈveiʃ(ə)n] n. 1.【宗】灵魂得救；超度 2. 救助，救济；救星
sanction	[ˈsæŋkʃ(ə)n] n. 1. 法令 2. (维持法律所做的)制裁 3. [pl.] 国际制裁
schema	[ˈskiːmə] n. 1. 图表；图解 2. 摘要；纲要
sect	[sekt] n. 教派
secular	[ˈsekjulə(r)] a. 现世的；世俗的；非宗教的
seer	[siə(r)] n. 先知，预言家
segregate	[ˈsegrigeit] vt. 使分离，使分开；使隔离

segregation	[ˌsegri'geiʃ(ə)n] *n.* 分离，分开；隔离
self-consciousness	[ˌself'kɔnʃəsnis] *n.* 1. 自我意识 2. (举止等的)自然
sensory	['sensəri] *a.* 感觉的，感官的
sentiment	['sentimənt] *n.* 1. 思想感情，情操 2. (文艺作品的)情绪；伤感情绪
serendipitous	[ˌserən'dipitəs] *a.* 无意中发现新奇事物或珍宝的
sermonize	['sə:mənaiz] *vi.* 1. 说教；教训；训斥 2. 讲道，布道
servitude	['sə:vitju:d；(*US*)-tu:d] *n.* 1. 奴隶状态，奴役 2. (作为刑罚的)苦役
sexism	['seksiz(ə)m] *n.* 性别歧视(指资本主义社会中对妇女的歧视)
site	[sait] *n.* 地点，场所
skeptical	['skeptik(ə)l] *a.* 惯于怀疑的；表示怀疑的
skepticism	['skeptisiz(ə)m] *n.* 1. 怀疑态度；怀疑主义 2.【哲】怀疑论
slavery	['sleivəri] *n.* 奴隶制度；奴隶身份
social worker	社会福利工作者，社会服务人员
society	[sə'saiəti] *n.* 1. 社团，会社 2. 社会
sociocultural	[ˌsəusiəu'kʌltʃərəl] *a.* 社会文化的
sovereign	['sɔvrin] *a.* 1. 独立自主的；主权的 2. 君主的，国王的
speculative	['spekjulətiv] *a.* 1. 沉思默想的，深思熟虑的 2. 推测的，猜测性的 3.【哲】思辨的；纯理论的；非实用性的
spiritual	['spiritjuəl] *a.* 1. 精神上的；心灵的 2. 理智的；智力的

spontaneity	[ˌspɔntə'neiəti]	n. 自发(性);自发行为
stadium	['steidiəm]	n. 露天大型运动场
stance	[stæns]	n. 1. 姿态 2. 态度
status quo	[拉]	现状
statute	['stætju:t]	n. 1. 法令,法规 2. 章程,条例
stoic	['stəuik]	a. 1. 恬淡寡欲的 2. 坚忍的
subconscious	[sʌb'kɔnʃəs]	a. 1. 下意识的,潜意识的 2. 意识模糊的 n. 下意识的心理活动,潜意识的心理活动
subjectivity	[ˌsʌbdʒek'tivəti]	n. 主观;主观性
subjugate	['sʌbdʒugeit]	v. 压制,抑制;征服
subjugation	[ˌsʌbdʒu'geiʃən;-dʒə-]	n. 征服;被征服状态
subordination	[səˌbɔ:di'neiʃən]	n. 次要地位;从属地位
suck	[sʌk]	v. 用嘴吸,吮吸
superstition	[ˌsu:pə'stiʃ(ə)n;sju:-]	n. 迷信
symbol	['simb(ə)l]	n. 1. 象征 2. 符号 3.【宗】信条
taboo	[tə'bu:]	n. 1. (宗教迷信或社会习俗方面的)禁忌 2. 忌讳;戒律
Talmud	['tælmud]	n. 犹太教法典
temperament	['tempərəmənt]	n. 1. 气质;性情;性格 2. 喜怒无常;急躁
tenet	['tenit]	n. 原则;信条,教义
tension	['tenʃ(ə)n]	n. 1. 紧张局势,紧张状况 2. 拉紧
the Republic		合众国(指美国)

theology	[θiˈɔlədʒi] n. 神学，神学理论
totalitarian	[ˌtəutæliˈtɛəriən] n. 极权主义者 a. 极权主义的
tract	[trækt] n. 1. (政治或宗教宣传的)短文；传单；小册子 2. 地带 3. 【解】系统；道
transcend	[trænˈsend] vt. 1. 超出，超越 2.【宗】【哲】超越(宇宙、物质世界等)
tribe	[traib] n. 1. 部落 2. 宗族 3. 帮，伙
truce	[tru:s] n. 休战；休战协定
tyranny	[ˈtirəni] n. 1. 暴虐，专横 2. 暴政，专制
unearth	[ˌʌnˈə:θ] vt. 从地下挖掘，挖出
unprejudiced	[ʌnˈpredʒudist] a. 1. 没有偏见的 2. 没有成见的；公正的
usurp	[ju:ˈzə:p] v. 篡夺，夺取；侵占
utilitarian	[ˌju:tiliˈtɛəriən] a. 1. 功利的；实利的 2. 功利主义的
villainy	[ˈviləni] n. 1. 道德败坏；邪恶 2. 腐化；堕落
white-collar	[ˈwaitˈkɔlə(r)] a. 白领阶级的；非体力劳动的；脑力劳动的
wield	[wi:ld] vt. 1. 挥动(武器等) 2. 使用；行使，运用

（七）法律

(the)Crown	[kraun] *n.* 君主；王权；王国政府
a court of appeal	上诉法院
abate	[ə'beit] *v.* 减轻，减少
abolish	[ə'bɔliʃ] *vt.* 废除
abolition	[æbə'liʃ(ə)n] *n.* 废除，废止；[美] 废奴运动
abolitionist	[æbə'liʃənist] *n.* 废奴主义者
abridge	[ə'bridʒ] *vt.* 删节
absolutism	['æbsəlu:tiz(ə)m] *n.* 专制政体
act	[ækt] *n.* 法令，条例
activism	['æktiviz(ə)m] *n.* （主张为政治、社会目的而采取包括暴力等各种手段的）激进主义
activist	['æktivist] *n.* （尤指政治活动）激进分子
adherent	[əd'hiərənt] *n.* 支持者，拥护者
administer justice	执法（实施法律）
administration	[ˌədminis'treiʃ(ə)n] *n.* 1. 施用 2. 行政；政府 3. 管理，经营
administrative	[əd'ministrətiv] *a.* 行政的；管理的
administrator	[əd'ministreitə(r)] *n.* 行政官；治理者
adverse	['ædvə:s] *a.* 不利的
affirmative action	支持少数族裔取得就业和平等教育机会的措施

agency	[ˈeidʒənsi] *n.* 1. 代理行，经销处 2. 代理业务；代理关系
agent	[ˈeidʒnet] *n.* 1. 执法官 2. 代理人 3. 动因 4. 力量
aggressive	[əˈgresiv] *a.* 好与人发生口角或好攻击的，好战的
aggrieved	[əˈgriːvd] *a.* 1. 受虐待的 2. 权利受到不法侵害的
alignment	[əˈlainmənt] *n.* 结盟，联合
allege	[əˈledʒ] *v.* (尤指未提出证据而)指控或宣称
allegedly	[əˈledʒidli] *ad.* 依其申述
allegiance	[əˈliːdʒəns] *n.* 1. 忠诚 2. 拥护
alliance	[əˈlaiəns] *n.* 结盟；同盟
allude	[əˈluːd] *vt.* 1. 提及 2. 暗示
Amendment	[əˈmendmənt] *n.* 修正案
American Federation of Labor	美国劳工联合会
American Revolution	美国独立战争(1775~1783)
anarchist	[ˈænəkist] *n.* 无政府主义者 *a.* 无政府主义的
anonymous	[əˈnɔniməs] *a.* 匿名的
antecedent	[ˌæntiˈsiːd(ə)nt] *a.* 在先的，在前的
antitrust	[ˌæntiˈtrʌst] *a.* (法律等)反垄断的；反托拉斯的
appeal	[əˈpiːl] *n.* 1. 上诉 2. 呼吁；要求 3. 感染力；吸引力
appointee	[əˌpɔiˈntiː] *n.* 1. 被任命人，被委派者 2.【律】指定的财产受益人
apportionment	[əˈpɔːʃənmənt] *n.* 分配，分派

187

apprehend	[ˌæpriˈhend] v. 逮捕，抓住
Appropriations Committee	拨款委员会
aptitude	[ˈæptitjuːd；(US)ˈæptituːd] n. 资历；才能
arbitrary	[ˈɑːbitrəri；(US)ˈɑːrbitreri] a. 1. 任意的 2. 专断的，专横的
aristocracy	[ˌærisˈtɔkrəsi] n. 贵族统治，贵族政府
array	[əˈrei] v. 部署；列阵
arrogate	[ˈærəgeit] vt. 妄称具有或不正当地获取(权力)
arson	[ˈɑːsn] n. 纵火；纵火罪
assailant	[əˈseilənt] n. 攻击者
attorney	[əˈtəːni] n. 律师；代理人
authoritarian	[ɔːˌθɔriˈteəriən] a. 独裁的；独裁主义的
authority	[ɔːˈθɔriti] n. 1. 职权，权力 2. 权威；当局，官方
authorize	[ˈɔːθəraiz] vt. 1. 批准，认可 2. 授权，委托
autonomy	[ɔːˈtɔnəmi] n. 1. 自治；自治权 2. 自治团体 3. 人身自由；意志自由
award	[əˈcwːd] n. 1. (法官或裁判员之)裁决，判定 2. 奖品
bailiff	[ˈbeilif] n. 州或郡之副司法官
ballot	[ˈbælət] n. 秘密投票
bargaining	[ˈbɑːginiŋ] a. 1. 讨价还价的 2. 谈判的；交涉的
belligerent	[biˈlidʒərənt] n. 交战国；交战国公民
bestow... upon...	给予…，授予…

bipartisan	[ˌbaipɑːtiˈzæn,-ˈpɑːtizən] a. 代表两党的；由两党组成的
board	[bɔːd] n. 委员会；董事会
bound	[baund] n. 限制
boycott	[ˈbɔikɔt] n./v. (联合)抵制(贸易)
breach	[briːtʃ] vt. 违背
bring to heel	在控制之下；强迫服从
broker	[ˈbrəukə(r)] n. 1. 经纪人 2. 中间人，代理人
Brotherhood	[ˈbrʌðəhud] n. 1. [美]工会(尤指铁路工会) 2. 兄弟会
bureau	[ˈbjuərəu] n. 1. 办事处 2. 局；司；处；署
bureaucratic	[ˌbjuərəuˈkrætik] a. 官僚的；官僚作风的
bypass	[ˈbaipɑːs; (US) ˈbaipæs] vt. 规避；绕过
candor	[ˈkændə(r)] n. 诚意；坦率
captain	[ˈkæptin] n. 1. [美]警察局副巡官 2. 船长 3. 陆军上尉
captive	[ˈkæptiv] n. 1. 俘虏，囚犯 2. 被美色或爱情迷住的人
case	[keis] n. 1. 论辩 2. 判例；案件；诉讼 3. 情况；事例
case history	诉讼历史
caste	[kɑːst] n. 社会阶级，等级制度
causality	[kɔːˈzæləti] n. 1. 因果关系 2. 起因
censorship	[ˈsensəʃip] n. 新闻检查
centrist	[ˈsentrist] a. 中间路线的；温和派的
chamber	[ˈtʃeimbə(r)] n. 1. (司法机关)会议厅 2. (上或下)议院

chancellor	['tʃɑːnsələ(r);(US)'tʃænsələr] *n.* 1. 司法官 2. 总理
charge	[tʃɑːdʒ] *vt.* 指责;控告
chauvinism	['ʃəuviniz(ə)m] *n.* 沙文主义(狭隘 的)爱国主义
circumvent	[ˌsəːkəm'vent] *v.* 规避（法律、规 则等）
citation	[sai'teiʃ(ə)n] *n.* 1. 引证;引文 2. 传票
civics	['siviks] *n.* 公民学
civil codes	民法
civil rights	公民权,公民权利
claimant	['kleimənt] *n.* (根据权利)提出要求 者;原告
clandestine	[klæn'destin] *a.* 秘密的
clause	[klɔːz] *n.* (合同或法律中的)条款
clientele	[ˌkliːən'tel;(US)klaiən'tel] *n.* 1. [集 合名词] 委托人 2. 顾客;常客
code	[kəud] *n.* 法典,法规
codify	['kɔdifai;(US)'kɔdəfai] *vt.* 1. 编纂; 整理 2. 把(法律)编集成典
colonial	[kə'ləuniəl] *a.* 殖民地的;具有殖民 地特点的
colonialism	[kə'ləuniəliz(ə)m] *n.* 殖民政策;殖 民主义
commission	[kə'miʃən] *n.* 1. 犯(罪) 2. 委员会 3. 授权
commit	[kə'mit] *vt.* 犯罪;干坏事
Committee of the Whole	(由立法团体全部成员参加、形式较 随便的)全体委员会
Committee on Ways and Means	赋税委员会(美国众议院中监督财政 立法的常务委员会)

compensation	[ˌkɔmpen'seiʃ(ə)n] n. 1. 补偿；补偿金 2. 工资，报酬
compliance	[kəm'plaiəns] n. 1. 顺从，依从 2. 按照
con	[kɔn] n. 反对票，反对论 v. 欺骗
concede	[kən'si:d] v. 承认
concession	[kən'seʃ(ə)n] n. 让步
condemn	[kən'dem] vt. 1. 谴责 2. 宣告(某人)有罪，判(某人)刑 3. 宣告…不适用
confederate	[kən'fedərət] n. 共犯，同伙
confiscate	['kɔnfiskeit] v. 没收，充公
congressional	[kən'greʃənəl] a. 会议的；国会的
conjecture	[kən'dʒektʃə] v. 猜想，推测
conquest	['kɔŋkwest] n. 征服
consciousness	['kɔnʃəsnis] n. 1. 思想，意识 2. 觉悟，自觉
constitutional	[ˌkɔnsti'tju:ʃnə(ə)l; (US),kɔnstə'tu:ʃən(ə)l] a. 1. 构成的 2. 宪法的；拥护宪法的
contend	[kən'tend] vt. 主张
contraband	['kɔntrəbænd] n. 走私品；违禁品
contract	['kɔntrækt] n. 1.【律】合同，契约 2. 承包合同 3. 合同法，契约法
contrast	['kɔntrɑ:st] n. 差别；对比
controversial	[ˌkɔntrə'və:ʃ(ə)l] a. 争论性的，引起争论的
convention	[kən'venʃ(ə)n] n. (政治性)会议
conviction	[kən'vikʃ(ə)n] n. 1. 定罪；宣告有罪 2. 坚信，信念 3. 信服，说服
corporate	['kɔ:pərət] a. 1. 法人的，合伙的 2. 团体的；公司的 3. 全体的；共同的；一致的

counsel	[ˈkauns(ə)l] *n.* 辩护律师；法律顾问
counter example	反例证
coup de main	突击，奇袭
court	[kɔːt] *n.* 1. 法院，法庭 2. 宫廷，朝廷 *vt.* 1. 招致(失败、危险等) 2. 引诱 3. 讨好
covert	[ˈkʌvət] *a.* 1. 隐蔽的，偷偷摸摸的 2.【律】在丈夫保护下的
credence	[ˈkriːdəns] *n.* 1. 相信，信任 2. 凭证，证书
creed	[kriːd] *n.* 1. 信念 2. 纲领
criminal	[ˈkrimin(ə)l] *n.* 罪犯
critic	[ˈkritik] *n.* 批评家，评论家
culprit	[ˈkʌlprit] *n.* 犯人，犯罪者；刑事被告
curtail	[kəːˈteil] *v.* 减缩；限制
damages	[ˈdæmidʒis] *n.* 赔偿费
Das Capital	《资本论》
declaration	[ˌdekləˈreiʃ(ə)n] *n.* 1. (纳税品、房地产等的)申报 2. 宣称，断言 3.【律】(原告的)诉词；(证人的)陈述
deem	[diːm] *vt.* 相信；认为
defendant	[diˈfend(ə)nt] *n.* 被告
delegate	[ˈdeligət] *n.* 代表
deliberate	[diˈlibərət] *a.* 故意的
delinquency	[diˈliŋkwənsi] *n.* 1. 少年犯罪 2. 违法行为，失职
demarcate	[diˈmɑːkeit] *vt.* 1. 分开，区分 2. 给…划界
deposition	[ˌdepəˈziʃ(ə)n] *n.* 1. 罢免，废黜 2.【律】宣誓作证；证词；(未到庭证人提供的)作证书

depression	[di'preʃ(ə)n] *n.* 萧条
deprive	[di'praiv] *vt.* 剥夺
dereliction	[,deri'likʃ(ə)n] *n.* 1. 疏忽 2. 错误 3. 缺点
desegregation	[,di:segri'geiʃən] *n.* 废除种族隔离
despotic	[de'spɔtik] *a.* 专制的，暴虐的
despotism	['despətiz(ə)m] *n.* 专制，暴政
deterrent	[di'terənt;(*US*)di'tə:rənt] *n.* 阻遏或用来阻遏的事物
dialectic	[,daiə'lektik] *a.* 辩证的；辩证法的
dictatorship	[,dik'teitəʃip] *n.* 专政，独裁政治
dilemma	[di'lemə] *n.* 左右为难
director	[di'rektə(r)] *n.* 1. 局长 2. 处长 3. 院长
disability	[,disə'biləti] *n.* 1. 无能力，无力 2. 残疾，伤残 3.【律】无资格 4. 限制 5. 不利事件
discretion	[dis'kreʃ(ə)n] *n.* 自决权，斟酌处理的自由
discrimination	[,diskrimi'neiʃ(ə)n] *n.* 歧视，差别待遇
disfranchise	[dis'fræntʃaiz] *v.* 剥夺公民权
disparate	['dispərət] *a.* 不可比较的；根本不同的
disprove	[dis'pru:v] *vt.* 证明…不能成立；反驳
dispute	['dispju:t] *n.* 争论
disqualify	[dis'kwɔlifai] *v.* 使不合格；使不适合
disseminate	[di'semineit] *v.* 传播；散布(思想、教育等)
dissenter	[di'sentə(r)] *n.* 持异议者
division	[di'viʒ(ə)n] *n.* 1. 部门(如部、处、科、系等) 2. 分开

doctrine	['dɔktrin] *n.* 1. 教旨，教义 2. 主义，学说
domain	[də'mein] *n.* 领地；势力范围
dominance	['dɔminəns] *n.* 1. 优势；支配(统治)地位 2. 最高权力
dominion	[də'miniən] *n.* 所有权；支配权
duty	['dju:ti; (*US*)'du:ti] *n.* 1. 责任；义务 2. 职务；勤务 3. 税
egalitarian	[i,gæli'tɛəriən] *a.* 主张人人平等的
egalitarianism	[i,gæli'tɛəriənizm] *n.* 平等主义
electoral	[i'lektər(ə)l] *a.* 选举的
eligible	['elidʒəb(ə)l] *a.* 合格的
eloquence	['eləkwəns] *n.* 1. 雄辩；口才 2. 巨大魅力 3. (文学等的)生动流畅
emancipation	[i,mænsi'peiʃ(ə)n] *n.* 解放
embargo	[em'ba:gəu] *n.* 禁运(令)；封港令
embezzle	[im'bez(ə)l] *v.* 挪用(公款)；盗用
empower	[im'pauə(r)] *v.* (正式)授权
enactment	[i'næktm(ə)nt] *n.* 1. 法令，条例，法规 2. 制定；颁布
encompass	[in'kʌmpəs] *v.* 包括，包含
encroachment	[in'krəutʃmənt] *n.* 侵入；侵害
endogamy	[en'dɔgəmi] *n.* (在同部族或某一特定团体中的)内部通婚；同族结婚
endorse	[in'dɔ:s] *v.* (正式)认可，赞同
endorsement	[in'dɔ:smənt] *n.* (正式)认可，赞同
engender	[in'dʒendə(r)] *vt.* 造成
enlist	[in'list] *vt.* 1. 获得；得到支持 2. 使入伍，从军
entente	[ɔŋ'tɔŋt] *n.* [法] 1. 协约，协定 2. 有协定关系的各国

entrepreneur	[ˌɔntrəprəˈnəː(r)] n. [法] 1. 企业家，创业者 2. (任何活动的)主办者；提倡者，促进者
equalitarian	[iːˌkwɔliˈtɛəriən] a. 主张人人平等的
espouse	[iˈspauz] v. 支持，拥护
estovers	[eˈstəuvəz] n. 1. 【律】必需供应品 2. (给离婚妻子的)赡养费
ethnic	[ˈeθnik] a. 1. 种族的，人种学的 2. 源自某民族文化传统的
etiquette	[ˈetiket] n. 1. 礼节，礼仪 2. 戒规
evidentiary	[ˌeviˈdenʃəri] a. 1. 【律】为取得证据而举行的 2. 凭证据的；提供证据的
executive	[igˈzekjutiv] a. 1. 行政的；行政部门的 2. 执行的，实施的 3. 经营管理的
exogamy	[ekˈsɔgəmi] n. 异族结婚；只与异族结婚的习俗
expedite	[ˈekspədait] v. 1. 加快 2. 促进
federal	[ˈfedər(ə)l] a. 1. 条约的，契约的 2. 联邦的，联盟的
felony	[ˈfeləni] n. 重罪（如谋杀、抢劫、放火等）
feudal	[ˈfjuːd(ə)l] a. 1. 封建的；封建制度的 2. 封地的
file	[fail] v. 1. 把文件归档 2. 登记备案
forfeit	[ˈfɔːfit] v. 1. (因犯罪、违约等)丧失(权利) 2. 被没收(财物)
forum	[ˈfɔːrəm] n. 讲坛
fraud	[frɔːd] n. 欺诈；欺诈的行为
frontier	[ˈfrʌntiə(r); (US) frʌnˈtiər] n. 1. 边疆，边界 2. 开发地区边缘

furnish	['fə:niʃ] v. 供应必需品	
futile	['fju:tail; (US) 'fju:t(ə)l] a. 无用的, 无效的	
garrison	['gæris (ə)n] n. 1. 驻军, 警卫部队 2. 驻地, 要塞	
gentry	['dʒentri] n. 贵族; 绅士	
grant	[grɑ:nt] v. 1.【律】(按照法律程序) 授予(权利等) 2. (立契)转让(财产等) 3.同意, 准予	
grantee	[grɑ:n'ti:; græn-] n.【律】受让人; 被授予人	
gratuitous	[grə'tju:itəs; (US)-tu:-] a. 无根据的; 没有理由的	
guarantee	[ˌgærən'ti:] n. 保证; 保证书 vt. 1. 担保, 为…作保 2.确保; 保障…不受损失	
habeas corpus	【律】人身保护权	
handbill	['hændbil] n. 传单	
handicap	['hændikæp] v. 妨碍; 加障碍于(某人)	
Hegelian	[hei'gi:liən] a. 黑格尔的	
hegemony	[hi'geməni; (US)'hedʒiməni] n. 霸权; 支配权	
heir	[ɛə(r)] n. 继承人	
hereditary	[hi'reditəri; (US)-teri] a. 世袭的; 遗传的	
heritage	['heritidʒ] n. 1. 传统 2. 遗产 3. (长子)继承权	
hierarchy	['haiərɑ:ki] n. 等级制度	
homicide	['hɔmisaid] n. 杀人, 杀人者	
House of Representatives	众议院	

humane	[hju:'mein] *a.* 1. 人道的，仁慈的 2. 使人高雅的
humanitarian	[,hju:mæni'tɛəriən] *a.* 博爱的；人道主义的
ideology	[,aidi'ɔlədʒi] *n.* 意识形态
illegitimate	[,ili'dʒitimət] *a.* 不合法的
impartial	[im'pɑ:ʃ(ə)l] *a.* 公平的；无私的
impermissible	[,impə'misəb(ə)l] *a.* 不允许的
impugn	[im'pju:n] *v.* 指摘，责难
in defense of	为…辩护
incarcerate	[in'kɑ:səreit] *v.* 监禁
incriminate	[in'krimineit] *vt.* 1. 牵连 2. 控告
incursion	[in'kə:ʃ(ə)n] *n.* 侵犯，入侵
indenture	[in'dentʃə(r)] *n.* 1. 契约，双联合同 2. 定期服务合同
indictment	[in'daitmənt] *n.* 1. 起诉 2. 起诉书
inheritor	[in'heritə(r)] *n.* 继承人；后继者
iniquitous	[i'nikwitəs] *a.* 1. 极不公正的 2. 邪恶的
injunction	[in'dʒʌŋkʃ(ə)n] *n.* 必须服从的命令，强制令
injurious	[in'dʒuriəs] *a.* 有害的
instill	[in'stil] *v.* 灌输(想法、感情等)
institution	[,insti'tju:ʃ(ə)n;(*US*),instə'tu:ʃ(ə)n] *n.* 1. 社会公共机构 2. 制度，惯例 3. 设立
insurrection	[,insə'rekʃ(ə)n] *n.* 造反，叛乱
integration	[,inti'greiʃən] *n.* 1. 取消种族隔离 2. 给予平等待遇
intelligentsia	[in,teli'dʒentsiə] *n.* 知识界；知识分子
interject	[,intə'dʒekt] *vt.* 突然插入

intermediary	[ˌintəˈmiːdiəri] *n.* 调解人，中间人 *a.* 中间的，居间的
interrogate	[inˈterəgeit] *v.* 审讯，审问
interrogation	[inˌterəˈgeiʃ(ə)n] *n.* 讯问，审问
invalidate	[inˈvælideit] *vt.* 使无效；使作废
invariably	[inˈvɛəriəb(ə)li] *ad.* 永不变地；无变化地
invoke	[inˈvəuk] *vt.* 1.求助于(法律等) 2.恳求
judicial	[dʒuːˈdiʃ(ə)l] *a.* 法庭的；审判的
junta	[ˈdʒʌntə] *n.* 1.(尤指政变或革命后掌握政权的)军人集团 2.阴谋集团；私党
juridical	[ˌdʒuəˈridik(ə)l] *a.* (正式)法律上的；司法上的
jurisdiction	[ˌdʒuərisˈdikʃ(ə)n] *n.* 1.司法机关 2.司法权；裁判权 3.管辖区域；管辖权
jurisprudence	[ˌdʒuərisˈpruːdəns] *n.* 法律学；法学
jury	[ˈdʒuəri] *n.* 陪审团
justice	[ˈdʒʌstis] *n.* 1.正义；公正；公平原则 2.公正的对待；理应得到的待遇 3.司法；审判；法律制裁
justification	[ˌdʒʌstifiˈkeiʃ(ə)n] *n.* 1.辩护，辩解；辩明 2.正当的理由 3.借口
justify	[ˈdʒʌstifai] *vt.* 1.为…辩护；为…提供法律根据 2.证明…正当
juvenile delinquent	青少年罪犯
kinship	[ˈkinʃip] *n.* 亲戚关系；血族关系
labor	[ˈleibə(r)] *n.* 1.[总称]劳工，工人；工会 2.劳动(通常指体力劳动)

latifundio	[ˌlætiˈfʌndiəu] *n.* 领地
lawsuit	[ˈlɔːsuːt; ˈlɔːsjuːt] *n.* 诉讼(尤指非刑事案件)
left wing	左翼；左翼党派；左翼人士
legacy	[ˈlegəsi] *n.* 1. 馈赠(财产、遗物) 2. [喻]遗产(指祖先留下的精神或物质上的财富或影响)
legal	[ˈliːg(ə)l] *a.* 1. 法律(上)的；合法的 2. 正当的；法定的
legal court	法院
legislation	[ˌledʒisˈleiʃ(ə)n] *n.* 1. 立法 2. 法律；法规
legislator	[ˈledʒisleitə(r)] *n.* 立法者；立法机构之一员
legislature	[ˈledʒisleitʃə] *n.* 立法机关
legitimacy	[liˈdʒitiməsi] *n.* 1. 合法性 2. 正统性
legitimate	[liˈdʒitimət] *a.* 1. 合法的；合理的 2. 正统的
legitimize	[liˈdʒitimaiz] *vt.* 使合法
lenient	[ˈliːniənt] *a.* 仁慈的，宽大的
letter and spirit	形式和内容上
letters patent	[*pl.*] (政府或君主授予头衔、特殊权利等的)专利证，特许状
levy	[ˈlevi] *v.* 征(税)
liability	[ˌlaiəˈbiləti] *n.* 义务
litigation	[ˌlitiˈgeiʃən] *n.* 法律行为；诉讼
lobby	[ˈlɔbi] *vi.* 对…进行疏通；游说
lynch	[lintʃ] *v.* (尤指一群人)私刑处死(尤指绞死)
malefactor	[ˈmælifæktə(r)] *n.* 作恶者，罪大恶

极者

malice	['mælis] *n.* 1.【律】预谋，蓄意犯罪 2. 恶意，怨恨，敌意
mandate	['mændeit] *vt.* 命令，指令
manpower	['mænpauə(r)] *n.* 劳动力
marital	['mærit(ə)l] *a.* 婚姻的；有关婚姻的
materialistic	[mə,tiəriə'listik] *a.* 唯物主义的，唯物论的
metaphysical	[,metə'fizik(ə)l] *a.* 1. 形而上学的 2. 哲学上的；理论上的 3. 高度抽象的；深奥的
migrant	['maigrənt] *n.* 移居者
migrate	[mai'greit; (*US*)'maigreit] *v.* (使)迁移；迁居
migration	[mai'greiʃ(ə)n] *n.* 迁居；移居外国
militant	['militənt] *a.* 好战的
militaristic	[,militə'ristik] *a.* 军国主义的
military	['militəri; (*US*)-teri] *a.* 1. 军事的；军人的 2. 适合于战争的
militia	[mi'liʃə] *n.* 民兵；人民自卫队
ministerial	[,mini'stiəriəl] *a.* 部长的或部长级的；大臣的
minority	[mai'nɒriti; (*US*)-'nɔ:r] *n.* 少数民族；少数
misconduct	[,mis'kɒndʌkt] *n.* 不当的行为
misdemeanor	[,misdi'mi:nə(r)] *n.* 1. 不端行为 2. 轻罪
monarch	['mɒnək] *n.* 君主；帝王
monarchy	['mɒnəki] *n.* 君主政体；君主制
monogamy	[mɒ'nɒgəmi] *n.* 一夫一妻制

morphology	[mɔːˈfɔlədʒi] *n.* 形态学
muster	[ˈmʌstə(r)] *v.* 1. 召集 2. 唤起
neutral	[ˈnjuːtrəl] *a.* 1. 中立的, 中立国的 2. 不确定的
neutrality	[njuːˈtræləti; (*US*)nuː-] *n.* 中立
nobility	[nəuˈbiləti] *n.* 贵族
nonresidential	[ˈnɔnˌreziˈdenʃəl] *a.* 非居住用的
nuisance	[ˈnjuːsns] *n.* 讨厌的东西(或事、人、行为等); 恼人的事情
nullity	[ˈnʌliti] *n.* (尤指法律上的)无效
obscene	[əbˈsiːn] *a.* 淫秽的
offend	[əˈfend] *vt.* 1. 冒犯, 得罪 2. 违犯, 违反
offense	[əˈfens] *n.* 犯罪; 冒犯
oligarchy	[ˈɔligɑːki] *n.* 寡头政治; 寡头政治的执政团
onslaught	[ˈɔnslɔːt] *n.* 猛攻, 猛袭
orchestrate	[ˈɔːkistreit] *v.* 1. 把…谱写成管弦乐曲 2. 精心编制; 安排; 把…协调地结合起来
ordeal	[ɔːˈdiːl] *n.* 严峻的考验或痛苦的经验; 折磨
ordinance	[ˈɔːdinəns] *n.* 法令; 条例
outlaw	[ˈautlɔː] *vt.* 1. 宣布…为不合法 2. 剥夺…的法律保护 *n.* 歹徒; 逃犯
outpoll	[autˈpəul] *v.* 得到的选票超过(某人)
overlord	[ˈəuvəlɔːd] *n.* 1. 封建领主; 封建君主 2. 最高统治者
override	[ˌəuvəˈraid] *vt.* 1. (以更大的权力)撤销; 推翻 2. 不顾, 无视 3. 压倒; 践踏; 压垮

overrule	[ˌəuvə'ruːl]	v. 否决，驳回
overstep	[ˌəuvə'step]	v. 超越（明智或适当的）限度
overthrow	['əuvəθrəu]	n. 倾覆；垮台
parade	[pə'reid]	n. / v. 集结，游行
parliament	['pɑːləmənt]	n. （英国或加拿大等的）议会
parliamentary	[ˌpɑːlə'mentəri]	a. 1. 国会的；议院的 2. 议员的
parole	[pə'rəul]	n. 1. 假释，有条件释放 2. 宣誓；誓言
partake	[pɑː'teik]	v. 参加，参与
partisan	[ˌpɑːti'zæn]	a. 党派性的
paternalism	[pə'təːnəlizəm]	n. 家长作风；家长式统治
patrolman	[pə'trəulmən]	n. 巡警；警察
patron	['peitrən]	n. 1. （艺术家、作者等）资助人 2. 主顾
peer	[piə(r)]	n. 1. 同辈；同事；同龄人 2. （才能、学识）相匹敌的人 3. [英] 有（公、侯、伯、子、男）爵位的贵族
penalize	['piːnəlaiz]	v. 惩罚
penalty	['penəlti]	n. 处罚，刑罚
pending	['pendiŋ]	a. 悬而未决的
penology	[piː'nɔlədʒi]	n. 刑罚学；典狱学
perpetrate	['pəːpitreit]	vt. 1. 犯（罪行、错误）2. 施行欺骗 3. 谋杀
perpetuate	[pə'petjueit]	vt. 使永存，使不朽
petition	[pi'tiʃ(ə)n]	v. （向官方）请愿
petitioner	[pi'tiʃənə(r)]	n. 请求人；原告

picket	['pikit] *n.* 罢工时守在工厂门口劝阻他人上班者；罢工纠察员
plaintiff	['pleintif] *n.* 原告
plateau	['plætəu] *n.* 停滞状态
play-off	['pleiɔ:f] *n.* 平分决胜
plea	[pli:] *n.* 1. 恳求，请求；请愿 2. 托词；口实 3.【律】抗辩
plight	[plait] *n.* 情势；情况（通常指恶劣、严重或悲伤的情势）
plunder	['plʌndə(r)] *v.* 劫掠
plutocratic	[ˌplu:təu'krætik] *a.* 富豪统治的；财阀统治的
polarize	['pəuləraiz] *v.* (使)两极分化
pornography	[pɔ:'nɔgrəfi] *n.* 淫秽作品
possession	[pə'zeʃ(ə)n] *n.* 1. 领地，属地 2. 所有物；财产 3. 持有；私藏
possessor	[pə'zesə(r)] *n.* 持有者
practice	['præktis] *n.* 惯例，习惯做法
practitioner	[præk'tiʃənə(r)] *n.* 1. 开业者（尤指医生、律师等）2. 从事者，实践者
precedent-setting	开创先例的
precept	['pri:sept] *n.* 法则
preconception	[ˌpri:kən'sepʃ(ə)n] *n.* 成见；先入之见
prejudice	['predʒudis] *n.* 1. 偏见；歧视 2. 成见；先入之见
premise	['premis] *n.* 1. (作为先决条件的)假定，假设 2.【逻】【律】前提
prerequisite	[pri:'rekwizit] *n.* 先决条件
priest	[pri:st] *n.* 牧师
primogeniture	[ˌpraiməu'dʒenitʃə(r)] *n.* 长子继

承制

privileged ['priviliɡʒid] *a.* 享有(或授予)特权的;特许的

pro [prəʊ] *n.* 赞成的论点

procedure [prə'si:dʒə(r)] *n.* 1. 程序;步骤 2. 常规;惯例

process ['prəʊses; (*US*)'prɔses] *n.* 1.【律】(诉讼)程序;(法律手段)过程;进程 2. 步骤;方法 3. 制作方法,加工方法 *vt.* 1. 使接受处理(或检查、审议) 2. 对…进行加工

profess [prə'fes] *v.* (正式)表示,明言

proffer ['prɔfə(r)] *vt.* 1. 递上 2. 提供

prohibit [prə'hibit; (*US*)prəʊ-] *vt.* 1. (以法令规则等)禁止 2. 妨碍;使不可能

proletarian [ˌprəʊli'tɛəriən] *a.* 无产阶级的

proletariat [ˌprəʊli'tɛəriət] *n.* 无产阶级;(大工业的)工人阶级

proliferation [prəʊˌlifə'reiʃən] *n.* 1. 激增 2. 扩散

promulgation [ˌprɔmərl'geiʃən; ˌprəʊmʌl-] *n.* 颁布

propagate ['prɔpəɡeit] *vt.* 散布,传播

proprietor [prə'praiətə(r)] *n.* (正式)业主;有所有权的人

pros and cons 正反两方面的论点

prosecute ['prɔsikjuːt] *vt.* 1. 对…起诉;告发;检举 2. 彻底进行 3. 从事,经营

prosecution [ˌprɔsi'kjuːʃ(ə)n] *n.* 起诉;检举

prospective [prə'spektiv] *a.* 可能的;即将来临的

provision [prə'viʒ(ə)n] *n.* (法律文件中之)规定;条款

public policy	1.【律】公共利益准则 2. 维护公共利益政策
pursue	[pə'sjuː;(US)-'suː] v. 追求
purview	['pəːvjuː] n. 1.(文章、题目等)范围 2. 法令之条款
quarantine	['kwɔrəntiːn;(US)'kwɔːr-] v. 1. 隔离 2. 对…进行检疫
quasi-judicial	['kweizaidʒuː'diʃəl] a. 准司法性的
racial discrimination	种族歧视
rally	['ræli] n. 集会
ransom	['rænsəm] n. 赎金 vt. 交赎金
ratify	['rætifai] v. 1.(正式)批准(协定) 2. 签署
rationale	[ˌræʃə'nɑːl;(US)-'næl] n. 理论基础；逻辑基础
recalcitrant	[ri'kælsitrənt] a. 不服从的；顽抗的
recapture	[riː'kæptʃə(r)] vt. 1. 再俘房，再捕获 2. 收复 3. 使再现
recidivism	[ri'sidivizəm] n. 惯犯，累犯
reconciliation	[ˌrekənsili'eiʃ(ə)n] n. 调停；讲和
redemptive	[ri'demptiv] a. 1. 赎罪的 2. 拯救的
redress	[ri'dres] n. 修正；补救
referee	[ˌrefə'riː] n. 1. 公断人，仲裁人 2. 裁判员
refute	[ri'fjuːt] v. 1. 驳斥，反驳 2. 否认…的正确性
regime	[rei'dʒiːm] n. 1. 政权；政府 2. 政治制度 3.(河道等水文情况的)变化特征
regiment	['redʒimənt] n. 1.(军)团 2.(一)大批，(一)大群 v. 1. 严格控制 2. 把…编

成团

registrar	[ˌredʒiˈstrɑː(r)] n. 登记员
rehabilitation	[ˌriːəbiliˈteiʃ(ə)n] n. 1.(罪犯的)改造,再教育 2. 修复,复兴
reign	[rein] vt. 统治
reimpose	[ˌriːimˈpəuz] v. 再次强加于
remedy	[ˈremidi] v. 补救;纠正 n. 补偿
repeal	[riˈpiːl] v. 废除(法律)
retrenchment	[riˈtrentʃmənt] n. 1. 节省 2. 删除
revenue	[ˈrevinjuː;(US)ˈrevənuː] n. 1.(国家)岁入,税收 2. 收入,收益
revolution	[ˌrevəˈluːʃ(ə)n] n. 变革;彻底的改革
rival	[ˈraiv(ə)l] n. 对手,竞争者
ruling	[ˈruːliŋ] n. 1. 裁决;裁定 2. 统治;支配
running mate	竞选伙伴
sacred law	宗教法
samurai	[ˈsæmurai] n.(日本封建时代的)武士
sanction	[ˈsæŋkʃ(ə)n] n. 1. 认可;准许 2. 制裁;约束 3.[pl.]国际制裁
scapegoat	[ˈskeipgəut] n. 替罪羊;代人受过者
segment	[ˈsegmənt] n. 1. 阶层 2. 部门
segregation	[ˌsegriˈgeiʃ(ə)n] n. 1. 种族隔离 2. 分离
Senate	[ˈsenit] n.(美、法等的)参议院;上议院
settlement	[ˈsetlmənt] n. 1. 殖民地开拓 2. 殖民 3. 定居
shogun	[ˈʃəuguːn;-gʌn] n.(日本)幕府时代的将军;幕府的首领
solicitor	[səˈlisitə(r)] n. 律师;法律顾问
sovereign	[ˈsɔvrin] a. 治国的;统治的

spouse	[spauz;(*US*)spaus] *n.* 配偶（指夫或妻）
squarely	['skwɛəli] *ad.* 1. 正直地 2. 正当地
stance	[stɑ:ns;(*US*)stæns] *n.* 1. 想法 2. 立场；态度
state-sanctioned	州政府支持的
status	['steitəs] *n.* 1. 身份；地位 2. 情形；形态
statute	['stætju:t] *n.* 1.（由立法机构通过之）成文法，法规，法令 2.（公司、学校等的）章程，条例
statutory	['stætjutəri] *a.* 1. 法令的，法规的 2. 成文法的
stratify	['strætifai] *v.* 1.（使）形成阶层 2.（使）成层；（使）分层
strife	[straif] *n.* 纷争
subject	['sʌbdʒikt] *n.* 1. 臣民；国民 2. 题目；主题 3.（事物）经受者
submit	[səb'mit] *v.* 递交，呈交
subsequent	['sʌbsikwənt] *a.* 后来的；随后的
subsistence	[səb'sistəns] *n.*（凭借微少金钱或食物）生存；维持生活
subversion	[səb'və:ʃ(ə)n] *n.* 1. 颠覆；推翻 2. 破坏；灭亡
subvert	[səb'və:t] *v.* 颠覆；推翻（尤指统治集团）
sue	[sju:] *v.* 起诉，控告
sue for	控诉，控告；对…提起诉讼
suffrage	['sʌfridʒ] *n.* 投票；投票权
superstructure	['su:pə,strʌktʃə(r);,sju:-] *n.* 上层建筑

suppress	[sə'pres] v. 1. 抑制 2. 隐瞒
supremacy	[sju'preməsi] n. 最高权力
Surgeon General	[美] 卫生局局长
suspense	[sə'spens] n. 1.【律】权利中止 2. 悬念 3. 担心
sway	[swei] n. 影响
tally	['tæli] n. 测量；记数
tangible	['tændʒəb(ə)l] a. 真实的；确切的
taxation	[tæk'seiʃ(ə)n] n. 征税
tenant	['tenənt] n. 1.【律】承租人；居住者；占用者 2. 租户，房客，佃户
term	[tə:m] n. 1. [pl.] (契约、谈判的) 条件；条款 2. 费用；价钱
testator	[te'steitə(r)] n. 立有遗嘱的人
testimony	['testiməni; (US)-məuni] n. 证明
the Civil Rights Act	《民权法案》
tort	[tɔːt] n. 民事侵权行为 (不包括违背契约)
totalitarian	[,təutæli'tɛəriən] a. 专制的；极权的
totalitarianism	[,təutæli'tɛəriənizəm] n. 极权主义
tough	[tʌf] a. 1. (法律、规则等) 严格的 2. 坚韧的；牢固的
transgression	[træns'greʃən; trænz-; trɑːn-] n. 1. 违反，违法 2. 侵犯 3. 罪过，过失
tyrannical	[ti'rænikəl] a. 暴虐的；暴君统治的
tyranny	['tirəni] n. 暴政，暴虐统治
unanimous	[juː'næniməs] a. 意见一致的
unconscionable	[ʌn'kɔnʃənəb(ə)l] a. 不道德的
unconstitutional	['ʌn,kɔnsti'tjuːʃən(ə)l] a. 违反宪法的；不符合章程的

uncover	[ˌʌn'kʌvə(r)] v. 1. 揭露 2. 宣布
under arms	配备有武器的；武装的
underlying	[ˌʌndə'laiiŋ] a. 潜在的
unflagging	[ˌʌn'flægiŋ] a. 不倦息的；无休止的
unify	['juːnifai] v. 统一
uphold	[ʌp'həuld] vt. 支持，赞成
uplift	[ʌp'lift] vt. 1. 提高…的社会地位 2. 振作
uprising	['ʌpˌraiziŋ] n. 起义，反抗
upward mobility	(社会和经济地位)上升流动性
usurer	['juːʒərə(r)] n. 高利贷者
usurp	[juː'zəːp] vt. 霸占，篡夺
usurpation	[ˌjuːzəː'peiʃən;-sə:-] n. 篡夺
vacate	[və'keit;(US)'veikeit] vt. 1.【律】撤销，使无效 2. 离职；释放；退位
validate	['vælideit] vt. 1.【律】使生效，使合法化 2. 批准 3. 宣布(某人)当选 4. 证实
validity	[və'lidəti] n. 1.【律】有效；合法性 2. 正当；正确
verdict	['vəːdikt] n. (陪审团的)判决
versus	['vəːsəs] prep. 1. (诉讼、竞赛等中)以…为对手 2. 与…相对，与…相比
veto	['viːtəu] n. 1. 否决；否决权 2. 禁止；反对
viceroyalty	[ˌvais'rɔiəlti] n. 总督管辖的省份(殖民地)
vigilant	['vidʒilənt] a. 警戒的；警惕的
vindicate	['vindikeit] v. 为…辩白
violate	['vaiəleit] v. 违犯；违背
voluntary	['vɔləntəri;(US) -teri] a. 1. 自愿的

209

2. 非强制的

waive [weiv] *vt.* 放弃，不坚持

warrant ['wɔrənt;(*US*)'wɔːrənt] *n.* 1. 保证；
证明 2. (法庭发布的)令；状；逮捕状
3. 证书 4. 收(或付)款凭单

warranty ['wɔrənti] *n.* 1. 授权，批准 2. 令；状；
证书 3. 保证(书)，担保(书)，保单

wedge [wedʒ] *n.* 1. [喻]可能引起重大后果
的小事；可能导致重大变化的小变化
2. 楔

welfare ['welfɛə(r)] *n.* (社会)福利

witness ['witnis] *n.* 1. 目击者，见证人 2. 【律】
证人

writ [rit] *n.* 1. 书面命令；令状 2. 文书；正
式文件

八 经济

Board of Directors	董事会
absorption	[əb'sɔːpʃən] *n.* 吸收
abuse	[ə'bjuːz] *vt.* 滥用，妄用
access	['ækses] *n.* 机会
accommodate	[ə'kɔmədeit] *vt.* 使适应
accompany	[ə'kʌmpəni] *vt.* 伴随
account	[ə'kaunt] *v.* 报账
account balance	账户余额
account for	(在数量、比例方面)占
account format	账户式
accountant	[ə'kaunt(ə)nt] *n.* 会计(员)，会计师
accounting	[ə'kauntiŋ] *n.* 1. 会计；会计学 2. 账单 3. 结算
accounting period	结算期
accounting information system	会计信息体系
accounting principle	会计原理；会计准则
accounting rate of return	会计收益率；投资回报率
accounts receivable	应收账款
accrual	[ə'kruːəl] *n.* 自然增长；自然增长额
accrued	[ə'kruːd] *a.* 应计的；应付的；应收的
accrued expense	应计费用
accrued revenues	应计收入

accumulate	[ə'kju:mjuleit] v. 积累，积聚
accumulated depreciation	累计折旧
accumulation	[ə,kju:mju'leiʃ(ə)n] n. 积累，积聚
accurate	['ækjurət] a. 准确的，精确的
active	['æktiv] a. 1. 有效的 2. 活动的
activity cost	活动成本
actual	['æktʃuəl] a. 实际上的，事实上的
ad	[æd] n. 广告
adaptive	[ə'dæptiv] a. 适应性的
additional	[ə'diʃən(ə)l] a. 外加的，附加的
add-on	['ædɔn] n. 附加物，附带品
adjust	[ə'dʒʌst] v. 调整；调节
adjusting entries	调整记录
adjustment	[ə'dʒʌstmənt] n. 调节；调整
adopt	[ə'dɔpt] vt. 采纳，采用
advance	[əd'vɑːns; (US)əd'væns] vt. 1.(作为赊借)预先垫付 2. 预先发放
advantageous	[,ædvən'teidʒəs] a. 有利的，有益的
adverse	['ædvəːs] a. 逆的，相反的
advertising	['ædvətaiziŋ] n. 广告
advisory	[əd'vaizəri] a. 顾问的；咨询的
affect	[ə'fekt] vt. 影响
affiliation	[ə,fili'eiʃ(ə)n] n. 归属
agency	['eidʒənsi] n. 机构
agent	['eidʒənt] n. 代理人
aggregate	['ægrigeit] a. 聚集的；合计的
aggregate price index	综合物价指数
agrarian depression	农业萧条
align	[ə'lain] vt. 使成一线

alleviate	[ə'li:vieit] *vt.* 缓解
allocate	['æləkeit] *v.* 分配，配给；拨出
allocation	[,ælə'keiʃ(ə)n] *n.* 分配，分派
allowance	[ə'lauəns] *n.* 折价；免税额
allowance method	备抵法
alternative	[ɔ:l'tə:nətiv] *a.* (两者或两者以上)取一的，选择的 *n.* 取舍，抉择
ambiguous	[æm'bigjuəs] *a.* 1. 意义含糊的 2. 引起歧义的
American Express	美国运通卡
amortization	[ə,mɔ:tai'zeiʃ(ə)n] *n.* 摊还(资产)；分期偿还(债务等)
amortize	[ə'mɔ:taiz] *vt.* 摊还(资产等)；分期偿还(债务等)
amount	[ə'maunt] *n.* 总数；总额
analogous	[ə'næləgəs] *a.* 相似的，类似的
analysis	[ə'næləsis] *n.* 分析
analyst	['ænəlist] *n.* 分析家
analytic	[,ænə'litik] *a.* 分析的；用分析法的
announce	[ə'nauns] *vt.* 宣布
anticipate	[æn'tisipeit] *vt.* 1. 预期，期望 2. 预计
anticipation	[,æntisi'peiʃ(ə)n] *n.* 期望
antitrust	[,ænti'trʌst] *a.* 反托拉斯的；反垄断的
apathy	['æpəθi] *n.* 冷淡，漠然
appliance	[ə'plaiəns] *n.* 器械，装置
applicable	['æplikəb(ə)l] *a.* 适当的，合适的
applicant	['æplikənt] *n.* 候选人；申请人
application	[,æpli'keiʃ(ə)n] *n.* 应用，运用
apply	[ə'plai] *v.* 1. 申请 2. 应用
apply to	把…应用于

appraisal	[ə'preiz(ə)l] n. 1. 估计 2. 估价,评价
apprenticeship	[ə'prentisʃip] n. 学徒的身份;学徒的年限
approach	[ə'prəutʃ] n. 方法
appropriate	[ə'prəupriət] a. 适当的,恰当的
appropriation	[ə,prəupri'eiʃ(ə)n] n. 1. 拨款 2. 岁初预算
approximate	[ə'prɔksimeit] vt. 1. 接近 2. 粗略估计
approximately	[ə'prɔksimətli] ad. 接近地,近似地
approximation	[ə,prɔksi'meiʃ(ə)n] n. 粗略估计
arbitrage	['ɑ:bitridʒ] n. 套汇;套利
arise from	产生于
arrear	[ə'riə(r)] n. 欠款
aspect	['æspekt] n. 方面
aspiration	[,æspə'reiʃ(ə)n] n. 期望;强烈的愿望
aspire	[ə'spaiə(r)] v. 1. 有抱负,有雄心 2. 立志;热望
assess	[ə'ses] v. 估定金额
assessment	[ə'sesmənt] n. 估价,评价
asset	['æset] n. 1. 宝贵的人(或物) 2. [pl.] 资产,财产
assignment	[ə'sainmənt] n. 分派的任务;分工
assimilate	[ə'simileit] vt. 吸收
at a discount	打折扣;折价发行
at a premium	在票面(或一般)价值以上;溢价发行
at amortized cost	按摊销成本价
at cost	按成本;照原价
at stake	在危险中;在存亡关头
attainment	[ə'teinmənt] n. 实现取得的成就

audit	[ˈɔ:dit] *n.* 审计；稽核；查账
authorization	[ˌɔ:θəraiˈzeiʃ(ə)n] *n.* 授权，委任
availability	[əˌveiləˈbiləti] *n.* 可以利用(或获得)的人(或物)
average	[ˈævəridʒ] *a.* 平均的
average product of labor	劳动的平均产出
backward-bending	向后弯曲的
bad debts	呆账；倒账
balance	[ˈbæləns] *n.* 1. 平衡 2. 收付差额；余额 *vt.* 1. (用天平)称 2. 权衡 3. 结算；清(账)，抵消
balance of payments deficit	收支逆差
balance sheet	资产负债表
bandwagon	[ˈbændwægən] *n.* 1. 浪潮 2. 时尚
bank account	银行账户
bank reconciliation	银行调节
bank statement	银行报表
bargain	[ˈbɑ:gin] *n.* 1. 交易 2. (经过讨价还价后)成交的商品；廉价货 *vi.* 1. 议价 2. 定约
bargaining	[ˈbɑ:giniŋ] *n.* 1. 讨价还价 2. 交涉
basket	[ˈbɑ:skit；(*US*)ˈbæskit] *n.* (同类事物的)一组
batch	[bætʃ] *n.* 1. 一次操作所需的原料量 2. 一次生产量 3. 一批
be compared with	比较，对照
be composed of	由…组成
be subject to	1. 隶属于 2. 服从于；受支配于

behave	[bi'heiv] *vi.* 运转
behavioral	[bi'heivjər(ə)l] *a.* 行为的；行为方面的；行为科学的
benefactor	['benifæktə(r)] *n.* 1. 施主，恩人 2. 捐助人，赞助人
benefit	['benifit] *n.* 补助费；救济金
better off	境况好起来
bias	['baiəs] *n.* 1. 倾向，趋势 2. 偏见
bid	[bid] *n.* 1. 索价，投标 2. 出价的数目，承包价
bilateral	[bai'lætərəl] *a.* 双方的，双边的
bimodal	[bai'məudəl] *a.* 有两种方式的
board	[bɔːd] *n.* 1. 董事会 2. (政府或商业部门的)局、部、所
bond	[bɔnd] *n.* 1. 公债，债券 2. 约束 3. 绳索
bond discount	债券折价
bond premium	债券溢价
bonds payable	应付债券
bonus	['bəunəs] *n.* 奖金，红利
book balance	账面余额
book value	账面价值
boom	[buːm] *n.* 1. (价格的)暴涨；(营业的)激增 2. 经济(工商业的)繁荣；迅速发展
borrowing	['bɔrəuiŋ] *n.* 借款，借贷
bound	[baund] *a.* 受约束的，受束缚的
boundary	['baundəri] *n.* 界线；边界
brand	[brænd] *n.* 商标
broker	['brəukə(r)] *n.* 掮客，经纪人
budget	['bʌdʒit] *n.* 预算 *v.* 把…编入预算

budget deficit	预算赤字
buffer stock	(商品的)缓冲存货，缓冲储备
bundle	[ˈbʌnd(ə)l] n. 一大堆
Bureau of the Budget	预算局
bureaucracy	[bjuˈrɔkrəsi] n. 官僚主义
bureaucratic	[ˌbjuərəuˈkrætik] a. 官僚政治的
business cycle	商业周期
calibrate	[ˈkælibreit] v. 测定或校准
call price	收回价格，赎回价格
callable bonds	可赎回的债券
candidate	[ˈkændidət；(US)ˈkændideit] n. 候选人，候补者
capacity	[kəˈpæsəti] n. 生产量；生产力
capital	[ˈkæpit(ə)l] a. 资本的，资金的 n. 资本，资金
capital expenditure	资本支出；基本建设费用
capital investment	投资
capital account	资本账户
capital accumulation	资本积累
capital contribution	资金投入
capital expenditure budget	资本支出预算；基本建设支出预算
capital lease	资本租赁；融资租赁
capital stock	资金；储备
capitalist	[ˈkæpitəlist] a. 1. 资本主义的 2. 资本家的 n. 资本家
capitalize	[ˈkæpitəlaiz] vt. 1. 使变为资本；使作为资本使用 2. 以大写字母书写
carrying amount	账面金额；债券账面值

217

cartel	[kɑ:'tel] n. 1.【经】卡特尔；企业联合 2. 书面协定
cash flow	现金流量
cash in on	靠…赚钱；从…中捞到好处
cash receipt	现金收讫发票
categorize	['kætigəraiz] vt. 分类
category	['kætigəri] v. 1. 种类 2. 范畴
cautious	['kɔ:ʃəs] a. 谨慎的
central planning	集中计划
centralization	[ˌsentrəlai'zeiʃən; -li'z-] n. 集权化
chair	[tʃɛə(r)] n. 主席
channel	['tʃænəl] n. 途径；渠道
chaotic	[kei'ɔtik] a. 混乱的
characteristic	[ˌkæriktə'ristik] n. 特性，特点
characterize	['kæriktəraiz] vt. 1. 以…为特征 2. 描绘
charge	[tʃɑ:dʒ] vt. 要价；收费
charismatic	[ˌkæriz'mætik] a. 有超凡领导魅力的
charity	['tʃærəti] n. 慈善事业(团体)
chart	[tʃɑ:t] n. 图，图表
charter	['tʃɑ:tə(r)] v. 发给特许状
chief executive	1. 总裁 2. 总经理
chief executive officer	(CEO)首席执行官
claim	[kleim] n. / vt. (根据权利)要求索取
clan	[klæn] n. 宗派；小集团
clear	[kliə(r)] vt. 清偿(债务)
clear-cut	[ˌkliə'kʌt] a. 1. 明确的 2. 轮廓鲜明的
clear-cut assignment of responsibility	明确的责任分工

clerical	['klerik(ə)l] *a.* 办事员的, 职员的
client	['klaiənt] *n.* 1. 顾客, 主顾 2. 委托人; 委托人一方
coarse	[kɔːs] *a.* 粗略的
collectivism	[kə'lektiviz(ə)m] *n.* 集体(主义); 集体制度
combination	[ˌkɔmbi'neiʃ(ə)n] *n.* 组合; 联合(体)
commercial	[kə'məːʃ(ə)l] *a.* 1. 商业的, 商务的 2. 商品化的
commit	[kə'mit] *vt.* 表明
committee	[kə'miti] *n.* 委员会
commodity	[kə'mɔdəti] *n.* 1. 商品 2. 货物
common stock	普通股份
communicate	[kə'mjuːnikeit] *vt.* 1. 交换 2. 交流
comparable	['kɔmpərəb(ə)l] *a.* 1. 比得上的(to) 2. 可比较的(with) 3. 类似的
compensate	['kɔmpenseit] *vt.* 1. 补偿, 弥补 2. 抵消 3. 酬报
compensation	[ˌkɔmpen'seiʃ(ə)n] *n.* 1. 补偿金(补偿物) 2. 工资; 报偿
competent	['kɔmpit(ə)nt] *a.* 能干的; 胜任的; 有能力的
competitive	[kəm'petitiv] *a.* 比赛的, 竞争的
competitor	[kəm'petitə(r)] *n.* 竞争者, 对手; 比赛者
complement	['kɔmpləmənt] *n.* 1. 互补品 2. 补足物
compound	[kəm'paund] *vt.* 使…加之于上
comprehensive	[ˌkɔmpri'hensiv] *a.* 1. 综合的; 包含内容多的 2. 全面的

comptroller	[kən'trəʊlə(r)] n. 审计员
compute	[kəm'pjuːt] v. 计算，估计
concept	['kɒnsept] n. 思想；观念
conceptual	[kən'septjuəl] a. 概念的；与概念有关的
concern	[kən'sɜːn] n. 公司，企业 vt. 涉及
concerted	[kən'sɜːtid] a. 1. 商定的；一致的 2.【音】协调的
conditional	[kən'difən(ə)l] a. 条件性的
conflict	['kɒnflikt] n. 冲突；矛盾
conglomerate	[kən'glɒməreit] n. 集团公司；企业集团
congruent	['kɒŋgruənt] a. 1. 一致的 2. 合适的 3. 和谐的
consensus	[kən'sensəs] n. 一致性
conservatism	[kən'sɜːvətiz(ə)m] n. 1. 稳健主义；保守主义 2. 谨慎性
conservative	[kən'sɜːvətiv] a. 1. 保守的 2. 保险的
conserve	[kən'sɜːv] vt. 保存，保藏
consistency	[kən'sistənsi] n. 1. 一致性 2. 连贯性
consistent	[kən'sist(ə)nt] a. 1. 一致的 2. 经常的 3. 一贯的
constant	['kɒnstənt] a. 1. 恒值的，恒量的 2. 持久不变的
constitutional	[,kɒnsti'tjuːʃən(ə)l; (US),kɒnstə'tuːʃən(ə)l] a. 法规的
constrain	[kən'strein] v. 1. 制约 2. 强迫
constraint	[kən'streint] n. 迫使，强迫；勉强
consultation	[,kɒnsəl'teiʃ(ə)n] n. 磋商

consumer	[kən'sju:mə(r); (US)kən'su:mər] n. 消费者，用户
consumer price index	(CPI) 消费(品)价格指数
consumer surplus	消费者剩余
consumerism	[kən'sju:məriz(ə)m] n. 1. 保护消费者利益运动(20世纪60年代始于美国，专门揭发制造商以次充好、产品危及消费者安全或健康等) 2.(主张以消费刺激经济的)消费主义
consumption	[kən'sʌmpʃ(ə)n] n. 消费
contingency	[kən'tindʒənsi] n. 1. 偶然，偶然性 2. 偶然发生的事；意外事故
contingent	[kən'tindʒənt] a. 偶然的，偶发的；意外的
continuum	[kən'tinjuəm] n. (基本特征突出的)连续体
contraction	[kən'trækʃ(ə)n] n. 收缩(期)
contractor	[kən'træktə(r)] n. 承包商；承包公司
contribute	[kən'tribju:t] v. 有助于，促成
conventional	[kən'venʃən(ə)l] a. 1. 根据惯例的 2. 习俗的，传统的
conversely	['kɔnvə:sli] ad. (方向、作用方面)相反地
convert	[kən'və:t] vt. 使转变，使变换
convertible	[kən'və:tib(ə)l] a. 可变换的，可兑换的
convertible bonds	可兑换债券
convex	['kɔnveks] a. 凸的
convey	[kən'vei] vt. 传达，传递
cooperative	[kəu'ɔpərətiv] n. 1. 合作性组织 2. 合作农场 3. 合作社

cope with	应付, 对付; 对抗
core	[kɔ:(r)] *n.* 1. 核心 2. 精髓
corporate	[ˈkɔ:pərət] *a.* 1. 公司的 2. 法人的 3. 全体的
corporation	[ˌkɔ:pəˈreiʃ(ə)n] *n.* 1. 公司, [美] 股份有限公司 2. 市政当局
correct	[kəˈrekt] *vt.* 1. 改正 2. 矫正
cost	[kɔst; (*US*)kɔ:st] *n.* 1. (股票的)成本 2. 损失, 代价
cost function	成本函数
cost of goods sold	=cost of sales 销售产品成本, 销售成本
cost principle	成本原则
costly	[ˈkɔstli] *a.* 1. 代价高的 2. 昂贵的
counterbalance	[ˈkauntəˌbæləns] *vt.* 1. 平衡 2. 自动抵消
counterpart	[ˈkauntəpɑ:t] *n.* 相对应的人(物体)
coverage	[ˈkʌvəridʒ] *n.* 保险总额
crash	[kræʃ] *n.* 垮台; 失败
credibility	[ˌkrediˈbiləti] *n.* 可信性
credible	[ˈkredib(ə)l] *a.* 1. 可靠的 2. 可接受的
credit	[ˈkredit] *n.* 1. 信用; 信用贷款 2. 存款 3. 债务 4. 信誉; 声望 *vt.* 把…记入贷方
credit sales	赊销
credit transactions	信贷交易; 贷方交易; 赊账交易
creditor	[ˈkreditə(r)] *n.* 债主, 债权人
crisis	[ˈkraisis] *n.* 1. 危机 2. 转折点
criterion	[kraiˈtiəriən] *n.* 判断的标准
crucial	[ˈkru:ʃ(ə)l] *a.* 决定性的; 关系重大的

cumulative	['kju:mjulətiv;(*US*)'kju:mjuleitiv] *a*. 累积的，累加的
currency	['kʌrənsi] *n*. 1. 通货，货币 2. 通用，流通
current	['kʌrənt] *a*. 1. 通用的 2. 流动的 3. 当前的；进行中的
current asset	流动资产
current liabilities	流动负债；经常性贷款；短期贷款
current ratio	流动比率
currently	['kʌrəntli] *ad*. 当前；时下
cut	[kʌt] *n*. 降低；削减
data	['deitə] *n*. 1. 资料 2. 数据
date back	1. 确定…年代 2. 追溯
debenture bonds	信用债券
debit	['debit] *v*. 记入借方的款项 *n*. 借方
debrief	[di'bri:f] *vt*. 询问
debt ratio	债务比率
decentralize	[ˌdi:'sentrəlaiz] *v*. 1. (使) 分散；疏散 2. 分权
deduction	[di'dʌkʃ(ə)n] *n*. 折扣额；折扣
deferred income tax	递延所得税
deficit	['defisit] *n*. 亏损；赤字，逆差
deflation	[di'fleiʃ(ə)n] *n*. 通货紧缩
delegate	['deligeit] *vt*. 委派；授权
deliver	[di'livə(r)] *v*. 提供
demand-pull	[di'mɑ:ndpul] *n*. 需求引起的通货膨胀
demonstrate	['demənstreit] *vt*. 展示，表明
denominator	[di'nɔmineitə(r)] *n*. 标准
deplete	[di'pli:t] *vt*. 1. 消耗 2. 耗尽；大大减少
depletion	[di'pli:ʃən] *n*. 折耗，耗减

223

depreciation	[diˌpriːʃiˈeiʃ(ə)n] n. 折旧；贬值
depress	[diˈpres] vt. 1. 降低，减少；使低下 2. 使沮丧 3. 使萧条
derive	[diˈraiv] vt. 1. 得到 2. 起源
determinant	[diˈtəːminənt] n. 决定因素
devaluation	[ˌdiːvæljuˈeiʃən] n. 货币贬值
deviation	[ˌdiːviˈeiʃ(ə)n] n. 1. 背离，偏离 2. 偏差
diagram	[ˈdaiəgræm] vt. 用图解法表示
dicker	[ˈdikə(r)] n. 1. 讨价还价 2. 小生意
differentiation	[ˌdifərenʃiˈeiʃən] n. 变异
dilute	[daiˈljuːt] v. 减弱…之力量
dimension	[diˈmenʃ(ə)n] n. 1. 规模；范围 2. 特点，特征 3.【数】维
diminish	[diˈminiʃ] vi. 1. 递减；变小 2. 降低
disburse	[disˈbəːs] vt. 1. 分配 2. 支付
disbursement	[disˈbəːsmənt] n. 1. 支付，支出 2. 付出款，支出额
disclosure	[disˈkləuʒə(r)] n. 披露，泄露
discount	[ˈdiskaunt] n. 1. 折扣 2.【商】贴现；贴现率 vt. 1. 看轻 2. 打折扣 3. 对…持怀疑态度
discretion	[disˈkreʃ(ə)n] n. 自由处理，自由决定
discretionary	[disˈkreʃənəri] a. 任意的；无条件的；自由决定的
discriminate	[disˈkrimineit] vi. 1. 歧视 2. 区别，辨别
discriminatory	[disˈkriminətəri;(US) -tɔːri] a. 差别对待的
disinflation	[ˌdisinˈfleiʃ(ə)n] n. 反通货膨胀；通货紧缩

disposable	[dis'pəuzəb(ə)l] a. 可自由支配的；扣除税款后余下的
disposal	[dis'pəuz(ə)l] n. 处理，清理
dissolve	[di'zɔlv] vt. 1. 解散 2. 使终结
distinction	[dis'tiŋkʃ(ə)n] n. 差别
distinctive	[dis'tiŋktiv] a. 1. 表示有别的，区别的 2. 特色的
distortion	[dis'tɔ:ʃən] n. 1. 失真；畸变 2. 歪曲，曲解
distract	[dis'trækt] vt. 使分心
distribution	[ˌdistri'bju:ʃ(ə)n] n. 1. （商品的）销售，推销 2. 销售量 3. 分配，分送
distributor	[dis'tribjutə(r)] n. 1. 销售商，批发商 2. 分发者
diversity	[dai'və:səti] n. 多样性
dividend	['dividend] n. 红利，股息
divisional	[di'viʒənəl] a. 分开的；分部的
domain	[də'mein] n. （活动、思想等的）领域，范围
domestic	[də'mestik] a. 1. 本国的，国内的 2. 家里的，家庭的 3. 国产的
drawback	['drɔ:bæk] n. 欠缺；弊端
drive	[draiv] n. 进取心
due	[dju:;(US)du:] n. 1. [pl.] 应付款；会费 a. 1. 适当的 2. 应有的 3. 预期的
dump	[dʌmp] v. 1. 倾卸，倾倒 2. 猛地扔下 3. 倾销，抛售
durable	['djuərəb(ə)l] a. 1. 耐用的 2. 持久的
duty-free	['dju:ti'fri:] a. 免税的
dwarf	[dwɔ:f] vt. 1. 阻碍 2. 影响

225

earnings	[ˈəːniŋz] n. 1. [pl.] 工资，收入 2. 利润，收益
earnings-per-share	每股平均收益，每股盈余
economics	[ˌiːkəˈnɔmiks] n. 1. 经济学 2. (国家的)经济情况；经济因素
economize	[iˈkɔnəmaiz] vt. 1. 节省，节约 2. 紧缩开支
economy of scale	规模经济
effect	[iˈfekt] n. 1. 效应 2. 影响；效果
efficient	[iˈfiʃənt] a. 有效(率)的
elastic	[iˈlæstik] a. 有弹性的，有伸缩性的
elasticity	[ˌilæsˈtisəti] n. 弹性，伸缩性
empirical	[emˈpirik(ə)l] a. 来自经验(或观察)的
employ	[imˈplɔi] vt. 1. 雇用 2. 使用，利用
empower	[imˈpauə(r)] v. 授权
enact	[iˈnækt] vt. 推行
encompass	[inˈkʌmpəs] v. 包含，包括
endowment	[inˈdaumənt] n. 1. (经济上的)支持；供给 2. 捐赠；资助
enrichment	[inˈritʃmənt] n. 丰富；增添
enterprise	[ˈentəpraiz] n. 事业；企业
entitle	[inˈtait(ə)l] vt. 给…称号；给(书、文章等)题名
entity	[ˈentiti] n. 1. 主体，实体 2. 本质
entry	[ˈentri] n. 1. 条目，项目 2. 登记 3. 进入 4. 许可
enviable	[ˈenviəb(ə)l] a. 引起妒忌的；值得羡慕的
episode	[ˈepisəud] n. 一个事件；一段经历
equitable	[ˈekwitəb(ə)l] a. 公平合理的

equity	['ekwiti] *n.* 1.（押款金额以外的）财产价值 2. 公平 3. 股票；普通股
equivalent	[i'kwivələnt] *a.* 等价的，等值的 *n.* 等价物，等值物
evolution	[ˌi:və'lu:ʃ(ə)n;(*US*)ˌev-] *n.* 逐步发展，逐步形成
exchange	[iks'tʃeindʒ] *n.* 汇兑，兑换
exchange value	交换价值
exclusive	[iks'klu:siv] *a.* 1. 独享的，独占的 2. 全部的；唯一的 3. 排斥的，除外的
executive	[ig'zekjutiv] *n.* 经理；主管级人员 *a.* 行政的，执行的
exhaustible	[ig'zɔ:stəb(ə)l] *a.* 会耗尽的，会枯竭的
experimental	[ikˌsperi'ment(ə)l] *a.* 试验性的
expertise	[ˌekspə:'ti:z] *n.* 专门知识，专长
exploitation	[ˌeksplɔi'teiʃən] *n.* 1. 剥削，榨取 2. 利用
extraction	[ik'strækʃ(ə)n] *n.* 开采
face value	票面价值，面值
failure	['feiljə(r)] *n.* 无支付能力；破产
fair	[fɛə] *a.* 1. 公平的 2. 可能准确的
fair market selling price	公平市场价格
federal	['fedər(ə)l] *a.* 联邦政府的
FICA tax	[美] 联邦保险税
figurehead	['figəhed] *n.* 挂名首脑；傀儡
finance	[fai'næns] *vt.* 供资金给；为…筹措资金 *n.* 财政，金融
financial statement	财政报表
financial budget	财务预算

fiscal	['fisk (ə)l] a. 1. 国库的；国家岁入的 2. 财务的；金钱的
fiscal year	财政年度，会计年度
fixed assets	固定资产
fixed cost	固定成本
flat	[flæt] a. 1. 不景气的，萧条的 2. 无生气的，无精打采的，呆滞的
flexible	['fleksib(ə)l] a. 可变通的；活动的
flow	[fləu] n. 流量，流动物
foreign exchange	1. 外汇 2. 国际汇兑
foreign-currency exchange rate	外币兑换率
formalization	[,fɔːməlaiˈzeiʃən;-liˈz-] n. 正规性
formalize	['fɔːməlaiz] vt. 使定形
format	['fɔːmæt] n. 1.（数据安排的）形式，版式 2. 表格
formation	[fɔːˈmeiʃən] n. 结构
formative	['fɔːmətiv] a. 形成的；发展的
formula	['fɔːmjulə] n. 公式
formulate	['fɔːmjuleit] vt. 1. 说明 2. 规定
formulation	[,fɔːmjuˈleiʃən] n. 1. 系统的阐述；明确表达 2. 规划；构想
framework	['freimwəːk] n. 构架，结构；组织
franchise	['fræntʃaiz] v. 给予特权
fringe	[frindʒ] a. 1. 额外的 2. 附加的
function	['fʌŋkʃ(ə)n] n. 函数；应变量
gross domestic product（GDP）	国内生产总值
generic	[dʒiˈnerik] a. 1. 属的，类的 2. 一般的
get a jump on	抢在…之前行动

given	['giv(ə)n] *a.* 规定的；特定的
go out of business	1. 停业，歇业 2. 停止做原来的工作
going business	持续经营
golden rule	指导原则
good	[gud] *n.* [*pl.*]商品
goodwill	['gud'wil] *n.* (商店、企业的)信誉；商誉
government-incorporated	由政府组建成公司的
grant	[grɑːnt；(*US*)grænt] *n.* 补助金，津贴
graph	[grɑːf；(*US*)græf] *v.* 用图表表示；把…绘入图表
graphic	['græfik] *a.* 图解的，图示的
Great Depression	大萧条（指约1929～1939年发生于美国和其他国家的经济衰退）
gross margin	毛利润
gross national product(GNP)	国民生产总值
gross pay	工资总额
gross profit	毛利润
guarantee	[,gærən'tiː] *n.* 1. 保证，担保 2. 保证人
guild	[gild] *n.* 行会，协会
hands-on	['hændz'ɔn] *a.* 1. 实习的 2. 亲身实践的
harassment	['hærəsmənt] *n.* 折磨；骚扰
hardware	['hɑːdwɛə(r)] *n.* 硬部件
harmonize	['hɑːmənaiz] *vt.* 使协调，使调和
have	[hæv] *n.* 有产者，富人
have a bearing on	与…有联系，与…有关系
have a claim to sth.	（根据权利）要求

have-not	['hævnɔt] n. [常pl.] 无产者
heterogeneous	[,hetərəu'dʒi:niəs] a. 1. 各种各样的 2. 不等同的
hire	['haiə(r)] vt. 租，租借
holding	['həuldiŋ] n. 1. [pl.] 拥有的财产（尤指股票、债券等）2. 占有物，所有物；占有的土地
homogeneous	[,hɔməu'dʒi:niəs] a. 同种类的；相同特征的
huckster	['hʌkstə(r)] n. 小商贩；唯利是图的人 vt. 1. 叫卖 2. 对…(大事)讨价还价
hybrid	['haibrid] a. 混合的
hygiene	['haidʒi:n] n. 保健法
identity	[ai'dentiti] n. 本身，本体
impersonal	[im'pə:sən(ə)l] a. 1. 不受个人感情影响的 2. 非特指某人的；和个人无关的
implement	['impliment] vt. 1. 贯彻 2. 完成 3. 履行
implication	[,impli'keiʃ(ə)n] n. 1. 可能性 2. 含义
impose	[im'pəuz] vt. 1. 征(税) 2. 把…强加给
impoverish	[im'pɔvəriʃ] vt. 使(力量、资源)枯竭
in accordance with	依照，根据
in part	部分地；在特定程度上
in terms of	根据，按照
in the long run	最终；从长远的观点看
incidence	['insid(ə)ns] n. (税等的)负担者，承受者
income statement	收益表，利润表
income tax expense	所得税费用
income tax payable	应付所得税

incorporate [in'kɔ:pəreit] vt. 1. 包含；吸收 2. 使并入

incorporation [ˌinkɔ:pə'reiʃ(ə)n] n. 1. 结合，合并 2. 社团；公司

increment ['inkrəmənt] n. 1. 增加，增长 2. 增值

incremental [ˌinkrə'mentəl] a. 递增的

incumbent [in'kʌmbənt] a. 1. 现任的 2. 义不容辞的

independent of 独立于…之外

index ['indeks] n. 1. 标志；指数 2. 索引

inelastic [ˌini'læstik] a. 无弹性的，无伸缩性的

inequality [ˌini'kwɔləti] n. 差异

inflation [in'fleiʃ(ə)n] n. 通货膨胀；通胀率

inflationary [in'fleiʃ(ə)nəri] a. 通货膨胀的；造成通货膨胀的

inflexible [in'fleksib(ə)l] a. 固定的

inherent [in'hiərənt] a. 内在的；固有的

input ['input] n. 投入

intangible [in'tændʒəb(ə)l] a. 摸不到的；无形的

interest period 利息期，计息期

interim ['intərim] a. 1. 暂时的，临时的 2. 中期的

international accounting 国际会计

interpersonal [ˌintə'pə:sən(ə)l] a. 关于或涉及人与人之间关系的

intuition [ˌintju:'iʃ(ə)n; (US)tu:-] n. 直觉；直觉力

inventory	['invəntəri; (US)'invəntɔːri] n. 1. 存货, 库存 2. 存货清单
invest	[in'vest] vt. 1. 投 (资) 2. 耗费 3. 投入 (in) 4. 笼罩; 给…披上 (with)
investment account	投资账户
investments in bonds	债券投资
investments in stock	股票投资
invoice	['invɔis] n. 发票
issue	['iʃuː; 'isjuː] vt. 发行 (股票等)
joint venture	合资企业
journal	['dʒəːn(ə)l] n. 日记账
journalize	['dʒəːnəlaiz] vt. 记日记账
label	['leib(ə)l] vt. 把…列为
lag	[læg] n. 滞后, 迟滞
lateral	['lætər(ə)l] a. 横向的
launch	[lɔːntʃ] v. 1. 开办 2. 发起
lawsuit	['lɔːsuːt; 'lɔːsjuːt] n. 诉讼案件
layoff	['leiˌɔf] n. 解雇, 开除
layout	['leiˌaut] n. 布局; 安排
lease	[liːs] n. 租约, 租契 vt. 1. 租得 2. 出租 (土地等)
leeway	['liːwei] n. (时间、财物等的) 余裕
legacy	['legəsi] n. 遗留物
lessee	[le'siː] n. 承租人, 租户
lessor	[le'sɔː(r)] n. 出租人
leverage	['levəridʒ] n. 杠杆作用
levy	['levi] vt. 1. 征收, 征税 2. 征集; 征兵
liaison	[liˈeizɔn] n. 1. 联络; 团体间的联系 2. 联系人

232

life-cycle	寿命周期
limited partnership	(股份)有限合伙企业
limited personal liability	有限的个人责任
line	[lain] *n.* 1. (企业组织的)直线领导关系 2. 垂直领导关系 3. 行业
liquid	['likwid] *a.* 1. 易变为现金的 2. 流动的
liquid assets	流动资产
liquidation	[ˌlikwi'deiʃ(ə)n] *n.* (资产的)变现;(企业的)清算
liquidation value	清算价值
liquidator	['likwideitə(r)] *n.* 1. 清算人 2. (尤指由法院指定的)公司资产清理人
loanable	['ləunəbəl] *a.* 可借出的,可贷出的
long-lived	['lɔŋ'livd; 'lɔːŋ-] *a.* 长期的
long-range	['lɔŋ'reindʒ; 'lɔːŋ-] *a.* 远程的;长期的
long-term	['lɔŋtəːm; 'lɔːŋ-] *a.* 长期的(一年以上)
long-term notes	长期票据
lucrative	['luːkrətiv] *a.* 1. 有利的 2. 生利的,赚钱的
magnate	['mæɡnət] *n.* 达官贵人;工商巨头
make ends meet	1. 使收支相抵 2. 靠微薄收入为生
manipulate	[mə'nipjuleit] *vt.* 伪造(账目等)
manipulative	[mə'nipjulətiv] *a.* 操纵的,控制的
manual	['mænjuəl] *a.* 用手操作的
marginal	['maːdʒin(ə)l] *a.* 1.【商】仅能维持收支平衡的 2. 边缘的
marginal product of labor	劳动的边际产品
mark down	降价
mark up	涨价

market interest rates	市场利率
market share	市场份额
market system	市场体系
marketable	['mɑ:kitəb(ə)l] *a.* 1. 可出售的 2. 可转让的
marketing	['mɑ:kitiŋ] *n.* 1. 销售，经销 2. （市场上的）交易，买卖
marketing program	销售方案
mass marketing	大规模市场销售
mass production	大量生产
master budget	总预算
materiality	[məˌtiəri'æləti] *n.* 1. 实体性 2. 重要性
maturity	[mə'tjuərəti] *n.* 【商】（票据等的）到期日
menu	['menju:] *n.* 1. 项目 2. 菜单；目录
mercantile	['mə:kəntail; (*US*)-ti:l;-til] *a.* 贸易的；商业的
mercantile marine	商船队，（一个国家的）全部商船
merchandising business	商品流通企业
module	['mɔdju:l; (*US*)-dʒu:l] *n.* 1. 组件 2. 模块
mold	[məuld] *vt.* 1. 对…产生影响 2. 形成
monetary	['mʌnitəri; (*US*)-teri] *a.* 货币的，金钱的
monopolist	[mə'nɔpəlist] *n.* 垄断者，专卖者
monopolistic	[məˌnɔpə'listik] *a.* 垄断的
monopoly	[mə'nɔpəli] *n.* 垄断，专卖
mortgage	['mɔ:gidʒ] *n.* 抵押
mortgage bonds	抵押债券

net	[net] *a.* 净的，纯的 *n.* 纯利，净利
net income	纯收入
net loss	纯亏损，净损失
net pay	实付工资；实得工薪
niche	[nitʃ；niːʃ] *n.* 合适的职务(或地位)
no-par value	无票面价值，无面值
norm	[nɔːm] *n.* 标准，规范，准则
omnipotent	[ɔmˈnipətənt] *a.* 1. 全能的 2. 有无限权力的；有无上权威的
ongoing	[ˈɔŋgəuiŋ] *a.* 1. 继续的 2. 进行的；发展的
open up	打开，开放
operating lease	经营性租赁
optimal	[ˈɔptim(ə)l] *a.* 1. 最大限度的 2. 最佳效果的，最令人满意的
optimism	[ˈɔptimiz(ə)m] *n.* 乐观主义
optimize	[ˈɔptimaiz] *vt.* 趋向最优化
option	[ˈɔpʃ(ə)n] *n.* 选择
ordinal	[ˈɔːdin(ə)l；(*US*)ˈɔːrdən(ə)l] *a.* 1. 顺序的 2. 序数的
outlay	[ˈautlei] *n.* 费用(额)，支出额
outlet	[ˈautlet] *n.* 1. (商品的)销路；市场 2. 出口，出路
output	[ˈautput] *n.* 1. 产量 2. 产品
outsider	[ˌautˈsaidə(r)] *n.* 门外汉，外行
outstanding	[ˌautˈstændiŋ] *a.* (股票、公债等)已公开发行并售出的
overextend	[ˌəuvərikˈstend] *vt.* 使(自己)承担过多经济责任
overhead	[ˈəuvəhed] *n.* [常*pl.*]管理费用

235

oversee	[ˌəuvə'siː] v. 监察，监督
overstock	[ˈəuvəstɔk] n. 过多的存货
oversupply	[ˌəuvəsə'plai] vt./ [ˈəuvəsəˌplai] n. 过度供给，过多供应
owner's equity	投资者权益
package	[ˈpækidʒ] n. 1. 成套设备 2. 一揽子交易
panic	[ˈpænik] n. (金融方面的)大恐慌
parent-subsidiary relationship	母公司—子公司关系
parity	[ˈpærəti] n. 同等，相等
parochial	[pə'rəukiəl] a. 限制在某一范围的；地方范围的
partial	[ˈpɑːʃ(ə)l] a. 1. 局部的，部分的 2. 不完全的
patron	[ˈpeitrən] n. 资助人，赞助人
patronage	[ˈpætrənidʒ; (US)ˈpeit-] n. 1. 资助，赞助 2. 恩惠，优待
pay	[pei] n. 工资
pay one's way	支付；勉强维持
payee	[pei'iː] n. 收款人
payment	[ˈpeimənt] n. 支付的款项
payoff	[ˈpeiɔːf] n. 1. 企业收益，工资发放 2. 付清
payroll	[ˈpeirəul] n. 1. 薪水册 2. 薪水册上应付之工资总数
pension	[ˈpenʃən] n. 1. 养老金 2. 退职金
pension plan	养老金计划
per capita	按人口计算的(地)；人均
performance	[pə'fɔːməns] n. 业绩；经营成果

236

performance report	业绩报告
permanent account	永久账户
personnel	[ˌpəːsə'nel] *n.* [集合名词]全体职员
perverse	[pə'vəːs] *a.* 1. 负效应的 2. 不合人意的
plummet	['plʌmit] *vi.* 1. (价格、水平等)骤然下跌 2. 陡直降下
plutocratic	[ˌpluːtəu'krætik] *a.* 财阀统治的
poorly	['puəli] *ad.* 不足地
portfolio	[ˌpɔːt'fəuliəu] *n.* 投资组合
potential sales	可能销售量
predetermined cost	预计成本
preferred stock	优先股
premium	['priːmiəm] *n.* 【商】溢价
prepaid expenses	待摊费用
present discounted value(PDV)	贴现值
price variance	物价变动；价格差异
price-cutting	削价，降价
principal	['prinsip(ə)l] *n.* 1. 本金 2. 委托人 3. 负责人，主管
proceeds	['prəusiːdz] *n.* (从事某种活动或变卖财物等的)收入，收益
product	['prɔdʌkt] *n.* 产量
production	[prə'dʌkʃ(ə)n] *n.* 产品
production function	生产函数
production-oriented	以生产为导向的
profit-and-loss ratio	损益比率
profiteer	[ˌprɔfi'tiə(r)] *v.* 投机；获暴利
prohibitive	[prə'hibitiv；(*US*)prəu-] *a.* 1. (费用)

过分高昂的; 使人望而却步的 2. 禁止的, 禁止性的

project	['prɔdʒekt] *n.* 1. 项目 2. 企业
property	['prɔpəti] *n.* 1. 财产, 资产 2. 性能, 属性
proposition	[ˌprɔpə'ziʃ(ə)n] *n.* 主张, 论点
proprietorship	[prə'praiətəʃip] *n.* 1. 独资企业 2. 所有权
prospector	[prə'spektə(r)] *n.* 勘探者
protectionism	[prə'tekʃ(ə)niz(ə)m] *n.* 保护贸易制
proviso	[prə'vaizəu] *n.* 1. 限制性条款 2. 附文, 附带条件
public-sector	国营工商业; 公营部门
purchasing price	买价
quick profit	暴利
quota	['kwəutə] *n.* 定量, 配额
quote	[kwəut] *vt.* 【商】报(价), 开(价)
real price	实际价格, 实价
rebate	['ri:beit] *n.* 1. 部分退款 2. 回扣, 折扣 *vt.* 1. 给予(某一数额的)回扣 2. 减少, 削弱
receipt	[ri'si:t] *n.* 1. 收入 2. 收到, 接到 3. 收据
receipts	[ri'si:ts] *n.* [*pl.*] 收入
receivables	[ri'si:vəb(ə)lz] *n.* 应收款项, 应收项目
recession	[ri'seʃ(ə)n] *n.* 1. (经济的)衰退 2. 衰退期
reconcile	['rekənsail] *vt.* 调解, 调和
reconciliation	[ˌrekənsili'eiʃ(ə)n] *n.* 调节(指表示一个账户的数字如何行之于另一账户的计算过程)

recruitment	[ri'kru:tmənt] *n.* 补充人员，吸收成员
redemption	[ri'dempʃ(ə)n] *n.* 偿还，赎回
referral	[ri'fə:r(ə)l] *n.* (对申请职务者的)工作分派
register	['redʒistə(r)] *n.* 登记；注册
regression	[ri'greʃ(ə)n] *n.* 复归，回归
regulate	['regjuleit] *vt.* 1. 管理，控制 2. 使…遵守规章
rent	[rent] *n.* 经济租金
rental	['rent(ə)l] *a.* 租赁的，供出租的 *n.* 租费；出租业
resource	[ri'sɔ:s;(*US*)'ri:sɔ:rs] *n.* 1.[常*pl.*] 资财，财力 2. 储备力量 3. 资源
retail value	零售价
retire	[ri'taiə(r)] *vt.* 1. 收回(纸币等) 2. 付清(证券等的本息)
retrenchment	[ri'trentʃmənt;ri:-] *n.* 削减；紧缩
return	[ri'tə:n] *n.* 退货
return on assets	资产收益率，资产报酬率
revenue	['revənju:;(*US*)'revənu:] *n.* 1. (尤指大宗的)收入 2. (国家的)岁入，税收
revenue expenditure	营业支出；收入支出
run	[rʌn] *n.* 一段时间
safeguard	['seifgɑ:d] *vt.* 保护；维护
sale price	卖价
sales revenue	销售净收入
salesclerk	['seilzklɑ:k;-klə:k] *n.* 售货员，营业员
sample	['sɑ:mp(ə)l;(*US*)'sæmp(ə)l] *n.* 样品，货样
sanction	['sæŋkʃ(ə)n] *n.* 1. 制裁 2. (附加条

款的)奖惩 3. 认可，批准

saving	['seiviŋ] *n.* 存款，积蓄
scholarship	['skɔləʃip] *n.* 1. 学问 2. 学术成就 3. 奖学金
secure	[si'kjuə(r)] *vt.* (为借款等)作保，向(债权人)提供保证
selectivity	[ˌsilek'tivəti] *n.* 选择性
self-employed	[ˌselfim'plɔid] *a.* 非为雇主工作的；不专为某一雇主工作的（如店主、个体经营者、散工等）
self-esteem	[ˌselfi'sti:m] *n.* 自尊自重
sell	[sel] *vt.* 推销
sell out	1. 出售(股份) 2. 出盘 3. 售完
sensitivity	[ˌsensi'tivəti] *n.* 敏感性
separation of duties	职能的划分
sequential	[si'kwenʃ(ə)l] *a.* 1. 序列的 2. 连续的
set	[set] *vt.* 确定
share	[ʃɛə] *n.* 股份；股票
shareholder	['ʃɛəhəuldə(r)] *n.* 股票持有人，股东
sharing agreement	分配协议
shift	[ʃift] *n.* 变换，改变
shirk	[ʃə:k] *vi.* 1. 逃避(工作、责任等) 2. 溜掉；开小差
shortcut	['ʃɔ:tkʌt] *n.* 近路，捷径
short-term notes payable	短期应付票据
slack	[slæk] *n.* 1. 不活跃，呆滞 2. 萧条期
slump	[slʌmp] *n./vi.* 1. 暴跌，不景气 2. 消沉，衰退
smooth	[smu:ð] *a.* 顺利的

snob	[snɔb] *n.* 势利的顾客
socioeconomic	['səusiəu,i:kə'nɔmik;-ʃi-] *a.* 社会经济的；社会经济学的
solution	[sə'lu:ʃ(ə)n] *n.* 解决办法
solvency	['sɔlvənsi] *n.* 偿付能力
solvent	['sɔlvənt] *a.* 有偿付能力的
span	[spæn] *n.* 范围
specialist	['speʃəlist] *n.* 专家
specialty	['speʃəlti] *n.* 1. 专业 2. 特长
specification	[,spesifi'keiʃ(ə)n] *n.* 1. 说明书 2. 详述
spectrum	['spektrəm] *n.* 范围
speculate	['spekjuleit] *vi.* 投机
speculation	[,spekju'leiʃ(ə)n] *n.* 投机；投机买卖
spending	['spendiŋ] *n.* 花费，开销
sponsor	['spɔnsə(r)] *n.* 发起者；主办者；倡议者 *vt.* 主办；发起；倡议
staff	[stɑ:f] *vt.* 1. 雇用 2. 为…配备职员（教员等）
stake	[steik] *n.* 1. 利害关系 2.（投机生意等的）股本；股份 3. 风险
statement	['steitmənt] *n.* 结算单；清单；报表
statement of stockholders' equity	股东权益表
state-owned	国有的；国营的
statistical	[stə'tistik(ə)l] *a.* 统计的
status quo	现状
stipend	['staipend] *n.* 俸给，薪金
stock	[stɔk] *n.* 1. 证券；股票 2. 存货
stock dividends	股息，股利

stock market	1. 证券市场 2. 证券交易
stockholder	['stɔkˌhəuldə(r)] *n.* 股东
storm	[stɔːm] *n.* 震荡
straightforward	[ˌstreit'fɔːwəd] *a.* 1. 明确的 2. 易懂的
strain	[strein] *v.* 尽力使用；损耗
stream	[striːm] *n.* 1. 流量 2. 一连串
strength	[streŋθ] *n.* 行市坚挺；价格坚挺
stringent	['strindʒənt] *a.* 1. 严格的，严厉的 2. (银根)紧的
structural	['strʌktʃərəl] *a.* 由经济结构引起的
stylish	['stailiʃ] *a.* 时髦的
subcontract	[ˌsʌb'kɔntrækt] *n.* 分包合同；转包合同 *vt.* 分包；转包
subcontractor	[ˌsʌbkən'træktə(r)] *n.* 分包者；分包商
subject	['sʌbdʒekt] *a.* 受…支配的
subordinate	[sə'bɔːdinət;(*US*) -dənət] *n.* 居次位者；下属
subsequent	['sʌbsikwənt] *a.* 随后的；后来的
subsidiary	[səb'sidiəri] *n.* 1. 附属机构，子公司 2. 辅助物 *a.* 辅助的，补充的
subsidize	['sʌbsidaiz] *v.* 给…发补助金，津贴
subsidy	['sʌbsidi] *n.* 补助金，津贴
subsistence wage	勉强糊口的工资
supplier	[sə'plaiə(r)] *n.* 供应者；供应商
surcharge	['səːtʃɑːdʒ] *n.* 附加税；额外费用
surplus	['səːpləs] *n.* 盈余；剩余额
tag	[tæg] *n.* 标签
target	['tɑːgit] *n.* 指标
tariff	['tærif] *n.* 1. 关税；关税率；关税表

2. 收费表，价目表

tariff walls	关税壁垒
taxation	[tæk'seiʃ(ə)n] n. 1. 征税；纳税；税制 2. 税款；税收
temporary account	临时账户
tenure	['tenjuə(r)] n. 1. (财产、职位的)占有权；使用权 2. 占有期；使用期
the asset revaluation	资产重估
the balance sheet	资产负债表
the bond interest	债券利息
the cost principle	成本原则
the financial statement	决算表(指资产负债表、损益计算书等)
tit-for-tat	以牙还牙的；针锋相对的
top manager	首席经理
trade account payable	商业应付账款，应付货款
trade in... off...	以(旧物)折价换取(同类新物)
trade off	放弃…以换取他物
trader	['treidə(r)] n. 1. 交易人；证券投机者 2. 商人
trading investment	商业投资
transact	[træn'zækt;trɑ:-] v. 办理
transaction	[træn'zækʃ(ə)n;trɑ:-] n. 交易
transfer	[træns'fə:(r);trɑ:-] v. 1. 转让，让与(财产等) 2. 转入
transition	[træn'siʃ(ə)n; trɑ:-] n. 过渡时期
transitive	['trænsitiv;'trɑ:-] a. 1. 可逆的 2. 可传递的
transitory	['trænsitəri;'trɑ:-] a. 短暂的, 易逝的

treasury	['treʒəri] n. 1. 国库；金库 2. 宝藏，珍藏
trigger price	触发价格，起动价格
turnover	['tə:n,əuvə(r)] n. 周转
unaccrued revenues	未实现收入
underemployed	[,ʌndərim'plɔid] a. 就业不足的；未充分就业的
underpin	[,ʌndə'pin] v. 支持；加强
undertake	[,ʌndə'teik] vt. 开始进行；从事
undertaking	[,ʌndə'teikiŋ] n. 1. 所承担的工作 2. 事业；企业
underwrite	[,ʌndə'rait] vt. 同意承担…经济责任
unemployment	[,ʌnim'plɔimənt] n. 失业人数；失业(率)
unfounded	[ʌn'faundid] a. 无事实根据的
union dues	工会会费
unlimited liability	无限责任
update	[ʌp'deit] vt. 使现代化
upsurge	['ʌpsə:dʒ] n. 上升；增加
upturn	['ʌptə:n] n. (尤指经济方面的)上升；好转
	[ʌp'tə:n] vt. 使向上
useful life	可用年限；使用寿命
usurer	['ju:ʒərə(r)] n. 高利贷者
utilitarian	[,ju:tili'tɛəriən] a. 以实用为主的，功利主义的
utility	[ju:'tiləti] n. 效用，实用
utilization	[,ju:tilai'zeiʃ(ə)n] n. 利用
utilize	['ju:tilaiz] vt. 利用
valuate	['væljueit] v. 评价，估价
value engineering	价值工程，工程经济学

variability	[ˌvɛəriə'biləti] *n.* 1. 多变性 2. 变量
variable	[ˈvɛəriəb(ə)l] *a.* 可变的；变量的 *n.* 可变量，可变因素
variable cost	可变成本，变动成本
variance	[ˈvɛəriəns] *n.* 1. 变动；变异 2. 偏差
variety	[vəˈraiəti] *n.* 多样性
various	[ˈvɛəriəs] *a.* 1. 不同的 2. 各种各样的
venture	[ˈventʃə(r)] *n.* 冒险，投机
warranty	[ˈworənti] *n.* 担保，保单，商品或产品担保书
weight	[weit] *n.* 1.（统计学中）权（重）2. 加权值，加重值
weighted average cost	加权平均成本
withdrawal	[wiðˈdrɔːəl] *n.* 提款
work sheet	工作记录单；加工单
workstation	[ˈwəːkˌsteiʃ(ə)n] *n.*（生产流程中配有工具设备、由一名工人操作的）工作岗位
write-off	[ˈraitɔf; -ɔːf] *n.* 1.（会计）注销；勾销 2.（账面）价值降低 3. 报废物
yield	[jiːld] *n.* 1. 投资的利润，红利率 2. 产量，产额 3. 收益

九 计算机

acceleration	[ək,selə'reiʃ(ə)n] n. 加速
access	['ækses] n. 1. 存取；访问 2. 进入
address	[ə'dres] vt. 1. 处理 2. 满足(需求)
administration	[əd,mini'streiʃ(ə)n] n. 1. 管理 2. 经营
administrator	[əd'ministreitə(r)] n. 管理员
advisory	[əd'vaizəri] n. 1. 公告 2. 报告
airwave	['ɛəweiv] n. 无线电波
animation	[æni'meiʃ(ə)n] n. 动画制作
antenna	[æn'tenə] n. 天线
application	[,æpli'keiʃ(ə)n] n. 应用软件
approach	[ə'prəutʃ] n. (处理问题的)方式，方法 vt. 接近
archive	['ɑːkaiv] n. [常pl.]资料库，档案
around the clock	24小时昼夜不停
asterisk	['æstərisk] n. 星号
attachment	[ə'tætʃmənt] n. 附件；附加文件
attenuate	[ə'tenjueit] vt. 使衰减，使减弱
audio	['ɔːdiəu] a. 声频的 n. 声音
back	[bæk] vt. 支持
backstage	['bæksteidʒ] n. 后台
backup	['bækʌp] n. 备份；备份装置
baffle	['bæf(ə)l] vt. 使困惑；难住
bandwidth	['bændwidθ] n. 带宽，频带宽度
barge in	闯入

barrier	['bæriə(r)] *n.* 屏障；栅栏	
bastion	['bæstiən] *n.* 堡垒，防御工事	
beep	[bi:p] *vi.* 发嘟嘟声	
billing	['biliŋ] *a.* 计费的	
binary	['bainəri] *a.* 二进制的	
bit	[bit] *n.* 位	
bottleneck	['bɔtlnek] *n.* 瓶颈	
bridge	[bridʒ] *vt.* 把…连接起来	
browser	['brauzə(r)] *n.* 浏览程序，浏览器	
buffer	['bʌfə(r)] *n.* 缓冲器 *vt.* 缓冲	
bug	[bʌg] *n.* 1.（计算机硬件或软件中的）错误 2. 故障	
built-in	['bilt'in] *a.* 内建的，内装的，内置的	
bulky	['bʌlki] *a.* 体积大的	
bus	[bʌs] *n.* 总线	
bustling	['bʌsliŋ] *a.* 熙熙攘攘的；忙忙碌碌的	
cache	[kæʃ] *n.* 高速缓冲存储器	
capacity	[kə'pæsəti] *n.* 容量	
carrier	['kæriə(r)] *n.* 1. 载体 2. 载波	
case study	个案研究，个案调查	
cellular	['seljulə] *a.* 蜂窝状的	
chain	[tʃein] *n.* 连锁集团	
chink	[tʃiŋk] *n.* 1. 弱点；漏洞 2. 裂缝	
circuitry	['sə:kitri] *n.* （整机）电路，电路系统	
clad	[klæd] *a.* 包层金属的；有包层的	
cleansing	['klenziŋ] *a.* 起清洁作用的	
coinage	['kɔinidʒ] *n.* 新造出来的词语	
compatible	[kəm'pætəb(ə)l] *a.* 兼容的	
component	[kəm'pəunənt] *n.* 组件，部件；组成硬件或软件的基本部分	

composite	['kɔmpəzit] *n.* 合成物，复合材料
compression	[kəm'preʃ(ə)n] *n.* 压缩
computational	[ˌkɔmpju:'teiʃ(ə)nəl] *a.* 计算的，计算机的
concentrator	['kɔnsəntreitə(r)] *n.* 集成器
configuration	[kənˌfigju'reiʃ(ə)n] *n.* 配置
configure	[kən'figə(r)] *vt.* 配置
confine	['kɔnfain] *n.* 介于两者之间的状态
confirmation	[ˌkɔnfə'meiʃ(ə)n] *n.* 1. 证实 2. 批准
conform	[kən'fɔ:m] *vi.* 遵照
confusion	[kən'fju:ʒ(ə)n] *n.* 混乱状态
congest	[kən'dʒest] *vt.* [常用被动态] 挤满，塞满
conjunction	[kən'dʒʌŋkʃ(ə)n] *n.* 连接
connectivity	[ˌkɔnek'tivəti] *n.* 连接；联系
connector	[kə'nəktə(r)] *n.* 连接器
console	['kɔnsəul] *n.* 控制台
converter	[kən'və:tə(r)] *n.* 变频器，变换器
coordinate	[kəu'ɔ:dinət] *n.* 坐标
correspondent	[ˌkɔri'spɔndənt] *n.* 通信者
courier	['kuriə(r)] *n.* 送急件的人
courier company	速递公司
crack	[kræk] *vt.* 破译
cryptographic	[ˌkriptə'græfik] *a.* 1. 使用密码的 2. 密码学的
cure	[kjuə(r)] *vt.* 加工处理
cursor	['kə:sə(r)] *n.* 光标
custom-designed	按专门要求设计的
cybercafe	['saibəˌkæ'fei] *n.* 网络咖啡屋
cybernaut	['saibəˌnɔ:t] *n.* 网络世界的遨游者

cyberphone	['saibə,fəun] n. 网络电话，网上电话
cyber store	网上商店
database	['deitəbeis] n. 数据库
datum	['deitəm;'dɑ:təm] n. 信息，资料
declaration	[,deklə'reiʃ(ə)n] n. 1. 申报 2. 声明(书)
decompress	[,di:kəm'pres] vt. 解压缩
dedicated	['dedikeitid] a. 专用的；指定的
default	[di'fɔ:lt] n. 缺省(值)，默认(值)
delivery	[di'livəri] n. 传送，发送
demodulator	[di:'mɔdjuleitə(r)] n. 解调器
density	['densəti] n. 密度
dependability	[di,pendə'biləti] n. 可靠性
deploy	[di'plɔi] vt. 配置
derive	[di'raiv] vt. 推导
desktop	['desktɔp] n. 1. 台式电脑 2. 桌面
dialer	['daiələ(r)] n. 拨号程序
dial-in	拨入
dial-up	拨号连接，拨号上网
diode	['daiəud] n. 二极管
disc	[disk] n. 磁盘
distortion	[dis'tɔ:ʃən] n. 失真
documentation	[,dɔkjumen'teiʃ(ə)n] n. 1. [总称](提供或使用的)文件凭证 2. 文献
download	['daun,ləud] vt. 下载
drive	[draiv] n. 驱动(器)
embed	[em'bed] vt. 嵌入
encode	[in'kəud] vt. 编码
encoder	[in'kəudə(r)] n. 编码器
encrypt	[in'kript] vt. 1. 把…编码 2. 给…加密

encryption	[in'krɪpʃən] n. 1. 加密技术 2. 把…译成密码或电码
entry	['entri] n. 词条
established brand	知名品牌，公认的名牌产品
fair	[fɛə(r)] n. 1. 博览会 2. 集市
feedback	['fi:dbæk] n. 反馈
fidelity	[fi'deləti;(US)fai'deləti] n. 逼真度
field	[fi:ld] n. 1. 野外，室外 2. 现场
film	[film] n. 薄膜
floppy disk	软盘
folder	['fəuldə(r)] n. 文件夹，子目录
font	[fəunt;fɔnt] n. 字体
forefront	['fɔ:frʌnt] n. 最前沿，最前列 a. 最尖端的，最前沿的
format	['fɔ:mæt] n. 1. (录像等的)制式 2. 格式 vt. 格式化
freeware	['fri:wɛə] n. 免费软件
freighter	['freitə(r)] n. 货运公司，承运人
gateway	['geitwei] n. 网关
guru	['guru:] n. 1. 专家 2. 权威 3. 大师
hack	[hæk] n./vt. 破坏(程序)
hacker	['hækə] n. 黑客，计算机窃贼
handler	['hændlə(r)] n. 操作装置
handset	['hændset] n. 电话听筒
high-end	高档计算机产品
honeycomb	['hʌnikəum] n. 蜂窝状物
hookup	['hukʌp] n. 连接
host	[həust] n. 主机
hub	[hʌb] n. 电线插孔
icon	['aikɔn] n. 图标

IE	Internet Explorer 浏览器
incompatible	[ˌinkəm'pætəb(ə)l] *a.* 不相容的
inductor	[in'dʌktə(r)] *n.* 感应器
infrared	[ˌinfrə'red] *n.* 红外线 *a.* 红外线的
infrastructure	['infrəstrʌktʃə(r)] *n.* 1. 基础 2. 基本结构
integrated circuit	集成电路
interface	['intəfeis] *vi.* 与…接口
interoperability	['intərˌɔpərə'biləti] *n.* 1. 协同工作的能力 2. 互通性
keep up to date	使…根据最新信息随时修改，使…跟上最新发展
key	[ki:] *n.* 密钥
keystroke	['ki:strəuk] *n.* 键击
laptop	['læptɔp] *n.* 便携式电脑
laser	['leizə(r)] *n.* 1. 激光 2. 激光器
latency	['leitənsi] *n.* 等待时间
launch	[lɔ:ntʃ] *vt.* 1. 发布 2. 发起
layout	['leiaut] *n.* 版面编排
level	['lev(ə)l] *n.* 水平，水平面
log	[lɔg] *vt.* 把…记录下来
log-in	登录
logo	['ləugəu] *n.* 标记；商标
long-haul	['lɔŋ'hɔ:l] *a.* 长途的；远距离的
loop	[lu:p] *n.* 环路
loophole	['lu:phəul] *n.* 漏洞，空子
loss	[lɔs;(*US*)lɔ:s] *n.* 损耗
low-end	['ləuend] *a.* 低级的
manager	['mænidʒə(r)] *n.* 管理器
manual	['mænjuəl] *n.* 使用手册，说明书

MB	= megabit 兆位
memo	['meməu] *n.* 备忘录
memory	['meməri] *n.* 存储器，内存
microprocessor	[,maikrəu'prəusesə(r)] *n.* 微处理器
mobile	['məubail;-bil] *a.* 可移动的
mobile mail	移动邮件
modem	['məudəm] *n.* 调制解调器
modulate	['mɔdjuleit;(*US*)-dʒu-] *vt.* 调制
module	['mɔdjuːl;(*US*)-dʒuːl] *n.* 模块
multiprocessor	[,mʌlti'prəusesə(r);-'prɔ-] *n.* 多(重)处理器
networking	['net,wəːkiŋ] *n.* 网络连接，联网
notebook	['nəutbuk] *n.* 笔记本电脑
on-line	['ɔn'lain] *a.* 在线的
package	['pækidʒ] *n.* 软件包
page	[peidʒ] *vt.* 传呼，寻呼
page-centric	以页面为主的，以网页为中心的
pager	['peidʒə(r)] *n.* 传呼机
paging	['peidʒiŋ] *n.* (无线电)寻呼，播叫
phaseout	['feizaut] *n.* 分阶段(或逐步)停止实行或完成，分阶段(或逐步)结束
photodetector	[,fəutəudi'tektə(r)] *n.* 光电探测器
phreaker	['friːkə(r)] *n.* 电话窃贼
pixel	['piks(ə)l] *n.* (图像的)像素
platform	['plætfɔːm] *n.* 平台
plug in	插上电源
port	[pɔːt] *n.* 端口
portability	[,pɔːtə'biləti] *n.* 可携带性
portable	['pɔːtəb(ə)l] *a.* 便携的

presentation	[ˌprezən'teiʃ(ə)n;(*US*),priːzen'tei ʃ(ə)n] *n.* 1. 显示;图像 2. 演讲,演示
probe	[prəub] *n.* 探测器
process	['prɔses] *n.* 进程
processor	['prɔsesə(r)] *n.* 处理程序
protocol	['prəutəkɔl;(*US*)-kɔːl] *n.* 1. 协议; 规约 2. 通信协议,网络协议
prototype	['prəutətaip] *n.* 1. 样机,样品 2. 原型
provision	[prə'viʒ(ə)n] *n.* 规定
proxy	['prɔksi] *n.* 1. 代理 2. 代理服务器
recipient	[ri'sipiənt] *n.* 接受人
remote	[ri'məut] *a.* 远程的
render	['rendə(r)] *vt.* 1. 绘图 2. 对图形做艺术处理
renovate	['renəuveit] *vt.* 1. 翻新,更新 2. 修复
repeater	[ri'piːtə(r)] *n.* 转发器,中继器
replicate	['replikeit] *vt.* 复制
resolution	[ˌrezə'luːʃ(ə)n] *n.* 分辨率
roam	[rəum] *vi.* 漫游
route	[ruːt] *vt.* 按规定路线发送;给…定路线
scanner	['skænə(r)] *n.* 扫描器
scheme	[skiːm] *n.* 方案
sensitivity	[ˌsensi'tivəti] *n.* 敏感性,灵敏度
sensor	['sensə(r)] *n.* 传感器
server	['səːvə(r)] *n.* 服务器
shareware	['ʃɛəwɛə] *n.* 共享软件
software	['sɔftwɛə(r)] *n.* 软件
spare	[spɛə(r)] *a.* 备用的 *vt.* 剩下;闲置,用不着

spatial	[ˈspeɪʃ(ə)l] a. 空间的
statement	[ˈsteɪtmənt] n. (计算机) 语句
streamline	[ˈstriːmlaɪn] n. 流线，流线型
subsystem	[ˈsʌbˌsɪstəm; sʌbˈs-] n. 子系统，辅助系统
subtitle	[ˈsʌbˌtaɪt(ə)l] n. 字幕
suite	[swiːt] n. 套，系列
supersonic	[ˌsuːpəˈsɒnɪk; ˌsjuː-] a. 超音速的
surf	[səːf] vt. (在网上) 冲浪，漫游
surround sound	(具有包围收听者效果的一种高保真度的) 环绕立体声
switch	[swɪtʃ] n. 转换器
telecommunication	[ˈtelɪkəˌmjuːnɪˈkeɪʃ(ə)n] n. 1. 电信 2. 远程通信
telecommute	[ˌtelɪkəˈmjuːt] vi. (通过使用与工作单位连接的计算机终端)远距离工作
template	[ˈtempleɪt] n. 模板
termination	[ˌtəːmɪˈneɪʃ(ə)n] n. 终端设备
toll	[təʊl; tɒl] n. 长途电话费
toolbox	[ˈtuːlbɒks] n. 工具箱
transceiver	[trænˈsiːvə(r); trɑː-] n. 收发两用机
transponder	[trænˈspɒndə(r)] n. 转发器
turn	[təːn] n. 圈
un-compress	解压缩
upgrade	[ˈʌpgreɪd] n. (计算机软硬件的)升级，更新
vendor	[ˈvendə(r); -dɔː(r)] n. (销售计算机软硬件并提供后续技术服务的) 销售商

videoconference	[ˌvidiəu'kɔnfərəns] n. 电视会议，视频会议
videophone	['vidiəufəun] n. 电视电话，可视电话
walkie-talkie	['wɔːki'tɔːki] n. 对讲机，步话机，无线电话机
wallpaper	['wɔːlˌpeipə(r)] n. 壁纸，墙纸
workstation	['wəːkˌsteiʃ(ə)n] n. 工作站

十 数学

3-digit number	三位数
abacus	['æbəkəs] n. 算盘
abscissa	[æb'sisə] n. 横坐标
absolute value	绝对值
acute angle	锐角
addition	[ə'diʃ(ə)n] n. 加，加法
adjacent angle	邻角
algebra	['ældʒibrə] n. 代数
algorithm	['ælgərið(ə)m] n. 运算法则
angle bisector	角平分线
arc	[ɑːk] n. 弧
area	['ɛəriə] n. 面积
arithmetic	[ə'riθmətik] n. 算术，计算
arithmetic mean	算术平均值(总和除以总数)
arithmetic progression	等差数列
arm	[ɑːm] n. 直角三角形的股
at	[æt] prep. 总计(乘法)
average	['ævəridʒ] n. 平均值
base	[beis] n. 底
be contained in	位于…上
bisect	[bai'sekt] v. 平分
center	['sentə(r)] n. 圆心
chord	[kɔːd] n. 弦

circle	['sə:k(ə)l]	*n.* 圆形
circumference	[sə'kʌmfərəns]	*n.* 圆周长
circumscribe	['sə:kəmskraib]	*v.* 外切, 外接
clockwise	['klɔkwaiz]	*a. lad.* 顺时针方向的(地)
closest approximation		最相近似的
coefficient	[ˌkəui'fiʃənt]	*n.* 系数; 常数
combination	[ˌkɔmbi'neiʃ(ə)n]	*n.* 组合
common divisor		公约数, 公因子
common factor		公因子
complementary angles		余角(二角和为90°)
composite number		合数(可被1及本身以外其他的数整除)
☆ concavity	[kɔn'kævəti]	*n.* 凹状
concentric circle		同心圆
cone	[kəun]	*n.* 圆锥(体积=1/3π r²h)
congruent	['kɔngruənt]	*a.* 全等的
conic	['kɔnik]	*a.* 圆锥的
conical	['kɔnik(ə)l]	*a.* 圆锥(形)的
consecutive integer		连续的整数
contour	['kɔntuə(r)]	*n.* 1. 轮廓线, 周线 2. 外形
convex	['kɔnveks]	*a.* 凸起的
convexity	[kɔn'veksəti]	*n.* 凸状
coordinate	[kəu'ɔ:dineit]	*n.* 坐标
coordinate geometry		解析几何
counter-clockwise	[ˌkauntə'klɔkwaiz]	*a. lad.* 逆时针方向的(地)
cube	[kju:b]	*n.* 1. 立方数 2. 立方体
cubic	['kju:bik]	*a.* 立方体的, 立方形的

cylinder	[ˈsilində(r)]	n. 圆柱体
decagon	[ˈdekəgən]	n. 十边形
decimal	[ˈdesim(ə)l]	n. 小数 a. 小数的
decimal point		小数点
decrease by		减少了
decrease to		减少到
☆ deduce	[diˈdjuːs]	vt. 演绎，推断
define	[diˈfain]	v. 1. 定义 2. 化简
degree	[diˈgriː]	n. 度
denominator	[diˈnɔmineitə(r)]	n. 分母
denote	[diˈnəut]	v. 代表，表示
depreciation	[di.priːʃiˈeiʃ(ə)n]	n. 折旧；贬值
diagonal	[daiˈægənəl]	n. 对角线
diameter	[daiˈæmitə(r)]	n. 直径
difference	[ˈdifərəns]	n. 差
dimension	[diˈmenʃ(ə)n]	n. 维数
discrete	[disˈkriːt]	a. 1.【数】离散的 2. 分离的；不连续的
distance	[ˈdistəns]	n. 距离
distinct	[disˈtiŋkt]	a. 不同的
divided evenly		被整除
dividend	[ˈdividend]	n. 1. 被除数 2. 红利
divisible	[diˈvizəb(ə)l]	a. 可整除的
division	[diˈviʒ(ə)n]	n. 1. 除法 2. 部分
divisor	[diˈvaizə(r)]	n. 除数
down payment		预付款，定金
ellipse	[iˈlips]	n. 椭圆
ellipsoid	[iˈlipsɔid]	n. 椭圆体
elliptical	[iˈliptik(ə)l]	a. 椭圆形的
equation	[iˈkweiʃ(ə)n]	n. 方程

equilateral triangle	等边三角形
even number	偶数
expression	[ik'spreʃ(ə)n] *n.* 表达式
exterior angle	外角
face	[feis] *n.* (立体图形的)某一面
factor	['fæktə(r)] *n.* 因子
fraction	['frækʃ(ə)n] *n.* 1. 分数 2. 比例
function	['fʌŋkʃ(ə)n] *n.* 1.【数】函数 2. 功能；官能，机能
geometric	[,dʒiːə'metrik] *a.* 几何的，几何学的
geometric mean	几何平均值(n个数的乘积再开n次方)
geometric progression	等比数列
geometry	[dʒi'ɒmitri] *n.* 几何学
have left	剩余
height	[hait] *n.* 高
☆ helical	['helik(ə)l] *a.* 螺旋形的，螺旋(线)的
hexagon	['heksəgən; (*US*)-gɒn] *n.* 六边形
hypotenuse	[hai'pɒtənjuːz; (*US*)-nuːs] *n.* 斜边
improper fraction	假分数
in terms of	用…表达
increase	[in'kriːs] *v.* 增加
increase by	增加了
increase to	增加到
infinitesimal	[,infini'tesim(ə)l] *a.* 无穷小的，极微小的
inscribe	[in'skraib] *v.* 内切，内接
integer	['intidʒə(r)] *n.* 整数
intercept	['intəsept] *n.* 截距
interior angle	内角

intersect	[ˌintə'sekt] v. 相交
irrational	[i'ræʃən(ə)l] n. 无理数
isosceles triangle	等腰三角形
least possible value	最小可能的值
least common multiple	最小公倍数
leg	[leg] n. 直角三角形的股
length	[leŋθ] n. 长
margin	['mɑːdʒin] n. 差数
mathematical model	数学模型
maximum	['mæksiməm] n. 最大值
median	['miːdiən] n. 中数（把数字按大小排列，若为奇数项，则中间那项就为中数；若为偶数项，则中间两项的算术平均值为中数）；中线
median of a triangle	三角形的中线
mid point	中点
minimum	['miniməm] n. 最小值
minus	['mainəs] prep. 减 a. 负的
multiple	['mʌltip(ə)l] n. 倍数
multiplication	[ˌmʌltipli'keiʃ(ə)n] n. 乘法
multiplier	['mʌltiplaiə(r)] n. 乘数
multiply	['mʌltiplai] v. 乘
natural number	自然数
negative number	负数
nonzero	[nɔn'ziərəu] a. 非零的
number lines	数线
numerator	['njuːməreitə(r); (US)'nuː-] n. 分子
obtuse angle	钝角
octagon	['ɔktəgən] n. 八边形

260

odd number	奇数	
order	[ˈɔːdə(r)] n.【数】阶，级，等级	
ordinate	[ˈɔːdinit] n. 纵坐标	
overlap	[ˌəuvəˈlæp] v. 重叠	
parallel lines	平行线	
parallelogram	[ˌpærəˈleləgræm] n. 平行四边形	
parameter	[pəˈræmitə(r)] n. 参数，参量	
pentagon	[ˈpentəgən;(US)-gɔn] n. 五边形	
perimeter	[pəˈrimitə(r)] n. 周长	
permutation	[ˌpəːmjuˈteiʃ(ə)n] n. 排列	
perpendicular lines	垂直线	
plane	[plein] n. 平面	
plus	[plʌs] prep. 加	
point	[pɔint] n. 1.（几何、物理等概念中的）点 2. 小数点 3.（空间的）一点；地点	
polygon	[ˈpɔligən;(US)-gɔn] n. 多边形	
positive number	正数	
power	[ˈpauə(r)] n. 次方、幂	
prime factor	质因子	
prime number	质数	
product	[ˈprɔdʌkt] n. 乘积	
proper fraction	真分数	
proportion	[prəˈpɔːʃ(ə)n] n. 比例	
pyramid	[ˈpirəmid] n. 锥形	
quadrant	[ˈkwɔdrənt] n. 象限	
quadrilateral	[ˌkwɔdriˈlætər(ə)l] n. 四边形	
quotient	[ˈkwəuʃ(ə)nt] n. 商	
radian	[ˈreidiən] n. 弧度	
radius	[ˈreidiəs] n. 半径	

ratio	['reiʃiəu]	n. 比，比率
rational	['ræʃən(ə)l]	n. 有理数
real number	实数	
reciprocal	[ri'siprək(ə)l]	n. 倒数
rectangle	['rektæŋg(ə)l]	n. 长方形
rectangular prism	长方体	
reduced	[ri'dju:st]	a. 减少的
regular polygon	正多边形	
remainder	[ri'meində(r)]	n. 余数
rhombus	['rɔmbəs]	n. 菱形
right angle	直角	
right triangle	直角三角形	
round	[raund]	v. 四舍五入
scalene triangle	不等边三角形	
segment	['segmənt]	n. 线段
sequence	['si:kwəns]	n. 数列
set	[set]	n. 集合
side	[said]	n. 边长
slope	[sləup]	n. 斜率
solution	[sə'lu:ʃ(ə)n]	n. (方程的)解
speed	[spi:d]	n. 速度
sphere	[sfiə(r)]	n. 球体
square	[skwɛə(r)]	n. 1. 平方数，平方 2. 正方形
square root	平方根	
straight angle	平角	
subtract	[səb'trækt]	v. 减
subtraction	[səb'trækʃ(ə)n]	n. 减法
sum	[sʌm]	n. 和
surface area	表面积	

tangent	['tændʒtnet] *a.* 切线的, 相切的 *n.* 切线; 正切
tenth	[tenθ] *n.* 小数点后第一位
theorem	['θiərəm] *n.* 定理, 法则
to the nearest	最接近的
total	['təut(ə)l] *v.* 计算…的总和
trapezoid	['træpizɔid] *n.* 梯形
triangle	['traiæŋg(ə)l] *n.* 三角形
tripartite	[,trai'pɑ:tait] *a.* 分成三部分的
units' digit	个位
vertex angle	顶角
vertical angle	对顶角
volume	['vɔlju:m] *n.* 体积
whole number	整数
width	[widθ] *n.* 宽

circle（圆）

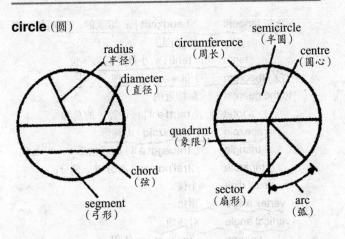

radius
（半径）

diameter
（直径）

circumference
（周长）

semicircle
（半圆）

centre
（圆心）

quadrant
（象限）

chord
（弦）

sector
（扇形）

arc
（弧）

segment
（弓形）

evolute and involute（渐屈线和渐伸线）

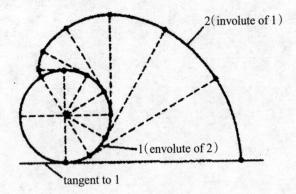

2（involute of 1）

1（envolute of 2）

tangent to 1

conic sections（圆锥截面）

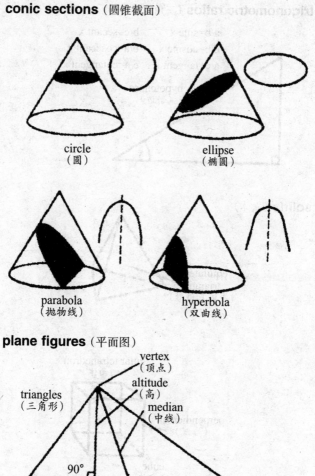

circle
（圆）

ellipse
（椭圆）

parabola
（抛物线）

hyperbola
（双曲线）

plane figures（平面图）

triangles
（三角形）

vertex
（顶点）

altitude
（高）

median
（中线）

90°

trigonometric ratios（三角比）

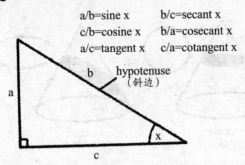

$a/b=\text{sine } x$　　$b/c=\text{secant } x$

$c/b=\text{cosine } x$　　$b/a=\text{cosecant } x$

$a/c=\text{tangent } x$　　$c/a=\text{cotangent } x$

hypotenuse
（斜边）

solids（立体）

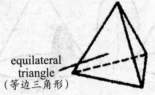

equilateral
triangle
（等边三角形）

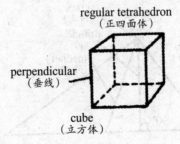

regular tetrahedron
（正四面体）

perpendicular
（垂线）

cube
（立方体）

regular octahedron
（正八面体）

icosahedron
（二十面体）

dodecahedron
（十二面体）

quadrilaterals（四边形）

rhombus
（菱形）

square
（正方形）

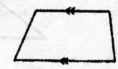

trapezium
（不等边四边形）

parallelogram
（平行四边形）

pentagons（五边形）

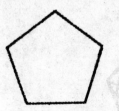

regular pentagons
（正五边形）

constructed by knotting
a strip of paper
（一张纸条折成的正五边形）

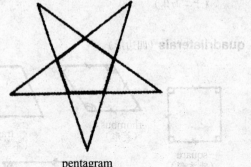

pentagram
（五角星）

《GRE 综合指导与全真考场》(含光盘 1 张)

Sharon Weiner Green 编著

◎ 内含 6 套全真模拟试题

◎ 给出所有问题答案及解析

◎ 含有研究生水平词汇表，方便记忆学习

◎ 附赠模考 CD-ROM 1 张，模拟真实考试情境

定价: 78 元 开本: 16 开 页码: 552 页

《GRE 官方题库范文精讲》

(美)Mark Alan Stewart 编著

◎ 提供 200 多道 GRE 作文真题及其范文

◎ 精讲其中的近 100 篇，

◎ 分析、总结了 Issue 和 Argument 高分写作技巧

定价: 48 元 开本: 16 开 页码: 408 页

《GRE 词汇精选》(附 MP3)

俞敏洪 编著

◎ 本书先后改版八次，收录了迄今为止 GRE 考试的
全部重要词汇，包括 GRE 常考的类比词汇、反义
词、填空词汇和阅读词汇

◎ 详细解释了每一个重要词汇的记忆方法，除词根、
词缀记忆法外，联想记忆法、发音记忆法也都是
本书的特色，枯燥的记忆由此变成了生动的游戏

定价: 58 元 开本: 16 开 页码: 600 页

《GRE 词汇逆序记忆小词典》

俞敏洪 黄颀 编著

◎ 采用逆序编排体例，巧学助记

◎ 用 * 号区分 GRE 常考单词和未考单词

◎ 增添 GRE 考试最新词汇

◎ 附正序词汇索引，方便检测记忆效果

定价: 15 元 开本: 32 开 页码: 376 页

《17 天搞定 GRE 单词》

杨鹏 编著

◎ 针对最新版《GRE 词汇精选》制定记忆时间表

◎ 帮助考生走出背单词误区，17 天速成 GRE 词汇

◎ "混字表"收录两千余易混词汇，帮助考生夯实词汇基础

定价: 10 元　开本: 32 开　页码: 144 页

《词以类记: GRE 词汇》(附 MP3)

张红岩 编著

◎ 词以类记，按学科和意群精心归纳 57 个 WordList

◎ 收词新、全，收集整理最新 GRE 重要词汇8400多个

◎ 多重记忆法综合运用，提高了有序储存的效率

◎ 听觉辅助记忆，1000 分钟超长录音，另含词汇讲座内容

定价: 55 元　开本: 16 开　页码: 532 页

《GRE 全真模拟试题集》

新东方教育科技集团研究发展中心 编著

◎ 严格遵循国际化项目的科学质量控制管理体系编写

◎ 美国顶级 GRE 考试专家参与，耗资百万，呕心力作

◎ 20 套 GRE 全真模拟试题，仿真度高、规范性强

定价: 55 元　开本: 16 开　页码: 508 页

《GRE 作文大讲堂——方法、素材、题目剖析》
韦晓亮 编著

◎ 全面性：全面讲解 GRE 写作两大部分

◎ 文化性：提供大量论证分析的英文表达及论据

◎ 指导性：汇集新东方 GRE 考试培训项目数年
的教学精华

◎ 针对性：本书针对中国考生写作中的弱点，全
面提升考生的写作实力

定价：48 元　开本：16开　页码：492页

《GRE 写作高分速成——ARGUMENT》
陈向东 编著

◎ 详细阐述 ARGUMENT 写作 3 大策略和 7 个写
作步骤

◎ 深刻剖析 ARGUMENT 写作 8 类逻辑错误

◎ 精心打造 5 类写作模板，20 篇黄金范文，242
道题目提纲，300 个必备写作句子

定价：30 元　开本：16开　页码：268页

《GRE 写作高分速成——ISSUE》
陈向东 编著

◎ 详细阐述 ISSUE 写作 3 大策略和 7 个写作步骤

◎ 深刻剖析 ISSUE 写作 6 类常见错误

◎ 精心打造 14 篇写作模板，25 篇黄金范文，
244 道题目提纲，300 个写作必备句子

定价：30 元　开本：16开　页码：268页

《GRE 写作》

孙远 编著

◎ 挑战全球标准化考试中设计最科学、难度最大的考试

◎ 不迷信号称一步登天的捷径，脚踏实地地努力提高自己的综合素质

定价: **48 元**　　开本: **16 开**　　页码: **428 页**

《手把手教你 GRE 作文》

包凡一、David Barrutia 编著

◎ 精选 GRE 作文话题，荟萃写作专家指导，手把手教你攻克英语书面表达

◎ "学生习作"和专家"语言修改"双色对照排列，设计新颖

定价: **28 元**　　开本: **16 开**　　页码: **204 页**

《GRE 阅读必备专业词汇》

包凡一 编著

◎ 真题为准，重点难点专业词汇一网打尽

◎ 直击考点，有的放矢掌握高频易考单词

◎ 话题分类，按照学科全面罗列各科词汇

◎ 小巧便携，方便随时随地复习与记忆

定价: **15 元**　　开本: **32 开**　　页码: **280 页**

《GRE&GMAT 阅读难句教程》

杨鹏 编著

◎ 精选 GRE、GMAT 历年考题中的阅读难句

◎ 以结构分析法，采用各种特定标识，剖析每段难句

◎ 以实战要求为目的、利用语法、学练结合、以练为主

定价: **30 元**　　开本: **16开**　　页码: **272 页**